U0788246

管理美元

广场协议和人民币的天命

[日]船桥洋一◦著　　于 杰◦译

中信出版集团 | 北京

图书在版编目（CIP）数据

管理美元：广场协议和人民币的天命 /（日）船桥洋一著；于杰译. -- 北京：中信出版社，2018.3（2025.5 重印）

书名原文：Managing the Dollar:From the Plaza to the Louvre

ISBN 978-7-5086-8154-2

I. ①管… II. ①船… ②于… III. ①汇率－研究 IV. ①F830.73

中国版本图书馆 CIP 数据核字（2017）第 224912 号

Managing the Dollar: From the Plaza to the Louvre by Yoichi Funabashi © 1989 Peterson Institute for International Economics

Simplified Chinese translation copyright © 2017 by CITIC Press Corporation

All RIGHTS RESERVED.

本书仅限中国大陆地区发行

管理美元：广场协议和人民币的天命

著　　者：[日]船桥洋一

译　　者：于　杰

出版发行：中信出版集团股份有限公司

（北京市朝阳区东三环北路 27 号嘉铭中心　邮编　100020）

承 印 者：河北鹏润印刷有限公司

开　　本：880mm×1230mm　1/32　　印　　张：13.75　　字　　数：283 千字

版　　次：2018 年 3 月第 1 版　　印　　次：2025 年 5 月第 4 次印刷

京权图字：01-2017-8369

书　　号：ISBN 978-7-5086-8154-2

定　　价：66.00 元

版权所有 · 侵权必究

如有印刷、装订问题，本公司负责调换。

服务热线：400–600–8099

投稿邮箱：author@citicpub.com

目 录

推荐序

1985年的广场协议是“二战”以来国际货币合作方面最重要的范例，其直接目的是扭转美元汇率大幅上升的局面。美元汇率在此前的五年间升值了一倍，美国的贸易逆差也因此被推到了前所未有的高点。美国商品价格的竞争力下降在国会中引发了规模空前的保护主义，全球贸易体系面临崩溃的威胁。因此，广场协议的最终目的，是避免一场可能对世界经济造成毁灭性影响的贸易战。

“广场行动”取得了巨大的成功。当时主要的经济体，包括法国、联邦德国、日本、美国和英国在内的五国集团很快达成共识：全球贸易体系处于风险之中，唯一可行的应对策略就是大幅调整汇率。在接下来的两年里，美元下跌了30%以上，而日元和马克的升值幅度超过了50%。经过两年的常规时滞后，美国贸易逆差（以及关键的日本贸易盈余）在20世纪80年代末收窄了一半。美国国会的保护主义压力因此消退，没有推行任何重大的贸易壁垒政策，开放的世界贸易体系得以维系。

中国是广场协议的主要受益者，其经济改革始于20世纪70年代末，并自80年代非常成功地融入世界经济。五国集团国家间失衡的加剧，尤其是其他四国对美国贸易保护主义的反弹，原本可能会扰乱世界贸易体系，从而限制甚至破坏中国对世界的开放，而开放在中国飞速发展中扮演了关键角色。此外，日元的大幅升值，以及作为汇率调整一部分的韩元及新台币的后续升值，都有助于中国相对一些主要竞争对手提升竞争地位。因此，广场协议纠正的这些失衡，尤其是成功遏制贸易保护主义，对中国而言至关重要。

此书是对广场协议的起因、谈判、实施和早期结果的权威分析。基于一位全球著名记者对协议过程中几乎所有核心参与者的深入采访，书中对该过程的各个方面给出了详细且权威的记录。在过去的30年间，船桥洋一的这本书对广场协议做出的解释无懈可击，其地位和影响最近在《国际货币合作：广场协议三十年后的教训》中再次得到肯定。后者是我本人于2016年参与编写，并由彼得森国际经济研究所（PIIE）出版的一本书，主要基于广场协议主要参与者参加的"广场会议30年研讨会"的讨论内容。

"广场行动"对当下意味着什么？基本的国际经济形势有相似之处，也存在差异。美国目前的贸易逆差同1985—1987年大致相当，不过增速放缓，且要比2006年时的峰值要低得多。德国仍然是最大的顺差国家之一，但其作为欧元区的一部分，已不再拥有自己的货币。尽管中国的贸易顺差也已从前期的峰值大幅下降，但其无疑已经取代日本成为美国（乃至全球）的主要竞争威胁。

最重要的是，对全球贸易体系构成严重威胁的保护主义压力在美国再度出现。国会不会批准奥巴马政府谈判的TPP（跨太平洋伙伴关系协定）。2016年总统初选及大选中的多数候选人反对TPP，而且不同程度上反对全球化。作为最反对贸易的候选人，唐纳德·特朗普于2017年年初当选总统。他随即宣布美国退出TPP，并就NAFTA（北美自由贸易协定）启动新的谈判，甚至也威胁要退出，而NAFTA是美国签订时间最长也是迄今为止美国最重要的贸易协定。特朗普提出了一系列可能导致新的进口限制的反倾销和国家安全措施，他甚至对美国继续参与WTO（世界贸易组织）提出质疑。

汇率问题是美国贸易保护主义再度抬头的主要原因，这在我和约瑟夫·盖格农（Joseph Gagnon）的新书《货币冲突和贸易政策》（彼得森国际经济研究所于2017年年初出版）中也有阐述。在21世纪的第一个十年中，在对美国经济的“中国冲击”中，中国的影响占到了1/3。在美国国会的政治辩论中，全球化的反对者仍将中国问题作为最常用的论据。

虽然操纵有所缓解，但自2011年以来，美元在市场力量的推动下升值超过40%（恰如20世纪80年代广场会议前）。这成为特朗普政府面临的一个重大问题，因为美国的贸易逆差几乎肯定会继续扩大，美国自身的扩张性财政政策和美联储接下来的货币紧缩政策则将加剧这一趋势，而特朗普承诺要减少甚至消除贸易逆差。我在彼得森国际经济研究所的同事威廉·克莱因（William R. Cline），每六个月就要对经常账户展望及基本均衡汇率进行一次评估。他最近的分析认为，美元目前被高估了约10%，在未来两到三年内，美国贸易逆差占GDP（国内生产总值）的比例可能至少上升到4%，甚至高达5%。

在贸易问题上，特朗普的关注重点是美国庞大的对外逆差，尤其是与四个主要贸易伙伴间巨额的双边贸易逆差：迄今为止最重要的中国，以及德国、日本和墨西哥。而特朗普将贸易逆差视同为“不公平的贸易政策”。不过，他计划通过与这些国家双边谈判以减少逆差的努力注定要失败。贸易逆差是一国内部宏观经济失衡的结果，尤其取决于国内生产与国内需求之间的关系以及国内储蓄与国内投资之间的关系。贸易协定和更宽泛的贸易政策，很少甚至根本就改变不了这些关系。特别是，双边贸易失衡的变化对一国的世界地位没有影响，而只是在不同的伙伴之间重新调整赤字。因此，任何纠正贸易不平衡的重大举措，例如广场协议，都需要宏观经济政策和汇率的调整。

但特朗普只有三个政策选项：

一、基于美国经济正在好转，直接忽略日渐扩大的美国贸易逆差，这会违背其本人的竞选承诺；

二、制定更大范围的贸易保护主义措施，例如综合进口附加税，尽管这些措施不大可能大幅削减贸易逆差；

三、通过美国在货币市场上单边干预，或者更可能通过诸如广场协议这类新的国际协议来寻求美元大幅贬值。

只有第三个备选方案可能有效地将美国逆差降至国内政治和

国际金融方面可承受的水平。因此，随着未来一两年局势的发展，广场协议 2.0 是有现实可能性的。

具有讽刺意味的是，中国目前的操作在某种程度上就像一个广场协议 2.0 已经生效。过去几年，中国出于自身原因一直在强力干预外汇市场以避免人民币进一步贬值，这为避免美国逆差和国际失衡进一步恶化做出了重大贡献。中国是通过抛售美元阻止美元对人民币升值，这恰恰会是广场协议 2.0 的关键环节（与中国在 2003—2013 年间买进美元造成诸多问题的做法正相反）。基于任何此类协议，中国都将不得不继续推动人民币兑美元走高。但人民币的平均汇率不会上涨得太多，因为只有其他主要经济体（即欧元区、日本，可能还包括韩国和中国台湾地区）同意推动其货币兑美元同等甚至更大幅度的升值，这个倡议才有可能成功。这些安排可以通过类似于广场会议的，由相关各方参与的一次重大会议做出，也可以不通过会议做出。

如果中国想与特朗普总统合作，避免再次与美国产生贸易冲突的风险，这实际上是最好的办法。人民币的再度升值不会消除中国对美国庞大的双边贸易顺差，甚至其对全球的经常账户盈余可能还将继续，但这两项盈余会收窄，从而对特朗普的关注做出回应。如果中国坚持认为，应该把其他经济体（包括亚洲的）纳入帮助美国降低其巨额贸易逆差负担的过程，中国可以与美国合作，组织一次广场会议式的会议。从措施的有效性及更广泛的系统性影响的角度，通过汇率调整而不是试图直接管理贸易的方式，中国将在调整过程中发挥更大的作用，正如日本在 20 世纪八九十年代的做法。

通过为国际货币体系提供合作式的两国集团（G2）领导，中美两国甚至可以走得更远。两国可以就美元与人民币的关系达成“参考汇率”的共识，从而支持两国经常账户可持续的均衡状态，这正是美国和日本（及随后的五国集团）在1987年卢浮宫协议里的安排（本书中也有描述）。欧元区有望加入这样一项协议，其他经济体也有可能参与，该协议可以为全球金融稳定提供一个重要的锚。它还将有助于人民币的进一步国际化，美国对此也应给予支持，以帮助其分担国际货币体系的领导责任。

一些中国观察家错误地认为，是广场协议导致了日本20世纪80年代末的金融泡沫及其后来的崩溃，从而造成“失去的十年”，因此反对中国参与任何广场协议式的安排。这个问题没有在船桥洋一的书中阐述，因为此书写就于日本泡沫出现之前。但日本著名经济学家伊藤隆敏（Takatoshi Ito）和日本前大藏省副相行天丰雄（Toyoo Gyoten）分别在《国际货币合作：广场协议三十年后的教训》和《时运变迁》中断然否定了这一说法。伊藤强调，“日元升值式衰退”在1986年年底就已经结束，为阻止日元进一步大幅升值，日本不断降低利率，这推动了资产价格上涨并导致银行业危机。此外，20世纪90年代的情况清楚地表明，日本的危机主要是由于未能切实有效地规范银行体系造成的，这个问题直到21世纪初才得以解决。中国获得的教训是，其本不应该抵制人民币更快速的升值（这种抵制导致了危及整体经济的房地产泡沫），但在一定程度上仍在这样做，未来应该放弃这种做法。

广场协议给今天带来了许多教训，有正面的，也有反面的。《管理美元》在中国的出版非常及时。我希望我的观点以及令人尊敬的该书作者船桥洋一的观点，将有助于引导读者思考30多年前的事件对当下的启示，尤其希望有助于中国读者，因为中国对国际货币体系及更宽泛的世界经济的成功和稳定承担着越来越大的责任。

在准备本篇序言的过程中，我翻阅了彼得森国际经济研究所大量的出版物。该机构是我本人于1981年创立，并主持其管理工作超过30年。从2013年开始，我担任研究所的高级研究员兼名誉所长。国际经济研究所是国际经济领域的顶级智库，且始终位居全球最重要智库的行列。有20多位世界级的经济学家担任高级研究人员，如IMF（国际货币基金组织）前首席经济学家奥利维尔·布兰查德（Olivier Blanchard）和西蒙·约翰逊（Simon Johnson），研究方向涵盖了几乎所有全球经济话题。研究所每月出版一至两份详尽的研究报告和几份简短的政策简报，每周同世界各地主要的官员和思想家就不同议题举行会议。研究所高度重视中国和其他亚洲问题，一个学者团队每年对中国进行为期一周的访问，交流最新的研究成果，并与政府高层官员、中国智库和学界经济学家们保持对话。我们很高兴研究所的这本书在中国出版，同时希望我们更多的研究成果能够同样呈现给更多的中国读者。

弗雷德·伯格斯滕（C. Fred Bergsten）

（美国彼得森国际经济研究所高级研究员、荣誉所长）

2017年6月

中文版自序

1988年，当我通过IIE（美国国际经济研究所，即现在的彼得森国际经济研究所）出版《管理美元》时，日本和美国之间的经济战依然激烈。

20世纪80年代中期，我是《朝日新闻》驻华盛顿负责经济事务的记者。那段时间，每天报道的内容都是美日两国的贸易问题。从家电、汽车、机床、精密机械、工程机械、通信机械、半导体、超级计算机到烟草、大米，两国在各个领域都存在着贸易摩擦。在美国，要求对日本商品进行进口限制的呼声与日俱增。

两国政府在各个行业领域不断进行谈判，但美国的经常账户赤字仍在恶化。美国对联邦德国的经常账户也存在巨额逆差。由于利率高企，坚挺的美元抑制了出口，美国制造业举步维艰。

如果局势持续下去的话，要求实施保护主义措施的国会将会采取主动措施。不过，美国财政部部长詹姆斯·贝克（James Baker）抢先了一步。他的历史观是，“一战”后的孤立主义和保护主义部分导致了大萧条，并一定程度上导致了“二战”，人们决不能再干这种蠢事。

美国打出的王牌是主要国家间的货币汇率调整，从而大幅推高日元、压低美元，也就是众所周知的广场协议。1985 年 9 月，来自美国、日本、联邦德国、英国和法国五国的财政部部长在广场饭店达成协议，调整以美元、日元和马克为主的汇率。

广场协议中提出并在 1986 年 4 月的七国集团东京峰会和 1987 年 2 月的卢浮宫协议中重申的经济政策协调，对世界经济产生了巨大影响。在此之前，主要国家间从没有进行过这种深入和多边的宏观经济政策协调。卢浮宫协议之后，这种政策协调也没有了。

当时美国有许多人对日本怀有敌意。修正主义者开始出现，他们强调日本制度和文化与西方的自由民主截然不同，是一种威胁。我当时感到迷惑的是，为什么美国在美日两国是同盟的情况下还对日本有着如此大的敌意。我现在明白了，那是追赶者和被追赶者间零和心态的悸动。这是一种“修昔底德陷阱”式的权力动力学，此间，美国作为世界最强大经济体和老牌霸主，遭到第二大经济体和新崛起的日本挑战，并对日本发起反击。

从美日经济关系的角度，广场协议也是另一场全球经济治理与领导“权力得失”的戏剧性事件。

不过，这部戏背后的主要驱动力是各国的国内政治。随着世界经济相互依存度的加深，贸易（和创新）导致的赢家和输家出现，各国自由贸易和保护主义之间的权力斗争加剧。

在维持自由贸易、确保经济增长时，需要考虑保护主义者的呼声并适时释放这方面的压力，否则将导致尖锐的经济民族主义。

这不是美国独有的现象，而是五国集团国家共同的问题。

30年后，面对英国退欧（欧洲统一进程中的阴影）、特朗普时代的到来（美国优先）、马克龙的胜利（消解左右分歧），尤其是中国的快速崛起和挑战，政策制定者们再次将注意力转向广场协议。

在华盛顿，有人认为“特朗普是弱势美元的支持者。如果美国同中国的贸易逆差无明显收窄，将出现一个广场协议2.0”。目前，中国20%的出口商品以美国为终端市场，这一水平同1989年时日本出口商品在美国市场所占份额相当。

2016年10月的G20（二十国集团）会议声明：“我们还将致力于减少过度失衡，并在追求经济增长的过程中提升包容性并减少不平等。”但这仍然只是一句口号，并没有实际行动。峰会会议室外走廊上可以听到窃窃私语：需要一个以美国和中国为中心的广场协议2.0。G20国家缺少政策行动的局面不能一直持续。

在中国，有观点认为，广场协议是美国挤破日本泡沫进而打击日本金融实力的“阴谋”。日本的确经历了金融崩溃、长期通缩和泡沫破灭后“失去的十年”。但要说广场协议是美国打压日本经济实力的阴谋则是谬之千里。

相反，在日本，许多人认为广场协议为泡沫奠定了基础。但这同样与事实不符。日本的泡沫在广场协议之前就已经出现了。日本确实诉诸宽松货币政策，以便在广场协议之后遏止日元过度坚挺（弱美元）。但要说这是日本泡沫的决定性因素，并不具有说服力。

在谈判签订广场协议和卢浮宫协议的过程中，日本原本可以选择不同的政策。当时的政策过于偏向宽松的货币政策，而没有落实财政刺激政策，也没有推动金融重组和住宅管理规则方面的改革，虽然早已经有了如前川报告这样的改革方案。

从治理的角度看，日本“失去的十年”的根本原因在于，烟道式的官僚主义壁垒阻断了有利于国家长期利益的全面最优解决方案，是止步于次优选择（参见：日本重建基金会《审视日本失去的十年》，2015）。

可以说，日本最大的失败在于，在需求侧没有采取最佳的财政和货币政策组合，而且在支持供给侧方面也没有鼓励结构改革措施。广场协议并不是问题之源。

要说广场协议有什么过错的话，那就是当时的日本银行（日本央行）被政策协调进程“推向”宽松货币政策，这让其感到不光彩。因为有“消灭”泡沫的责任感，日本银行在1989—1990年期间连续五次上调利率，合计上调了3.5%，结果是矫枉过正。

耗时于不良贷款的处置、对僵尸银行和公司的“市场出清”迟疑不决，导致了20世纪90年代末日本金融危机的爆发。在那个时候，日本才开始减计不良贷款并最终决定全面注入公共资金。

日本在此期间失去了许多东西，但不管怎样，危机造成的一个结果值得特别提及：日本的金融危机仅限于自身，并没有引起全球金融恐慌。我还记得日本重量级政治人物、时任自民党干事长的加藤弘一当时绝望的表情，他说：“我们必须竭尽所能，避免日本引发全球金融恐慌。”

过去100年间，世界经历了两次大的金融危机，两次危机都始自美国。这些危机对国际和平与繁荣有多大的负面影响？对美国的声誉有多大损害？

世界超级经济大国的终极责任是稳定内部和外部金融秩序。基于此，再考虑其本币能否作为“安全货币”，换言之，是否可以确立为储备货币。

21世纪，这一责任将落在中国身上，因为中国将同美国一样，成为超级经济大国。维护基于规则的国际自由贸易体系、构建开放的区域秩序、负责任地应对全球化、建立纠正全球失衡的机制、健全宏观经济政策、维护金融体系的稳定并提供公共品、发挥领导作用……这些挑战是必须要应对的。

权力不过是责任的另一个名称。

非常荣幸由中国著名的出版社中信出版集团出版《管理美元》的中文版。我相信，随着中国成为全球经济主导参与者时代的到来，反思广场协议的可能性、局限和教训都相当有意义。

感谢出版社的编辑们及翻译于杰先生。此外，一个意外的惊喜是我的朋友、日本著名的中国经济问题专家德地立人先生为本撰写推荐语。德地立人先生现为清华大学产业发展与环境治理研究中心理事兼研究员。他还是我在亚太开创研究所的同事，作为高级研究员致力于探索中日关系改善前景。衷心感谢德地立人先生。

最后，我由衷地感谢美国国际经济研究所的名誉所长弗雷德·伯格斯滕先生。本书当时由国际经济研究所在美国出版。伯格斯滕博士是汇率事务的国际权威，也是一位富有想象力的学术大家。

1987年，我受邀成为国际经济研究所访问学者，并有机会研究分析广场协议。伯格斯滕博士当时提出在美元同其他货币间建立“目标区域”。广场协议的设计者们没有直接使用这个词汇，但却基于这个思路推动了会议和协议进程。我当时是直接认识到了智库尤其是思想的力量。

没有时任所长伯格斯滕博士的友谊和智慧，我就不会写这本书，也不会有我后来的研究活动及现在的日本重建基金会。

伯格斯滕博士为本书写序是我的荣幸和终生成就，非常感谢伯格斯滕博士。

船桥洋一

2017年7月7日

初版序

国际经济研究所极为关注国际货币体系的运行及改革，并对此进行了大量研究。我们认为，有效的全球金融安排，对世界经济的平稳运行和开放贸易体系的维系至关重要。我们致力于分析目前浮动汇率体制的运行和缺点以及未来改进的方向。

这本书不是关于国际货币问题的全新研究分析。相反，它是关于现有体系（或非体系）如何运作以及工业大国的官员们如何竭力让其更好运行的幕后记录，这个记录独一无二且引人入胜。基于对众多重要参与者的采访，此书新闻报道式地再现了从1985年9月的广场协议到1987年2月的卢浮宫协议期间的重大国际货币事件，某种程度上，还超过了这一时间限制。在基本写作方法上，此书与已故约瑟夫·卡夫（Joseph Kraft）的《解救墨西哥债务危机》（*The Mexican Debt Rescue*）类似，那是一本由30人小组[①]

---

① 30人小组（Group of Thirty）又称G30，创立于1978年，是一个由部分国家中央银行行长和国际金融领域知名人士组成的非营利性国际组织。其宗旨是，探讨世界经济金融发展中的重大问题，以此促进成员间的交流、加深了解，对国际经济金融规则的制定、国际金融机构和有关当局的经济决策发挥影响力。——编者注

于 1984 年出版的关于第三世界债务危机爆发的新闻记录。

这本书讲述了两个重大政策动议形成的过程。首先，它追溯了美国及五国集团中的其他国家为扭转 20 世纪 80 年代初期的政策，主动寻求美元币值下跌，解决 1985 年出现的严重国际收支失衡，打击失衡引发的贸易保护主义的决策过程，以及为有效执行这些决策努力的过程；其次，详细记录了广场会议 17 个月后，于卢浮宫制定的力图稳定美元的后续方案，以及该方案未能复制广场协议成功的原因。为此，书中详尽收录了 20 世纪 80 年代国际货币外交领域大量的内幕真相和主要大国的国内政治素材，并给我们呈现了一个连贯的报道，即各国如何从广场会议走到卢浮宫会议。

此书作者船桥洋一先生是《朝日新闻》资深经济记者，也是日本传媒界的领军人物。船桥先生的一个早期成果——一项对中国的深入研究——在 1983 年获得了著名的“三得利人文奖”。其在华盛顿任通讯记者期间发表的一系列文章，在日本获得了有日本普利策奖之称的国家奖励。他关于美日关系的文集在 1987 年年末的几周里登上了东京的热销榜，销量远超 10 万册。

这本书是船桥先生于国际经济研究所做访问学者期间完成的。在担任《朝日新闻》驻华盛顿高级通讯记者三年后，船桥成为第一位来到研究所的牛场（Ushiba）学者［由新成立于东京的牛场基金会资助。该基金会创立于 1986 年，是为纪念日本著名的国际政治家和前驻美国大使牛场信彦（Nobushiko Ushiba）先生］。船桥现在[1]是《朝日新闻》东京总部负责经济事务的副主编。

国际经济研究所是研究和讨论国际经济政策的非营利民间研究机构。其目的是分析这一领域的重要议题，并为此研究、传播新的实用方案。研究所完全无党派立场。

在美国的德国马歇尔基金会的慷慨资助下，国际经济研究所于 1981 年建立。研究所从该基金会持续收到的资助占总受捐额的 20%。目前研究所的主要捐助还来自福特基金会、惠普基金会以及阿尔弗雷德·斯隆基金会。其他基金会和私营企业的捐助越来越多，研究所的资金来源也逐渐多元化。

研究所的日常事务由理事会负责，理事会对研究计划给予一般性的引导和许可，包括确定在中期（通常是一到三年）内可能影响国际经济决策者的重要论题，并由研究所发布。日常工作中，研究所所长同所内成员和外部顾问委员会密切协作，负责特别项目的进展并最终决定单一研究成果的发表。

国际经济研究所希望其研究及其他活动能为世界各国的国际经济政策奠定更坚实的基础。欢迎读者们提出意见和建议，以便我们做得更好。

所长：弗雷德·伯格斯滕

1988 年 3 月

---

① 此处指 1988 年时的职务。船桥先生后担任《朝日新闻》主编。现为日本重建基金会主席、亚太开创研究所主席。——译者注

前 言

"总统先生，今天我想跟您说点儿非常重要的事情，"在 1987 年 6 月威尼斯峰会前的双边会晤时，日本首相中曾根康弘（Yasuhiro Nakasone）对美国总统罗纳德·里根（Ronald Reagan）说，"请切实有效地削减财政赤字。否则，世界经济形势将非常不妙。我想其他国家首脑也这样想。您知道为什么他们不这么直接问您吗？"

中曾根面带微笑，看着里根有神的眼睛。

"三个原因：第一，美国和日本都由美国的军队保护着，所以，对日本来说，很难要求美国削减军费预算；第二，（美国财政）预算的大幅削减可能造成世界范围内的衰退，并导致失业；第三，您个人的魅力，在您的魅力面前，我们怯于跟您提这些事情——但我现在不得不告诉您。"

里根只是安静地听着，一言不发。

中曾根后来表示，他此前已经下定决心，他本人在威尼斯峰会上的任务，就是传达对美国预算赤字带来的破坏性后果的严重关切。他确信，（日本）6万亿日元的一揽子刺激政策给了他足够的底气，向里根提出这个特别的诉求。[①]

“广场行动”，即由五国集团在广场会议上发起的经济政策协调，最大的缺陷便是从一开始就无力大幅削减美国的财政赤字。中曾根的关键建议因此击中了问题的核心——（美国）政府的财政政策，但在纠正措施方面其建议却乏善可陈。是纽约股市随后于1987年10月的暴跌，才让美国政府认识到问题的严重性。

美国政府在股市崩盘之后对美元贬值的持续依赖，引发了对卢浮宫协议有效性的质疑。一些观察家随即宣称“卢浮宫协议失效了”。另一些观察家则公开表示政策协调已经终结。到1987年年底，五国集团甚至无法召开会议，因为担心会议可能产生的非理性预期给市场带来后续影响。

五国集团的一位央行行长认为，眼下的货币体系并不是正式的体系，其运行是基于“会议本位”——在缺少体系规则的情况下，五国集团的那些会议本身主导着合作、引导着良性的市场行为。而这种“会议本位”正面临着非常大的压力。

“广场行动”引出了几个问题：其真正的目标是什么？长期影响如何？这些结果证明从广场会议到卢浮宫会议期间的那些努力是合理的吗？或者，如一些人指出的那样，我们应该放弃政策协调吗？如果是的话，另外的选择是什么？回到完全自由浮动汇率？而广场协议本质上不正是对浮动汇率无政府状态的回应吗？

---

① 作者采访中曾根康弘首相。（除特别注明外，脚注均为原书注释）

我在本书中尝试回答这些问题，从政策协调的理想模式角度评价广场协议。我将集中讨论五国和七国集团峰会的活动，这些峰会是促成“广场行动”的载体。主要的参与者是财政部部长、副部长和央行行长们。

他们都有各自要应对的政治斗争。美国财政部部长詹姆斯·贝克三世（James A.Baker III）有四条战线：在财政政策方面同里根总统,在利率方面同美联储主席保罗·沃尔克（Paul Volcker），在保护主义方面同国会，在经济增长方面同外国政府和同行。日本大藏相宫泽喜一（Kiichi Miyazawa）的对手包括：在财政政策方面同首相中曾根康弘及大藏省的官员，在日本自由民主党内同竹下登（Noboru Takeshita）的派系争斗，在汇率问题方面同贝克。联邦德国财政部部长格哈德·斯托尔滕贝格（Gerhard Stoltenberg）则面临着强大的机构障碍：傲慢且独立的联邦银行（联邦德国央行），强势的“摇摆党”自由民主党，以及欧洲货币体系（EMS）。

他们的对话气氛有时会变得紧张甚至情绪化十足，但这种时候，幽默，特别是英国财政大臣尼格尔·劳森（Nigel Lawson）的幽默化解了那些可能的尴尬氛围，比如，在解释其卢浮宫会议迟到的原因时，劳森一进会场就说：“对不起，先生们，我来晚了。但我不得不搭乘法国空军的飞机。”

意大利和加拿大的代表有时会参加五国集团的会议，这就形成了七国集团。国际货币基金组织（下文简称基金组织）总裁也会参与，依据基金组织多边监督条款，对每个国家的经济表现进行评价。

五国集团会议为汇率、利率等敏感的经济问题提供了坦诚且直接讨论的机会。市场，实际上是全球的各个市场，警觉地关注着五国集团的活动以便决定其下一步的动向，只要五国集团或七国集团发布了声明，市场马上就会给出判断。然而在现实中，市场和市场之外的我们对五国集团如何运作都知之甚少。与国家安全事务类似，大国之间的国际货币外交是敏感且机密的领域，对媒体和学者设限。毕竟，广场战略还在进行中，大部分的最初参与者仍活跃于其中。

本书是关于五国集团广场战略在政策协调方面的案例研究，重点关注其核心参与者美国、日本和联邦德国。时间大体从 1985 年 9 月的广场协议到 1987 年 2 月的卢浮宫协议。本书有三个目标：第一是通过原始报道和对主要参与者的采访，给出关于 1985 年 9 月开始的“广场行动”的全面记录；第二是从国内和国际政治的背景角度来分析这些事件，这包括从参与者所负责的经济机构角度分析他们的作用和动议；第三是从对国际经济政策协调的影响和体系建设的角度，对“广场行动”进行分析。我重点分析“广场行动”的成功和失败之处，最后得出有益的教训。

探讨国家之间的政策协调，就是探讨政策制定同政治和市场之间的博弈。本书重心不在于分析政策协调的经济学，而是探究影响政策发展的政治和机构利益。

政治和市场的互动是研究的一个着眼点。自“广场行动”之初，参与者即注意到他们不得不留意背后的参与者——不在会议室内的市场，特别是汇率市场。

很难记起1985年春夏之间美国同其贸易伙伴（特别是日本和联邦德国）之间关系的热络程度。当时，美元的贸易加权汇率被高估了30%~35%。如果这个汇率持续，预计美国的经常账户赤字将于1990年达到3000亿美元。[①]1985年，美国自“一战”后第一次成为净债务国。美国国会对政府在贸易逆差和贸易争端上的无动于衷越发不满。同样，国会对膨胀的预算赤字的束手无策也让政府无可奈何。经济放缓的预警信号正在酝酿。同时，对1986年中期选举的盘算也对政治家们产生了不稳定的影响。保护主义力量充斥于国会、商界和劳工群体。“《斯穆特–霍利关税法案》本应在1985年秋天获得压倒性的通过”[②]，来自明尼苏达州的国会议员、共和党自由贸易主义者比尔·弗伦泽尔（Bill Frenzel）后来说。

美国的贸易伙伴被里根政府的不干涉政策彻底激怒了。三年来，他们恳求（美国）缩减财政赤字并降低美元汇率，但他们的诉求好像进了聋子的耳朵。币种之间的汇率剧烈波动，给世界贸易体系带来了巨大压力。美日之间及美国与西欧之间的贸易战一触即发。需要做一些应对工作了。这是“广场行动”缘起的背景。

“广场行动”是里根政府决定向现实屈服的政治姿态。它由贝克领导的新财政部团队设计、推动，意在实现三个主要目标：第

① C.Fred Bergsten. statement before the Subcommittee on International Economic Policy and Trade. US House Foreign Affairs Committee, 5 March 1985.

② 《斯穆特–霍利关税法案》（Hawley-Smoot Tariff Act）是1930年胡佛政府通过的法案，为保护国内企业，将2000多种进口商品的关税提升到历史最高水平，此处比喻当时美国政界的贸易保护主义倾向。——编者注

一，应对国会里的保护主义（短期策略）；第二，通过刺激日本和联邦德国的国内需求来维持世界经济的增长（中期计划）；第三，减轻美国的债务负担（长期规划）。

五国集团中的其他参与国支持这个新的政策动议，主要是因为担心保护主义的破坏效应，不可持续的失衡将导致衰退。除了共同关心的事务，各国还把国内事务纳入政策协调过程。日本强势的大藏省考虑，通过日元和美元之间的汇率调整，来转移财政刺激政策的压力。联邦德国官员担心，美元不受控制的下跌，将损及欧洲货币体系协调，因此努力推动（美元）“软着陆”。法国人则意识到，这是一个利用政策协调向联邦德国施压的机会，敦促德国实现更快的增长、对干预汇率市场做出更坚定的承诺。他们还急于推动目标区。通过处理货币汇率关系的各种新努力，英国财政部希望将英镑同马克联系起来；在后来探讨参考范围策略时，英国又发现了同欧洲货币体系国家加强货币联系的好处，可以为将来加入欧洲货币体系做准备。

我们看到的“广场行动”，是包括财政、货币和汇率政策在内的综合方案。实际上，因为财政部部长们未能摸索出财政政策调整方案，他们只能过于倚重汇率调整，同意美元贬值，这是快速推低美元的重要前提。

然而，美元贬值原本是个有序操作的长期方案，以免“硬着陆”，最好是“软着陆”。在整个新协调的过程中，财政部和中央银行这两个经济政策制定部门之间的关系并不和谐。

对于为了协调目的实施货币政策，央行行长们比较谨慎，在广场协议汇率调整及卢浮宫会议建立参考范围时，他们这样呼吁过。央行抵触协调的根源在于维持机构独立性的愿望，这有时比价格稳定和经济增长还重要。尽管央行行长们抵触，但从广场协议到卢浮宫协议，财政部部长们总体上从央行那里获得了他们想要的大部分支持，包括一系列的协调性减息。是财政部部长们未能实现重要的财政政策协调，才导致他们过于关注汇率问题。

1987 年年初，美国利率开始快速上升。美国国债拍卖收益率的走高，证实了对流入美国的外国资本正在枯竭的担忧，这促使贝克的财政部关注货币稳定，并催生了卢浮宫协议。然而，卢浮宫协议注定是一个脆弱的临时安排。日本有真实的财政政策调整行动，推出了 6 万亿日元的刺激计划，但美国方面没有实质行动，联邦德国也从未有什么积极的表现。各国的货币政策也不见动作，甚至没有措施来捍卫在卢浮宫会议上达成的参考汇率。

“广场行动”产生了七国财政部部长集团和一个强化监督经济政策调整的指标机制。美国希望通过对日本和联邦德国实施这些指标式的规则约束，刺激两国国内需求并带来更快速的增长。而日本和联邦德国则抵触这种“机器人化”的经济政策制定方式。[①]它们担心，这个指标体系会变成逆差国美国的工具，将更多的调整负担推向顺差国日本和联邦德国。贝克原本希望，通过将五国集团和七国集团两个峰会联动，以及作为国家最高权威的国家元首的加入，可以给五国集团的政策协调注入更多政治权威，从而

① Karl. Otto Pohl, “You Can’t Robotize Policy Making” , *The International Economy* (Washington), October/November 1987:20-26.

扩大五国集团决策的力量。但这个设计并没有按贝克的预期发展，主要的障碍在于，国家元首不愿意在政策协调过程中投入他们的政治影响力。

一些读者可能会根据“广场行动”匆忙得出结论，例如：美国会放弃国际协议，只要这样做看上去符合美国的利益，近期的例子是，美国政策制定者在股市于 1987 年 10 月崩盘后马上搁置了卢浮宫协议；美国官员很可能进一步使美元贬值；对外部失衡和货币不稳定，宏观经济政策调整被证明是无效的，眼下的当务之急是更关注微观政策调整；管理汇率努力的失败，证明应该回归浮动汇率。

上述结论可以深入探讨，我相信将来可以吸引更多的讨论者加入。单方面大刀阔斧地行动，可能会令里根政府改头换面，而且美国的生产率和竞争力问题可能是政策讨论的重点，超出了财政赤字削减这个眼前的任务。但基于这个研究的结果，我质疑这些结论的可信度。在未来制定宏观经济政策时，美国的决策者肯定会对国际影响变得敏感。尽管不能排除美元破坏性单边贬值的可能性，但决策者最终将发现这样做的可行性不高，因为他们必须保证外资的稳定流入。1987 年 12 月 23 日的七国集团声明，没有拒绝卢浮宫协议的参考范围机制，而且比以往更加强调了美元进一步贬值的负面影响。卢浮宫协议仍然可以作为建立更稳定体系的基础。关于上述第二个结论，我认为，教训应该是宏观经济政策调整走得不够远，各种障碍制约了更全面的行动。我的结论是，“广场行动”中的政策协调必须坚持并加强。关于协调，问题并不是它没有发挥作用，而是人们没有让它更充分地发挥作用。

鉴于国际货币和贸易关系的不稳定性不断加强，国际经济协调努力就显得弥足珍贵，也迫切需要。然而，单纯只为建立体系，并不能使得各国修正潜在的失衡和不稳定。要达到理想的效果，必须将外部因素系统性地统筹到国内经济政策的制定中。

“广场行动”的真正考验在于，其将国内政策向更强大的国际合作倾斜的能力。当然，是否能够通过考验，是这个未尽故事的一部分。

第一章

广场协议

五国集团于1985年9月22日（周日）在纽约广场饭店召开的会议，被视为国际经济政策协调方面的一次重要尝试。会议标志着里根政府对国际经济政策——特别是汇率政策——放任态度的扭转，并为五国集团后续的政策协调奠定了基础。

当美国、英国、联邦德国、法国和日本的财政部部长、央行行长坐在纽约的谈判桌前时，他们的燃眉之急是保护主义和高估的美元。到1985年9月，里根政府“善意忽略”的国际经济政策造成美元飞涨、利率升高、经常账户赤字日趋巨大、美国国会中保护主义持续升温以及美国贸易伙伴国的严重不满。

广场会议的公报指出，就眼下的形势，“主要的非美元货币进一步有序升值是可取的”，而且，汇率政策在调整的过程中“应该发挥作用”。五国集团代表表示，他们“做好了更紧密合作的准备，如果这样做有帮助的话”，这是一个干预市场的明确信号。

五国集团中的美国贸易伙伴将此视为美国在汇率方面的新

姿态，并给予了肯定。“美国政府承认其‘善意忽略’的态度是错误的，”联邦银行的一位官员表示，“同其他国家一起表态干预会有帮助。”[①]法兰西银行一位官员也注意到美国政府政策的陡然转向：“里根的人突然间意识到市场可能不是解决问题的最好途径。”

美国的一些官员则淡化了这一政策变化。关于政府态度的转变，财政部一位官员说：“与其说是干预政策上的转变，不如说是希望对市场产生一些影响的用词上的变化。”[②]另一位官员补充说，政府仍反对利用“汇率干预来逆转市场趋势”。[③]但至少一位美国财政部官员承认“（美国的干预）政策正在发生重大变化”。不管是通过干预还是口头表态，按照参议员劳埃德·本特森（Lloyd Bentsen，得克萨斯州民主党）的说法，“就在几周前还在说美元有多强表明我们国家就有多强”[④]的里根总统，目前是明显希望美元走低。

尽管干预这个词没有出现在公报里，但信号很明确，市场也随即做出反应。周日会议之后，随着周一的大规模干预，美元相对外币平均下跌了4.29%，这是伦敦和纽约外汇市场历史上最大的单日跌幅。

广场会议之前及会议期间的幕后博弈从未被完整示人，会议

① *Business Week*, 17 October 1985.

② *New York Times*, 23 September 1985.

③ 同上。

④ 同上。

参与者经常是围绕一些秘密文件开展工作。在这些文件中，不少是会前几个月在五国集团副部长级会议（G5d）及双边会议上（多数是美国和日本，也有很少的一部分是美国和联邦德国之间）谈判完成的。

这个以广场协议的形式告终的过程，始于美、日间处理双方巨额贸易失衡的尝试性会谈。自詹姆斯·贝克于1985年年初就职财政部部长开始，他及其副手理查德·达曼（Richard G.Darman）就开始探讨重塑美国国际经济政策的必要性。放弃前任们放任政策的第一个信号就是干预汇率市场，那是他们于1985年1月17日第一次参加五国集团会议达成共识的结果。因为美元走强，1985年2月的干预频率明显增加，尽管动作显得温和。当时，在被问及美国反对干预汇率市场的立场是否已经自1月的五国集团会议后松动时，贝克回应说："我想是的，而且我认为这是那次会议的成果。"

1985年4月之后，应对国际经济政策的重大努力增加了。达曼尝试自日本开始，将涉及美国贸易伙伴汇率稳定及经济政策协调的新举措制度化。负责国际事务的财政部部长助理大卫·马尔福德（David C. Mulford）也认同，政策需要调整"以应对当下汇率市场形势"。在1985年6月初给贝克提交的一份机密备忘录中，达曼勾勒出一揽子经济和金融措施，在美国不需要大规模干预的情况下，提振非美元货币。他随之提议利用高规格会议，比如计划于当年6月22日召开的十国集团会议，"在三个核心国家间就主要的政策调整达成必要的协议”。[①]

在日本，首相中曾根康弘已责成大藏相竹下登和负责国际事务的副相大场智满研究一个包括调整汇率在内的综合性策略的可能性，以解决威胁美日伙伴关系的失衡问题。日本决定利用贝克和竹下登之间双边会议的方式来说服里根政府转向市场干预。在1985年6月22日的十国集团会议上，两国财政部部长开始第一次沟通，这是后续一系列你来我往谈判的开始。

顺势而为

当马尔福德于1985年6月19日的预备会上告诉大场智满，贝克可能建议调整美元、日元汇率且将要求欧洲国家协助时，日本人看到了希望。在十国集团会议前一天（21日）同贝克的讨论中，竹下登对贝克调整汇率的提议给予了积极回应，并建议遵循一个“顺势而为”的干预策略。[②]

根据竹下登的说法，贝克对这一想法反应谨慎，同时贝克强调，宏观政策协调是汇率调整的关键，而不是市场干预。贝克并没有就这一问题做深入探讨，而是问竹下登，如果美国同意汇率调整，他在宏观政策方面会有什么举措，日本可以提高国内需求吗？会议的最后，竹下登提出就宏观经济问题做进一步的沟通。

---

① 作者采访美国一位高级政府官员。

② “顺势而为”的干预策略由弗雷德·伯格斯滕于1984年秋提出。其目标是通过共同干预主要货币，利用美元的走弱趋势让美元逐步贬值。

他表示，美国和日本作为现今世界上的两个最大经济体，应该在协调宏观政策调整方面发挥示范作用。

尽管日本政府官员对贝克没有就干预做出承诺感到失望，但包括竹下登在内的一些官员看到了美国在重新考虑完全放任的汇率政策的信号。一位与会者注意到，贝克在专心听竹下登的谈话时还做着记录。他说："这与拍桌子的里甘（Regan）完全不同啊！"他指的是财政部前部长里甘同竹下登就日本资本市场自由化进行会谈时的夸张表现。

在1985年7月23日于巴黎召开的经合组织（OECD）国家第三次工作小组会议（WP3）期间，马尔福德和大场智满针对"贝克–竹下登"的会谈内容举行了第一次后续会晤。马尔福德向大场智满通报，在当年9月中旬国会召开后，美国政府对国会中贸易保护主义诉求的反制计划。他强调时机选择的重要性，指出货币政策上的联合行动可以同贸易政策协调开展。双方同意，政策篮子可以纳入任何措施，条件是各国可以根据本国具体情况进行政策调整。

但他们在具体的宏观政策上有着不同意见。美国财政部早前得出的结论认为，应马上对全球的需求进行管理。鉴于美国贸易逆差迫使美国削减进口——不只是从发达贸易伙伴的，还有从债务缠身的发展中国家的进口，日本和联邦德国必须扩大国内消费才能提振疲弱的世界经济。马尔福德因此坚持日本应该刺激经济、改革税收结构。他指出，日本政府可以采取一些具体措施刺激国内需求，或者通过增加政府开支，或者通过鼓励民间投资。

但在具体措施上，日本方面没有给出任何承诺，其理由是，税收改革方案正由“政府税收委员会”起草中，这个当口，政府不便发表评论。在这种背景下，尽管贝克回避言及“火车头战略”[①]这样的提议，财政政策调整还是肯定要实施的。贝克的增长战略抛出来了。

贝克对马尔福德和大场智满在7月的会晤结果并不满意，他写信给竹下登，敦促日本政府采取更有力的措施刺激其国内需求，同时减税。大场智满和马尔福德于1985年8月21日在夏威夷再次会面，梳理纳入政策篮子的具体措施。对美国而言，这个政策篮子的内容包括税收改革；对日本来说，则包括日本资本市场的去管制、自由化和灵活运用货币政策。这一次，马尔福德仍然没能成功说服日本降低税率。

对于有效的汇率调整，马尔福德需要来自欧洲的支持。他因此在夏威夷会面之后赶赴伦敦、巴黎和波恩，同各国同行沟通。欧洲人最初的反应不冷不热，认为美国政府的想法实际上是出于一个两国集团（美国–日本）的策略。尤其是德国人，有充足的理由持怀疑态度。他们认为，既然全球外部失衡根子在于美国财政赤字的顽疾和美日关系的紧张，没有理由要求联邦德国或其他欧洲国家承担纠正责任。况且，欧洲方面在里甘时期提出的汇率调整倡议还遭到了华盛顿的反对。

但在仲夏升值的美元再度刺激了五国首脑的神经，欧洲国家

---

① 火车头战略：日本、美国和联邦德国在1978年波恩峰会上开启的财政政策协调计划，意在通过包括减税和增加政府开支等手段刺激经济增长。

最终还是同美国和日本一道准备一揽子政策安排。到五国财政部副部长于 8 月底在伦敦开会时，他们的上司已经决定了将在广场会议上发布的行动计划。

伦敦五国副财长会议

在 1985 年 9 月 15 日（广场会议前一周）于伦敦召开的准备会上，五国集团副财长就协议的要点进行谈判。会议持续的时间很长，从上午 8 点半一直开到晚上 6 点。他们在九页纸的公报中逐字逐行圈出争议点。联邦德国明显不愿意被像日本一样对待，副财长汉斯·蒂特迈尔（Hans Tietmeyer）首先强烈反对将联邦德国纳入“顺差国家”。马尔福德则坚称，应该承认联邦德国的顺差是一个问题。大场智满担心，如果日本被认定为招惹众怒的唯一顺差国，会在国内带来政治上的不良影响。最后，联邦德国从其反对立场上做了让步，接受被视为“轻度的顺差国”。

不过，有一些关键问题，副财长们还是没有解决。一个是关于美元的语言表述问题。简而言之，就是哪个货币被认定为罪魁祸首？公报是写成“美元贬值是可取的”，还是写成“主要的非美元货币相对美元升值是可取的”？马尔福德以外的其他副财长均认为美元高估是问题所在，而不是他们本国低估的货币。

另一个待解决事项涉及干预政策。就干预汇率市场的决定，是明确表述，还是轻描淡写地暗示？副财长们没能达成一致。马尔福德强烈反对用干预这个字眼，他的理由是，公报有意的模糊处理可以引发市场不安，从而带来更理想的效果。其他副财长们则考虑到美国政府与国会中那些反对干预政策的强大势力，希望公报明确保证美国支持这一新政策。在他们看来，政策的任何改变，都应该在公报中表述清楚。因此，他们使用的语言是“他们准备好更紧密地合作”，这意味着财政部部长和央行行长们后期会进一步明确相关细节。

广场会议之前，美国财政部在干预问题上的不明确态度，增加了其贸易伙伴的不安，也促使欧洲三国在广场会议前两天（9 月 20 日、21 日）利用欧洲共同体部长级会议在卢森堡开会的间隙进行了秘密讨论。

共有九人参加了这次讨论，包括联邦德国财政部部长格哈德·斯托尔滕贝格、联邦银行行长卡尔·奥托·珀尔和财政部副部长汉斯·蒂特迈尔，法国财政部部长皮埃尔·贝格伯（Pierre Beregovoy），法兰西银行（法国央行）行长迈克尔·康德苏（Michel Camdessus）和财政部副部长丹尼尔·勒贝格（Daniel Lebegue），英国财政大臣尼格尔·劳森、英格兰银行（英国央行）行长彭博顿（Robin Leigh-Pemberton），以及财政副大臣杰夫里·利特勒（Geoffrey Littler）。他们在星期五下午讨论了两个小时，一方面评估美国的动向，另一方面分析这一新行动计划对欧洲货币体系[①]的影响。他们判断，美元下跌可能伴随对马克投机的

① 欧洲货币体系建立于 1979 年，目的在于促进欧洲共同体内部的经济和货币政策协调，减少使用汇率作为竞争性武器。希腊和英国（当时）没有参与这一保障机制。意大利被允许 6% 而不是其他国家 2.25% 的（汇率）波动幅度。在 20 世纪 70 年代末，随着美元下跌，欧洲再度经历了大规模投机资本流动带来的不稳定冲击，八个欧洲共同体国家创立了 EMS。这是一个二元体制，体系内（接 011 页）

增加，从而给欧洲货币体系内的货币间汇率带来压力。此外，他们还不能确定美国货币当局是否真的会放弃此前的放任政策来参与联合干预行动。

直到（广场会议召开前的）最后一刻，日本人同样在绞尽脑汁地猜测，美国财政部对于干预行动到底是怎么考虑的。会议召开前的那天早晨，在竹下登酒店套房中的策略会上，日本大藏省官员对美国的立场仍然没底。美国财政部真的改变了其干预政策吗？是要强力干预还是会打退堂鼓？时任大藏省国际金融局局长的行天丰雄是一个不干预主义者，他对美国政府的承诺表示怀疑。日本驻华盛顿大使馆公使内海诚（Makoto Utsumi）则告诉与会者，美国人是真的转变了态度，这次是要开启一个新思路。

1985 年 9 月 22 日（星期日）11 点半，财政部部长和央行行长们在广场饭店白金相间的房间里讨论了五个小时，并最终达成了一个协议。

与会者同意副部长们讨论的协议蓝本的大部分内容，这样他们便开始斟酌协议的措辞。关于如何描述调整和干预的问题，美国占了上风。协议文本表述为日元和马克升值，而不是美元贬值；没有直接提及干预一词。对公报中一个用词的讨论后来被证明非常重要。美联储主席保罗·沃尔克坚持，升值前面应该加上有序一

（接 010 页）某国货币的汇率，既由该国货币的欧洲货币单位（ECU）价值的方式报价，也利用中心汇率（一国货币的欧洲货币单位价值）测算一系列双边汇率。只要一种货币的汇率偏离（无论是高于还是低于）其中心汇率达到 2.5%，这些中央银行将进行干预以维持该货币汇率。这被称为界内干预，属于非强制性的。但超出边界的偏离则必须进行干预。

词，以便应对可能出现的美元不受限制的下跌。卡尔·奥托·珀尔和尼格尔·劳森支持沃尔克的意见。最终的表述是：“主要的非美元货币对美元更进一步地有序升值是可取的。”

美国的保护主义

公告中一个非常重要的内容是共同承诺抵制保护主义压力，尽管其重要性被更引人注目的干预内容所掩盖。

广场会议很大程度上是回应活跃在美国国会的保护主义观点，这当然不是一次五国集团会议就可以解决的威胁。在多种原因作用下，但主要是因为强美元和其他国家的低增长，美国出口不振、进口猛增。美国贸易逆差在 1985 年夏天迅速扩大，保护主义因此再度甚嚣尘上。由参议员劳埃德·本特森和众议员丹·罗斯滕科斯基（Dan Rostenkowski，伊利诺伊州民主党）、理查德·格普哈特（Richard A.Gephardt，密苏里州民主党）发起的提案，要向对美巨额贸易顺差国征收进口附加税。里根政府在夏天决定不利用高保护性关税的方式帮助制鞋业，这激怒了一些国会议员，包括金融委员会国际贸易附属委员会主席、参议员约翰·丹福尔斯（John C. Danforth，密苏里州共和党）。贝克说：“（国会）那里出现了燎原之火，我们这里要有重大举措来应对。”因为意识到世界贸易体系正面临这样的威胁，五国集团担心世界将会被分割成许多封闭的市场。

在五国集团伦敦副部长级预备会期间，马尔福德就提议，应该高度重视应对保护主义的共同承诺，这些承诺应该作为公报的专门条款。这样便有了第十一条警告："如果不加以抵制，保护主义者的压力将导致国家间的破坏性报复进而重创世界经济：世界贸易将萎缩，真实经济增长甚至转负，失业率继续攀升，负债累累的发展中国家将无法确保它们急需的出口收入。"在美国人的要求下，其他各国都表达了在本国抵制保护主义的决心。各国财政部部长对这项承诺是全力支持的。

为提升广场会议宏观经济政策对保护主义的打击力度，里根总统于会议次日发布了一项精心安排的贸易政策。总统"贸易政策行动计划"的措施包括：由美国贸易谈判代表办公室针对不公平贸易加强诉讼，为进出口银行设立3亿美元"专项基金"以应对外国补贴，强化产权法律同时推动新一轮关税和贸易总协定（GATT）谈判。美国曾希望在（美国）劳动节[①]前召开五国会议，以便对国会召开时的保护主义立法进行先发制人式的回击。但会议被安排在几周之后，因为制订计划比预期的时间长，而且很多财政部部长和央行行长已经提前有其他安排。不过，总统的贸易计划连同五国集团在汇率上的动作，还是让华盛顿感到意外。

无纸面记录

1985年9月22日下午，各国财政部部长聚在广场饭店，花了三个小时就干预行动的方案展开了激烈讨论。（汇率）调整到什么

① 美国劳动节为每年9月的第一个星期一。——译者注

程度？将允许每个国家使用多少外汇储备进行干预？干预要持续多长时间？这些问题需要极其细致的沟通谈判，因为这明确了每个国家将要采取的具体行动。

与会者几乎研究了干预的所有方面，但他们在公报中隐去了干预的细节，在会后的简报中也没有透露计划的任何详细信息。虽然他们已经就干预行动达成共识，但他们选择不公开细节以免市场疯狂投机炒作。

五国副财长在 9 月 15 日伦敦秘密会议上起草的干预声明，因过于敏感而被对外称为“无纸面记录”，从来没有公开过。这个“无纸”的初稿出自马尔福德之手，在准备会议阶段分发到其他副财长手上。因其敏感性，马尔福德在会议结束时收回了草稿。根据美国与会者的说法，财政部部长和央行行长们同意广场协议的基本要点，而广场协议正是采纳了由五国副财长拟定、经些许修改、被称为“关于干预讨论要点”的三页“无纸面记录”。这一文件涵盖了一系列议项，包括汇率、行动方案、干预总规模、参与操作的货币以及参与国家的份额比例等。下面一一展开说明。

汇率

关于汇率，草案提出“美元自现有水平下调 10%~12% 在近期是可以做到的”，这意味着美元兑日元汇率从当时的 240 降低到 214~218 的水平，美元兑马克汇率从当时的 2.85 下调至 2.54~2.59 的水平。在开始讨论“无纸面记录”的那些事项时，联邦德国对明确 10%~12% 目标的合理性提出质疑。法国和美国都支持这个目标，但斯托尔滕贝格和珀尔则坚持他们的立场。有与会者建议在这句话前加上“以……为目标”，这个僵局得以化解。实现了这些调整幅度之后，各国的干预义务便解除了，尽管仍然可以集体决定是否继续干预，一国也可以主动干预。虽然行动方案着眼于短期，但其也认可“就长期来说，（美元的）进一步向下调整将是可取的”。他们强调，应避免（美元）急剧的下跌走势。总之，他们认可“在市场不失控的情况下，短期和较长时期内美元保持弱势的必要性”。

广场会议的讨论也涉及对市场可能反应的猜测。部分与会者表达了对美元未来可能自由落体式下跌的担忧，特别是像沃尔克和珀尔这些央行行长，担心美元可能不受约束地贬值；还有一些与会者则担心美元反弹。广场会议上关于具体的汇率目标，则体现了各国货币当局的立场。德国人曾提出马克兑美元汇率升到2.10~2.20的水平。竹下登则一度强烈支持美元和日元之间“至少10%”的调整幅度，接着他又提出200日元/美元，即日元升值约17%，与1971年史密森会议时的调整幅度相同。竹下登说：“六年前，在我被大平正芳（Masayoshi Ohira）内阁委任首次担任大藏相那天，日元汇率是242。我离职那天日元升值到了219。后来我在日本被称为强日元藏相。”他接着宣布：“这一次，在日元升值到200之前，我不会离职。”[①]一位欧洲与会者提出，日元兑美元升到200仍然不够。另一位欧洲与会者回忆说，“我也是考虑190的水

① 欧洲和美国的三个与会者证实了竹下登“200日元”的话。一位日本的与会者则否认了这一插曲。

平”，他指出，欧洲方面的努力使得日元对美元同欧洲货币对美元的汇率调整之间存在差异。

竹下登可能是想通过先抛出200的价格来遏止欧洲的干涉想法。起初，欧洲几国并没有隐瞒其对“广场行动”缺乏兴趣，因为在它们看来，“美元高估的问题”是日本和美国之间的事情，甚至在预备会议上就表态，日元和欧洲国家货币对美元的升值幅度应该是不同的。美国政府内部也有类似的声音，倾向于日元、马克不同幅度的汇率调整。10%~12%的调整幅度由美国在广场会议上第一次提出。在一周前的伦敦“无纸面记录”讨论中，这个数字被有意省略掉了。这一范围被视为美国迎合欧洲国家所做出的一项努力。欧洲货币对美元汇率、日元对美元汇率，一码归一码，这些国家寻求两者之间不同的调整。事实上，最初的动议是对数字模糊处理，以便让那些对所有确定性目标都厌恶有加的与会者更容易接受。五国集团的“无纸面记录”因此指出，尽管交叉（套算）汇率当下的一些变化可能不可避免，但要避免日元与欧洲货币关系的重大扭曲。在广场会议上，欧洲国家再度提醒日本它们的关切。

行动方案

基本方案是阻止美元升值，方案同时考虑到阻止美元升值将适时导致其下跌。在美元表现强势时，实施最大规模的干预；在美元逐渐走低时，酌情降低干预力度。

为避免汇率调整方向的逆转，各国同意逐日调整干预决定。

货币当局将基于每天的市场情况利用类似棘轮[①]调节手段管理汇率调整，从而维持稳定的调整方向。在表达了对美元可能下跌速度过快、下跌幅度过大的关切的同时，他们也宣布“在美元过度下跌或市场混乱时支持美元”。会议期间，珀尔坚持如果美元下跌过快，中央银行应被允许进行干预，这一点被接纳了。

干预总规模

干预期限确定为6个星期，总的干预资金为180亿美元。每个参与国市场的日最大操作规模拟为“3亿~4亿美元”。不过，与会者也考虑到，各国市场环境存在差异，这会导致单一市场甚至是所有市场在某时段内突破干预规模上限。但在实施这一商定的行动方案时，各方不希望每天都达到上限。在事先沟通的情况下，每家中央银行都可以在其他市场进行干预。这一条款成为干预外汇市场计划的一部分，符合每天24小时运转的全球化市场的事实。

干预货币

文件指出，干预的主要货币应是美元、日元和马克。但美国准备不时买进英镑和法郎，如果其他国家也这样做的话；德意志联邦银行和英格兰银行可以买进法郎。不过美国明确表示，它不准备买进非五国集团货币。这表明，如果干预导致欧洲货币机制

① 意在防止趋势逆转。——编者注。

承压，美国不承诺维护欧洲货币体系内部货币间的平价关系，特别是像意大利里拉这样的弱势货币。就这一点，文件详细指明，EMS参与者——联邦德国和法国，应避免为与EMS相关的干预目的而买进美元。而且五国集团不得买进美元——文件警告不要有在美元走低时再度增加美元储备的想法。

参与的份额

在讨论的“无纸面记录”中，参与份额按如下比例分派。

美国：25%

联邦德国：25%

日本：25%

英国：12.5%

法国：12.5%

与会者承认，尽管上述比例是一段时间内的大概目标，但如果行动方案要持续下去的话，这个比例不可能也不应该死守。如果“实际份额在一段时间后偏离了议定份额”，那么“应该考虑一个新的分派方案”。

欧洲方面主张，美国和日本应该承担更多的任务。欧洲方面同时指出，贬值的美元将给EMS带来压力，并迫使马克触及平价上限、压低法郎到平价下限。而且，基于EMS运行的现实考虑，欧洲国家的干预应被集体对待，而不是按每个单一国家处理。这样的话，英国就可以“做”一些联邦德国的干预工作，只要欧洲的干预总量等于三个单一国家份额的总和。

美国因此提出了如下的妥协方案。

美国：30%

联邦德国：25%

日本：30%

英国：5%

法国：10%

但欧洲人特别是德国人反对上述方案。他们提出了一个替代选择，其中美国和日本分别是30%的比例，欧洲货币体系合计35%，英国是5%。

“无纸面记录”还处理了财政部部长和央行行长之间的关系——对所有的货币当局而言一个相当微妙的问题。文件指出：“在符合央行与财政部内部关系的操作上，中央银行应该具有灵活性。”这一表述清晰地表明，财政部官员期望央行能在干预和货币政策层面全力配合他们。为密切联系，他们还强调了加强各国财政部之间的磋商及财政部同央行之间沟通的必要性，尽管他们没有就如何沟通、磋商给出具体的建议。这一问题的敏感性还体现在文件对货币政策的描述上，名为“利率的影响”的部分没有就主题提及任何内容，除了括号里的两个字：待议。

正如后续章节将详细记录的，央行行长们在广场会议上没有讨论利率的影响和货币政策协调问题。他们认为这个议题太敏感，不能在政治家在场的时候讨论。但他们支持在各种约束条件下灵活应对的基本原则和紧密接触的承诺。广场会议之后大约两个月，主要国家的央行外汇专家在巴塞尔秘密会晤，讨论关于“广场行动”的汇率和货币的政策技术细节问题。这个跨部门磋商的一个副产品，是联邦银行同美联储间更直接的接触，以及日本大藏省和美联储之间的持续讨论。

广场会议参与者最后明确，他们不能向媒体透露一丁点儿关于干预规模或其他细节的信息，而且他们需要采取一种自洽的说辞来应对那些干预策略问题。副部长们已经在广场会议前就共识事项拟就了问答稿。

在讨论了干预策略之后，广场会议与会者起草了列示各国承诺和责任的声明。美国许诺继续努力缩减财政赤字，1986 财年财政赤字降幅占国民生产总值（GNP）的 1%，并将在“接下来的年份缩减更多”。日本同意，通过扩大消费信用市场的方式，增加私人消费和投资从而刺激国内需求。日本财政政策的重点是减少中央政府预算赤字，同时改善私人部门增长环境。联邦德国承诺，通过紧缩开支减少公共系统在经济中的作用，并确认 1986 年和 1988 年的减税计划。

干预的政治学

正如前文所述，五国集团的公告使得国际货币市场的美元突然掉头向下。在新西兰惠灵顿，1985 年 9 月 23 日星期一全球第一个开盘的市场，美元自广场会议前兑日元 239 的水平跌至 234。

东京市场因假期休市，欧洲则进行了第一个约定的央行干预操作。到联邦银行于当天下午在法兰克福市场开始抛售美元时，美元对主要外国货币均已下跌（兑日元在230左右），这是六个多月以来的首次干预。到纽约市场开盘时，日元与美元间的交易价格在231，这个价格表明美元已经从其最低点反弹。美国货币当局进场实施首次干预，卖出美元，买进日元和马克。美元兑日元收盘价225.5，这表明美国的干预在市场上产生了巨大影响。

接下来的几天，市场用怀疑的眼光观察着美元的下跌，对其走势存疑。东京市场的表现最具戏剧性。经过了三天的假期之后，东京市场于9月24日周二开盘，企业和金融投资者对美元的强劲需求导致了有记录以来最大的美元/日元即期交易额。日本银行抛出大量美元应对。“（抛售）峰值出现在上午10点半到11点之间。我几乎想要放弃防线了，但我坚持干预，同时告诉大藏省交易室尽可能多地卖出美元。”负责国内事务的大藏省副相山口光秀（Mitsuhide Yamaguchi）回忆说。日本公布的外汇储备余额在9月减少了近10亿美元。

在9月最后一周和10月第一周，美国官方买进了1.99亿美元的马克、2.62亿美元的日元。从10月7日开始的两周内，美元迎来了更大的升值压力。因为韩国首尔召开的世界银行–国际货币基金年会没有发布更多的政策协调声明，市场对美元的需求开始增加。五国集团财政部部长和央行行长们仅仅重申了他们此前的计划，欧洲国家货币官员的一些声明则被解读为对美元的贬值幅度感到满意，暗示美元贬值不会走得太远。

美联储和日本银行继续强力干预。根据在广场会议上商定的新干预方案，美联储第一次在东京市场直接干预。日本银行一位官员迅速将这一信息透露给在首尔的日本媒体，通过表明中央银行的坚定立场来抑制东京市场上美元的上行压力。但美元持续反弹，先是在10月中旬对马克反弹，10月底又对日元反弹。

美元在1985年10月16日上演了广场会议以来最强势的反弹，美国货币当局卖出7.97亿美元买进马克。10月的最后两周，美元对马克的上行压力降低，但对日元升值压力的减退速度要慢一些，尽管日本政府在10月15日宣布了扩大国内需求的一揽子刺激计划。在广场会议之后的六周内，美国已经卖出了4.84亿美元买进日元[①]。

到10月底，各中央银行结束了其干预任务。在接下来的11月到来年1月的三个月中，美国货币当局进行的唯一一次干预是在11月7号，当天美元对日元和马克同时大幅升值[②]。也是在这一天，日本货币当局通过在市场上卖出美元进行了最后的干预。“美元要从205的位置反弹。我们就打击了这一苗头。那是最后一次拉升日元的操作。后来，油价下跌的预期推低了利率，也促使美元走弱。”日本大藏省一位官员回忆说。

与五国集团会议前一周的交易水平相比，到10月底，美元对日元下跌了13%，对马克下跌了10.5%，对英镑下跌了8%。10%~12%的初步调整目标已经实现了。

---

① *Federal Reserve Bank of New York Quarterly Review* 10 (Winter 1985-1986)：47.

② Japan Economic Institute Report (Washington)，13 December 1985.

尽管 180 亿美元的“弹药”并没有全部用完，但干预的总规模还是令人震撼的。干预带来的冲击超出了广场会议与会者的预期。纽约联储交易室主任萨姆·克劳斯（Sam Cross）前所未有地公开表示，对联合干预的成功感到自豪。他同时透露了其他国家从广场会议到 10 月底之间投入干预的具体数额：美国干预性卖出美元总计 32 亿美元，日本、联邦德国、法国和英国四国央行合计达到 50 亿美元，十国集团国家其他央行合计超过 20 亿美元。①

尽管“纽约联储季度回顾”中没有详列五国集团中美国贸易伙伴具体的干预规模，但时任日本自民党执行委员会主席的宫泽喜一说，日本在 1985 年 9 月底到 11 月初共投入了 30 亿美元。②货币当局这回显然是说了实话。

五国集团在广场会议后关于美元汇率公告的即时效应，部分反映出公告本身是超出预期的。更重要的是，市场参与者注意到动议来自美国，并视其为美国政府强美元政策的改变。而且，广场协议被解读为，美联储紧缩储备条件去应对货币快速增长的可能性下降。③

尽管看上去是个高度协调的行动计划，但财政部部长和央行行长们在离开广场饭店时，仍然有三个关键的干预策略问题没有解决：第一，除了美元最初六周 10%~12% 的贬值幅度，他们没有就美元的贬值速度或程度达成一致；第二，他们未能就在五国集

① *Federal Reserve Bank of New York Quarterly Review* 10 (Winter 1985-1986)：47.

② 同上文，46 页。

③ 同上。

团的欧洲货币体系成员间分配干预投入形成计划，这是更大的未解决事项的一部分——从国际货币稳定的角度，欧洲货币体系中的货币与美元、日元之间应该是一种什么关系；第三，五国集团没有明确此番汇率调整同货币政策之间将如何互动。

干预步调

广场会议与会者已经就在六周时间内将美元汇率推低10%~12%取得了广泛共识，但除此之外，他们没有决定此后美元需要以什么速度贬到什么程度，尽管他们认为在一段较长时间内美元总体上需要贬值。美国财政部内部有些观点支持美元兑日元的最终目标是165~170。但美国的谈判团队（贝克、达曼和马尔福德）则小心地回避了所有关于美元贬值目标的话题，原因是担心疏远政府中那些对确定美元价位持怀疑态度和思想偏见的高官。日本官员考虑了一个两步走的方案：日元兑美元先升值到210的水平，然后再升到200，这是首次变动10%之后的一个恰当目标。但日本方面并没有对外透露他们的想法，只是自己知道。

联邦德国官员不愿意就美元进一步贬值的目标再做什么努力。不过他们也有自己的盘算，同样也没有示于外人。他们考虑的第一个价位是2.60~2.65马克/美元，第二个是2.10~2.20马克/美元。仅仅两星期后，美元兑马克下跌了7%，到了2.65的水平，联邦银行行长珀尔宣布美元已经跌至“我们可接受”[①]的水平。联邦德国

① *Wall Street Journal*，9 October 1985.

方面对汇率调整计划的明显抵制让美国财政部官员不悦。助理财政部部长马尔福德抱怨说，联邦德国是五国集团中对“广场行动”计划“最消极”的，美国政府感到“不满意”。珀尔争辩说，“(广场)协议现在被赋予了太多解读”，他意在提醒美国官员，五国集团就目标区域“没有任何承诺和协议”。

沃尔克和珀尔在广场会议上均担心美元可能不受控制地下跌。他们认为，渲染广场协议可能在市场上引发恐慌。珀尔曾在多种场合警告斯托尔滕贝格保持谨慎。“要引发一场雪崩非常困难，但一旦出现雪崩，要停下来就更难了。”[①]根据一位与会者的说法，珀尔力劝五国官员“逐步推低(美元)”。

沃尔克也表达了同样的顾虑。他相信，“一国货币自我强化、一泻千里式的贬值，会伤及市场信心且将币值拖至均衡水平以下，这不符合该国利益，也不符合贸易伙伴的利益”[②]。他尤其担心美元贬值将减少流入美国的资本，最终带来加息的要求。关于美国债务国身份对货币和总体经济政策的不利影响，沃尔克丝毫不敢轻视。

美国财政部一位高级官员后来说：“在(广场)会议上，沃尔克关心的是我们巨额的经常账户赤字，以及我们不得不通过融资来维系债务。”但财政部却不这样认为。该官员解释说：“(这些因素)从来不是我担心的，因为在我看来，我们可以在没有加息威

---

① 作者采访一位联邦银行官员。

② Paul A. Volcker, testimony before the US Senate Banking Committee, 23 July 1986.

胁和不吓退投资者的情况下让美元贬值，因为美国的基本面仍然很好、很稳定……我想市场是站在我们这一边的。”[①]

沃尔克和珀尔两人在20世纪70年代初就目睹了关键货币贬值的危险。国际金融领域的长期经验让他们小心谨慎。珀尔的一位知己证实，这位联邦银行行长对风险有非常丰富的直觉，这可能是一个优秀的中央银行家最重要的特质。[②]沃尔克则很早就因其直觉而闻名世界。他们两人感觉到，舞台上的新人们经验太少，玩不了这么危险的游戏。在广场会议上，他俩不愿意支持这个推低美元的宣传，尽管他们不反对通过调整避免美元硬着陆。他们实际上倾向于渐进式的调整方式。沃尔克自1985年年初就提出需要纠正高估的美元。美联储内部专家早在1984年下半年就给出了结论，美国应该选择弱美元，因为经常账户赤字无法持续。珀尔持同样的观点，他在1984年秋和1985年年初牵头推动干预。

但这两位中央银行行长最终还是同意了财政部部长们的提议。他们可能认为，相比完全由市场波动导致贬值，政治意愿和权威同宏观经济政策调整结合的选择可能会更有效地实现软着陆。财政部部长们也支持软着陆策略，这在“无纸面记录”里阐明了，即强调“美元的向下调整可控”。

大部分财政部部长及其副手当时更担心的是美元反弹而不是不受控制地下跌。美国的贸易伙伴对美国要参与干预的态度仍然存疑。美国财政部内部则弥漫着担心，美元贬值如果失败，将加

① 作者采访。

② 作者采访一位联邦银行官员。

剧美国国会中保护主义的热度。不应该低估对美元可能反弹及调整失败的担忧。“事后想来，你可以轻描淡写地说，美元自 1985 年 2 月起的下跌注定要稳步持续下去，这样市场力量将决定整个过程。但我们当时的确是担心美元升值。”美国国务院一位高级官员承认。美元在当年夏天的反弹加剧了他们的担心。

美元 10%~12% 的贬值目标是谈判中另一项不确定事项。正如一位法国官员所言，尽管这个幅度不被看作“精确数字”，也不被视为“最终目标”，只是第一步，但联邦德国还是不愿意接受。联邦德国一位与会者后来称“这是无稽之谈”。要知道有一些与会者甚至质疑“无纸面记录”的合法性。联邦德国将“无纸面记录”视为讨论议程，但并不正式支持它。“所有与会者就每一条都做了评论……有一些内容被接受了，但其他的并没有。”一位联邦德国官员后来这样解释。英国的立场差不多。一位英国官员将其简单地归为“一个粗略的概要”。一位日本官员则惋惜其缺少步骤，但后来承认是因为联邦德国的反对，他并不确定干预协议的真正约束力如何。另一方面，美国与会者强调“无纸面记录”已经在会议上通过了，不过一位美国官员承认，他们同意“无纸面记录”里的所有事项，但汇率问题除外。这也是表述中加入“旨在”的原因。[①]

① 作者采访。

投入

各国应分别投入多少干预资金，成为五国会议上一个争论的焦点，每个国家都努力避免超出其公平负担的份额。尽管五国同意大体按各 1/3 的比例在美国、日本和欧洲之间分配干预“开支”，但干预的时机和资金量需要拿捏好政治分寸。

广场会议之后，华盛顿对联邦德国的干预行动不满意。两国之间的不信任，部分可追溯至 1985 年 1 月，当时五国集团在华盛顿同意应对市场的“无序”，波恩方面将五国集团的声明理解为终止美元飞涨的承诺。联邦德国接着进行了大规模的干预，却发现外汇市场上只是联邦德国自己在作战，其他盟友根本没有参与。但实际上，从 1985 年 1 月五国集团会议结束到 3 月 1 日，美国货币当局在市场上卖出了合计 6.59 亿美元买进其他货币，1 月后期操作了两次，2 月三次[①]。尽管美国的这些干预可以被视为“广场行动”的前奏，但联邦德国并不满意，原因是它认为美国的立场三心二意。再者，日本货币当局总是完全在其视线之外，波恩方面感觉被出卖了。

针对联邦德国的批评，大场智满在广场会议上指出，日元在 1985 年冬[②]是稳定的，当时的形势并不是五国华盛顿协议中表述的“无序”。他接着提醒珀尔，依据正在讨论中的协议，珀尔应该记住 9 月 23 日周一是日本的假期（庆祝秋分），日本市场将闭市

① *Federal Reserve Bank of New York quarterly Review* 10 (Spring 1985): 60; and 10 (Autumn 1985): 52.

② 指 1985 年年初。——译者注

（此前的晚上，大场智满在宾馆房间查阅了日英词典，确认他使用了正确的单词表达秋分）。“现在你有了新借口”，珀尔回击说，这在原本气氛紧张的会议上引发了一次稀有的笑声。联邦德国方面争辩说，联邦银行在广场会议前已经承担了不成比例的干预责任，这部分已经完成的工作应该计入新的行动方案中。联邦德国官员后来表示，他们在 1985 年 2 月和 3 月的干预行动，触发了美元的长期走低。一位官员称，联邦德国的操作从根本上改变了市场情绪，标志着“趋势开始反转”。

的确，根据德国人在广场会议上的怀疑态度似乎可以预见到，他们会后的干预力度不会像美国和日本那样大。首先，他们并不认为广场协议具有强制性。一位联邦德国与会者后来说：“我们从来、从来都不接受（设定）一个干预的资金量。”德国人只是将干预协议视为一个意向信号，且认为因为一个协议就进行定量干预是不谨慎的。“你得观察市场情况”，这位联邦德国官员表示。[①]联邦德国同时受制于其作为欧洲货币体系事实上的领导者责任。第三章将讲到，认识到联邦德国在欧洲货币体系中的地位对理解联邦德国的广场策略至关重要。对联邦德国来说，将美元贬值对欧洲货币体系的影响最小化，及重新调整货币间汇率以避免因马克走弱而输入通胀，这两者同等重要。这是珀尔如此强烈地坚持美元有序、渐进贬值（或者说是“软着陆策略”）的原因。马克快速升值，将推高欧洲货币体系内所有货币相对非体系货币的汇率，

① 作者采访。

除非欧洲货币体系国家同时卖出马克。如果它们不这样做，维系各货币间的平价关系将变得紧张。国内高通货膨胀率的最弱势货币将被抛售，因为市场会预期汇率调整。联邦德国和法国均非常担心美元/马克汇率调整给法郎带来的下跌压力和马克的升值压力。实际上，这是联邦德国、法国和英国在广场会议临近召开时在卢森堡秘密会议上讨论的核心问题。

欧洲货币体系内部货币间的汇率对美元波动的反应并不相同。与体系内其他货币相比，马克易于急升急跌，因为其代替美元成为国际价值储备。马克的国际重要性不断提高，这让拒绝借出马克进行国际干预的德意志联邦银行左右为难。鉴于想进行“界内干预”的中央银行“不能便利地获得其他欧洲货币体系货币，因为联邦银行拒绝这样使用马克”，美元自然成为欧洲货币体系内的干预工具。[①]另一方面，美国没有丝毫兴趣利用自身干预多元化（根据“无纸面记录”的建议通过“买进最弱势的欧洲货币、卖出最强势的”这种方式操作）去增强欧洲货币体系的内聚力。联邦银行不允许使用马克进行界内干预，意味着体系其他成员在其官方组合中没有马克。这些国家因此需要增加美元储备用以购买马克，后续再用马克维护欧洲货币体系的边界。逻辑上，广场会议之后，欧洲货币体系其他成员国的第一个反应，就是买进美元以增加美元储备头寸。

联邦银行如果在欧洲货币体系其他成员买进美元卖出马克的

① Niels Thygessen, Minutes of Evidence before the Subcommittee on the European Communities, UK House of Lords, 3 May 1983, 152.

同时卖出美元买进马克的话，那么上述操作就会抵消五国集团贬值美元的共同努力，进而动摇欧洲货币体系，因为这将加速马克对体系内其他货币的升值压力。对此两难的解决方案是“干预再分派计划”（Intervention Redistribution Plan），即欧洲货币体系内部双边掉期交易（swap），联邦德国可以借出美元，这些国家可以抛售这些美元以便买进本国货币，旨在缓解美元贬值时马克相对那些货币升值的趋势。这个方案被采纳了。

实际上，五国集团之外的欧洲货币体系国家，如意大利、比利时、荷兰、丹麦和爱尔兰，将承担一份它们没参与讨论却已商定的干预计划中的责任。如果这几国货币中的某一种升值，它们的央行可能考虑卖出那种货币以避免本币同步升值。考虑到这种操作（特别是意大利这类国家会这样做）将使“广场行动”目标受挫，珀尔同法国央行行长迈克尔·康德苏同意负责将广场会议的汇率干预计划通知欧洲货币体系伙伴国。

珀尔在1985年9月24日上午打电话给意大利央行行长卡尔洛·钱皮（Carlo Ciampi），知会他五国集团的决定，并告诉他说，如果意大利卖出马克来维持欧洲货币体系平价水平的话，那对广场协议的行动方案“绝对会适得其反”。珀尔同时警告称，卖出马克买进美元将打压里拉，因为美元占大头的意大利外汇储备将缩水。据一位联邦银行官员讲，意大利“非常配合”，而且卖出了20亿美元储备，其中5亿美元是通过双边干预再分派计划由联邦银行借过来的。

意大利银行副行长兰贝托·迪尼（Lamberto Dini）后来证实了

互换货币信贷操作，同时确认意大利已经卖出了欧洲干预总量60亿美元的一半——30亿美元，这与美联储的投入规模相当。他说："所以，就这一点而言，我们在干预行动中的确发挥了非常重要的作用。"①

美国同联邦德国之间关于干预问题的摩擦，持续到1985年11月13日巴黎的五国副部长级会议。那次会议上，马尔福德批评蒂特迈尔没有按照广场会议达成的协议进行干预。蒂特迈尔回应说，应该集体计算欧洲的干预规模，而不是按国家计。以意大利的干预为例，欧洲整体上兑现了承诺。一位联邦银行官员后来鸣冤叫屈：联邦德国无法大规模卖出美元，因为那会在欧洲货币体系内推高马克，给欧洲货币体系其他成员造成压力。该官员表示，其他欧洲国家"不得不代替我们去卖出美元"，他同时抱怨美国"从不理解"欧洲货币体系的机制。珀尔和斯托尔滕贝格因此认为，美国批评联邦德国没有进行全力干预是没有依据的。事实上，美国货币当局当然注意到欧洲货币体系的机制。但他们仍然不接受联邦德国关于欧洲货币体系的干预是广场协议一部分的说法。美国财政部一位官员后来就这一问题表达了如下态度：

> 我们希望联邦德国更直接地介入美元/马克汇率干预。我们很清楚联邦银行提供了大量的融资，但对我们而言，（他们考虑的）汇率是欧洲货币体系的问题。那不是欧洲货币体系同其他两种货币（美元和日元）的问题，而是欧洲货币体系

① 作者采访。

内部的融资问题，不能因此就把欧洲货币体系与其他两种货币对立起来。[①]

美国对于欧洲货币体系的怀疑态度始于其创立之时。20 世纪 70 年代末，当联邦德国总理赫尔穆特·施密特（Helmut Schmidt）建议创立货币体系时，创立该体系在华盛顿一些人眼里是有着明显反美特征的举动。一些支持者批评卡特政府在外汇政策上的疏忽，并将欧洲货币体系描述成一个防御型的体系。尽管财政部内部对于欧洲货币体系的诞生非常关注，但财政部副部长安东尼·所罗门（Anthony M.Solomon）和财政部部长助理弗雷德·伯格斯滕均不想反对它。国务院的干预——敦促财政部不要公开反对欧洲货币体系，同样对财政部最终决定采取中立立场发挥了作用。不过财政部对欧洲货币体系这种不冷不热的态度，在里根政府主导华盛顿之后保留了下来。“毕竟，欧洲货币体系同美元和日元不相干。”美国一位高级官员表示。[②]

联邦德国一方面声称其不受干预方案的约束，另一方面却又急于批评英国怠慢了广场协议。在广场会议上，英国代表明确表示不愿意支持干预行动。作为非欧洲货币体系货币，英镑在 1985 年夏天自当年早些时候的低点强劲升值。的确，劳森表示注意到了“无纸面记录”的要点，不过并没有同意。但在联邦德国官员眼里，英国的操作不符合广场协议的精神。他们指出，英国的一些

① 作者采访。

② 同上。

操作是忙于买进美元补充因1985年早些时候大幅干预英镑时消耗的储备，尽管他们承诺不这样做。

美国可能对联邦德国在汇率调整上的贡献感到失望，但对日本的努力则完全满意，起码最初是这样的。要知道，在纽约肯尼迪机场准备回日本时，竹下登就安排日本代表团通知山口光秀在9月24日“尽可能坚决果断地”干预。第二天，山口在大藏省总部召开紧急会议，目标就是抛售足够多的美元，推动日元对美元汇率尽可能快地自240升到230。日本决意同东京市场上的美元买盘来一次短兵相接。

大藏省一位高级官员后来表示：“是我们同贝克一起提出了‘广场行动’的动议，如果美元在东京市场出现反弹，那我们就没面子了。”[①] 当山口在9月24日上午的关键交易时段指挥干预操作时，参加广场会议的所有成员都还在飞机上。在他下达指令让大藏省交易室进行“尽可能坚决果断地”干预前，他从大藏省预算局局长吉野良彦（Yoshihiko Yoshino）那里寻求对干预的支持，同时告诉吉野说，无论日本银行什么时间干预市场，政府每美元将损失20日元，而整个干预可能带来数百亿日元的损失。吉野同意了。在回日本的飞机上，竹下登和大场智满还就东京市场上的日元升值幅度打赌。就在他们登机之前，纽约市场上的日元报225。他们两人均下注日元应该已经升到高于225一点儿的价位。刚落东京，两人就失望地看到日元在230左右波动。日本货币当局在

① 作者采访。

10 月继续进行大规模的干预。

日本银行一位高级官员后来解释说，珀尔对于日本承诺的怀疑、欧洲人坚持要把日元推得比欧洲货币更强势以及棘轮干预政策协议，是日本坚定进行市场操作的三个主要因素。①

货币政策

很有意思的是，广场会议上所有关于干预的讨论中，参与者没有充分讨论货币政策的协调。在广场会议前的预备会上，五国集团副财长已经提出了协调降息的建议，但 1985 年 9 月的会议没有做出任何具体安排。美国财政部一位官员说："关于利率的讨论是有的，但广场会议没有就协调降息达成协议。"②在准备会议阶段，日本大藏省官员表现出实施降息的意愿，但前提条件是其他国家愿意一起操作。在了解到联邦德国对这一措施没有任何兴趣时，他们也明显不那么积极了。

一些日本报纸在会后猜测，作为"灵活管理货币政策"承诺的一部分，日本银行将很快降低贴现率。③相反观点的报道在日本也不少，认为日本银行将维持贴现率不变，以便推低美元。④五国集团在货币政策协调问题上的含糊不清，在日本银行突然于 1985 年

---

① 作者采访。

② 同上。

③ "Tax cut and reduction of interest rate surfaces as next issues," *Mainichi Shimbun*，25 September 1985.

④ "Bank of Japan decides not to lower the discount rate for a while"，*Nihon Keizai Shimbun*, 26 September 1985.

10 月底提高短期利率时变得更明显，同时也让沃尔克感到措手不及。这一相当于提高了贴现率一个百分点的行动，由日本银行商业局设计，目的是给债券市场降温，也是为了提振日元。沃尔克生怕日本的高利率导致美元跳水，并损及日本经济增长，他向日本银行传话说，这一政策是“不必要，也是不明智的”。

在 1985 年 11 月的巴黎预备会上，五国副财长就日本的高利率质疑大场智满。大场智满在回应时表示这一操作有其合理性，作为首要目标，日本必须通过日元升值来减少外部失衡。只有这样，日本才可以利用降息来启动国内刺激。因此，提高利率是推动货币汇率调整的临时性努力。大场智满补充说，这是日本银行的决定，没有征询大藏省的意见。表面上，大场智满的解释是在为日本银行的政策辩护，实际上，他是在努力疏远大藏省和日本银行的距离。鉴于日本的尴尬处境，大场智满认为有义务为刺激日本国内需求提出新的承诺。他后来承认，他的解释一定令人“很难接受”。

日本银行突然决定提高短期利率，说明中央银行行长们在货币政策协调的问题上既没有准备也没有意愿。美联储无意通过降低贴现率来使美元贬值，且在广场会议之后决定在货币政策上维持谨慎立场。联邦银行正为货币供应量的增加而苦恼，却又不愿意放弃对货币储备的控制。

虽然关于货币政策协调的诸多细节放在下一章探讨，但有必要先就干预过程的复杂性及其对货币政策的影响做更多的说明，即冲销干预和非冲销干预的问题。在 1982 年的凡尔赛峰会上，与会者提议对外汇市场的干预效果进行研究，包括冲销干预的问题。该项工作的成果——“外汇市场干预工作组报告”，更广为人知的名字是“杰根森报告”[①]——被提交给了第二年的威廉姆斯堡峰会。基于其对以往那些干预政策的研究和计量模型，研究小组给出的结论是，冲销干预本身“在持续的市场压力面前似乎并没有成为一个有效的工具”。而且，该小组的模型推导出的结论认为，冲销干预对外汇市场的影响，“远小于”非冲销干预的效果，后者直接影响一国的基础货币。

尽管杰根森报告中关于冲销干预是这样的结论，但（广场会议）似乎并没有讨论。[②]确实，广场协议根本没有配合汇率调整的恰当的货币政策措施建议。根据一位联邦德国官员的说法，没有讨论冲销干预是因为“整个讨论太学术了”。[③]在日本，山口被迫接受杰根森报告的建议。根据竹下登进行果断干预的指示，山口向日本银行官员施加压力，强调要进行非冲销操作以最大化其干预效果。在接到来自其上级大藏省的这个非同寻常的指示后，日本银行一位官员感到困惑并问道，难道大藏省不考虑非冲销干预导致的高利率吗？尽管他没有得到明确答复，但实际上日本银行的高级官员并没有进行非冲销操作。

同其他中央银行一样，日本银行同样认为冲销干预更多的是

---

① 杰根森报告以该委员会主席菲利普·杰根森的名字命名，他时任法国经济和财政部国库司负责国际事务的副司长。

② 杰根森报告的结论在经济学家中的争议逐渐增加，更重要的是，该报告被一些经济学家视为贝利尔·斯普林克尔不干预策略的一个借口。

③ 作者采访。

一个学术问题，同时对外宣称外汇交易室的日常操作不受（央行）商业局官员影响，每天在公开市场上独立进行。“货币政策的基本立场是关键所在，我们认为在当时预期经济增长走低的情况下，至少不应该去抬高利率。”然而，当日本银行部分是为应对美元反弹而在10月下旬提高短期利率时，大藏省和国外货币当局一些回避批评者将其视为日本支持非冲销干预政策的证据。

德国人认为，相比干预的具体规模或货币政策上的任何抵消变化，干预的信号要重要得多。联邦银行一位官员说，他们认为冲销干预只有在改变货币市场条件方面是有效的——那并不影响货币总量；这样“整个冲销干预问题在广场会议上就不是那么重要了”。[①]不过德国人总体上不认为干预能够脱离于国内货币政策。“你必须将干预配合以恰当的货币和财政政策。”一位联邦德国官员解释说。他补充指出，货币政策应该是“整个行动方案”的一部分。

美国也没有纠结于冲销干预的问题。财政部认为需要采取非冲销干预。财政部和美联储之间没有探讨这个问题，因为这被看作中央银行的职责范围。

美联储进行的干预通常被视为冲销操作。到1985年年底前，美联储在货币政策上基本上坚持这一立场。美国一位央行官员证实：“我的意思是美联储的所有干预都是冲销操作。我想这比较容易理解。广场协议期间也是如此。我们没有过非冲销操作。”[②]不

① 作者采访。

② 同上。

过，不能想当然地得出结论，认为美联储冲销了所有的干预。尽管中央银行的大部分成员相信，应冲销外汇市场操作对国内货币供应量的影响，但沃尔克不想将冲销问题同国内货币政策环境割裂，这与他利用货币政策让市场不断猜测美联储未来的动向相一致。前述官员进一步指出：

你真正面临的问题是，在要推低美元时，我们是否需要伴以宽松的货币政策，或者，在要拉高美元时，我们是否需要实施紧缩的货币政策。但无论是否有干预，都可以这么做。将这两者分开非常重要……我知道我的朋友沃尔克一直不喜欢这样考虑这个问题。[①]

起码在当时，美国财政部并没有将货币政策视为美元贬值的政策工具，但确实曾考虑到贬值对国内经济的影响。是否要冲销掉干预的影响这个问题，则从来就没有彻底明确。

美国、日本和联邦德国中央银行对于冲销干预的不同立场，以及更明显的，对于干预和货币政策之间关系的不同态度，反映了各国在政治、制度和操作等层面的考量。日本银行相信其公开市场操作能够有效对冲干预对货币供应量的影响，而联邦银行则认为其缺少这样的工具。由此，日本银行的灵活性便成了联邦银行的质疑事项。联邦银行一位高级官员透露：

问题是，日本货币当局能够避免向银行和非银行系统增

① 作者采访。

加流动性的后果吗？他们能够平衡、中和或冲销吗？我的答案是“能”。他们有一些有益的政策工具，但最后的结果是一致的……没有人能够对干预做到完全冲销。即便是日本，那也做不到。[①]

日本银行和联邦银行的政策相当明确，美联储在这个问题上的态度则是模糊的。美联储政策考虑的政治因素，在程度上不同于联邦德国和日本。美联储每年必须就货币政策向国会汇报两次。汇报一旦完成，美联储就必须坚守这些目标，不能偏离，任何变化调整都必须合理或给出解释——一个本身就可能影响市场的理由。报告官方目标以及证明调整正当性的要求，就变成了一项货币政策工作，因为它会导致市场急剧变化。这些要求无疑使得美联储宣称，其基本政策是冲销干预。

干预过程

在筹划者的概念里，“广场行动”方案意在实现经济政策上有意义的协调，而不仅仅是汇率上的调整。在广场会议约一年后，被问及广场协议同 1971 年、1973 年和 1978 年的货币干预间的差异时，美国政府一位官员阐明了前者的重要性：

对我来说，重要的差异在于广场协议不只是一次汇率干

① 作者采访。

预操作。你应该还记得，货币间的（汇率）调整开始于广场会议。但开始、结束并不都是在广场会议上，只是开始于那里。也许更重要的事情，是五国集团重申在经济政策上实施更紧密的协调努力。我想长期而言，其他层面的意义可能更重要，即就政策意图首次达成了一项重大协议。①

此前的那些汇率调整（特别是1978年的）是否“只是汇率干预操作”存在争议，因为汇率调整同样是1978年波恩峰会广泛的政策协调的一部分。

汇率干预是广场协议中最引人注目的部分，而参与者原本希望它能走得更远。财政政策和货币政策被视为协调过程的重要组成部分，但五国集团在宏观政策协调上面临着强大的阻力。以美国为例，从意识形态和政治的角度，行政系统强烈反对将高估的美元同基本面的恶化（即财政赤字和高利率）联系在一起。这种关系的公开化，与财政部此前的立场是冲突的，并阻碍更充分的政策协调，因为根据定义，协调的有效是以调整相关政策为前提的。从这个角度讲，广场会议意义重大，因为它将国内经济因素同汇率间的关系处理合法化了。

对贝克和达曼来说，“广场行动”一方面要考虑到政治约束，另一方面在宏观经济政策方面还要足够综合，包括向各国分派具体的工作。但各国如何兑现这些承诺、其他国家又如何核实这些承诺呢？根本的问题是建立一个可信赖的监督程序。一位欧洲官

① 作者采访。

员后来评论称："监督早就有了，其可追溯到十国集团的讨论，而早前的五国集团会议已经实施了监督。'广场行动'的特殊之处在于我们实际上是在外汇市场上采取了行动。"[①]关于这一点，五国集团的广场声明说，参与国"同意汇率应在调整外部失衡方面发挥作用"。通过明确要进行系统性的政府干预，五国集团有力地否定了十国集团 1985 年 6 月的报告，该报告反对目标区或任何其他货币改革。这一声明为经济指标（体系）和卢浮宫会议的参考范围机制创造了条件。基于经济指标的监督建议后来被提出来了。前述欧洲官员解释说：

> 在准备工作的前期，我们讨论了美国特别是联邦德国和日本的经济增长率，最开始是关于联邦德国和日本的国内需求增长必须高于以往，美国是低于以往增长。但讨论陷入一片混乱，我记得在一次讨论中，我不断地提醒要讨论的内容是国内需求，而大卫·马尔福德却在不断地谈论国民生产总值。我们还是非常不适应预测世界经济或者把各国的预测放在一起讨论。当然，后来有进步了。[②]

就宏观经济政策组成——汇率、货币政策以及财政政策——进行政治上的讨价还价，广场会议开了先河。比如，贝克对干预行动不做任何承诺的态度（甚至在他决定支持这一做法后仍然如此），至少部分缘于他希望用他对干预行动的支持为筹码，

---

① 作者采访。

② 同上。

换取日本和联邦德国的刺激性财政政策。马尔福德直到广场会议的最后一刻才不拒绝干预承诺，可以做同样解释。

一揽子交易的合法化，取决于能否取得参与机构的支持，这反过来又要求财政部和中央银行之间的联手。因此，当我们说财政政策的改变应该同汇率调整协调，实际上是在说，调整的任务应该由财政部部长和央行行长共同承担。“这就是为什么有时与我的好朋友保罗·沃尔克的设想不同……财政部部长们必须参与。除了货币政策，中央银行行长们无权就所列的问题表态。”[①]一位政府高级官员说。

阴　影

财政部部长和央行行长们离开广场饭店时，他们对计划的目标是模糊的。关于汇率调整对贸易和经常账户失衡具体影响的讨论、关于汇率变化的J形曲线效应的讨论、关于资本进入美国的可能影响的讨论，甚至货币政策的讨论，都几乎没有。[②]前述部分议题，尤其是J形曲线效应和货币政策协调，在五国集团副部长级别会议上有过讨论。J形曲线效应指，货币贬值在改善经常账户平衡方面存在时滞。这个时滞由价格因素和贸易量因素共同导致。美元贬值，使得美国和海外市场消费者通过增加美国产品消费来对价格差异做出反应，美国产品价格将低于外国产品。结果是，美

① 作者采访。

② 作者采访里根政府一位官员。

国的进口将下降而出口将增加。但贸易账户的改善不会马上显现，因为美国进口商品的美国价格相对于出口商品价格上升，减少了贸易账户的美元价值。只有在高出口、低进口的贸易量效应弥补了贸易条件的恶化时，贸易账户的美元价值改善才会姗姗来迟。[①]

参与那些谈判的一位美国财政部官员认为：一方面，“一国之所以可能不想采取”贬值策略，是由于J形曲线效应“并没有被视为一个主要的考量因素”；另一方面，关于“广场行动”对价格的真实影响，与会者可能还没有“就事情将如何发展有明确的概念”。在美国，美联储专家给财政部官员提供了一份分析报告，质疑通过美元贬值缩小贸易逆差的前景。财政部的官员得出了差不多的结论。“但政治家们坚持一个虚幻的假象。”一位美国官员如是说。的确，这些讨论的结果是，关于协调行动的很多理论和政策影响并没有被密切关注。尽管贝克的财政部后来发现，有必要使美元贬值以便处理不断累积的经常账户逆差，但显然并没有设定最终目标或是“均衡水平”。

影响这个过程的另一个因素是日本和联邦德国的偏好，它们更倾向于依靠汇率调整而非财政政策应对经济失衡。对比日本，联邦德国的偏好程度要轻一些。两国均极度反感再度回到20世纪70年代的“火车头”财政刺激方案，且都意识到汇率调整是转移外国对财政政策压力的手段。在广场会议上，日本与会者明确表

① 关于J形曲线效应的进一步解释，见Stephen Marris, *Deficits and the Dollar: The World Economy at Rist*, rev.ed.(Washington: Institute for International Economics, 1987),108。

示，他们将继续聚焦于双目标：减少中央政府赤字，并创造促进私营部门增长的环境。作为一个“支持选项”，他们同意由地方政府根据“各地区的具体条件”来增加投资。

面对是“调整日元汇率”还是“通过财政政策刺激经济”这两个选择，大藏省官员倾向于调整汇率，仅仅是两害相权取其轻。很大程度上，这只是先执行哪一个的问题。竹下登坚定地认为，汇率调整必须先行，否则实施政策调整以纠正失衡将“如同竹篮打水”。竹下登经常说，日元/美元的汇率失调，是“对日本向美国出口商品的一种补贴，也是对美国向日本出口商品的一种进口附加税”。不过，他没有为汇率调整之后的财政政策考虑新的方向，因为当时谁也没想到，日元兑美元到达200之后，还能如此快地继续上涨。

山口多次在不同场合提醒大场智满，日本在“广场行动”中的策略首先应该是调整汇率，其次是联合降息，强调需要保持“主要堡垒（财政政策）不受冲击”。竹下登最初考虑，只要不涉及日本的财政政策，可以容忍和接受“强日元”（endaka）。[①]

在广场会议上，斯托尔滕贝格和珀尔均反对协调财政政策行动。但在其国内政策选择上，两人的观点又出现了分歧，原因是珀尔相对更支持税收改革。

在美国，新的行动方案激起了关于利用财政政策还是货币政策解决美国赤字的争论。根据政府高级官员的说法，沃尔克担心，

① 作者采访竹下登。

汇率调整可能导致注意力从平衡联邦预算这个紧急任务上转移。[①] 美国同意“全面实施1986财年的赤字缩减计划”。正如其向贸易伙伴承诺的，这份由国会通过、总统同意的计划，将不仅在1986财年减少预算赤字超过国民生产总值一个百分点，而且能为未来年份更大幅度的赤字缩减打下基础。

美国财政部无意回避财政政策协调，它已经就减少财政赤字设计了议程。贝克和达曼预计，财政政策协调——日本和联邦德国名义上力度更大的国内需求刺激——将帮助美国实施更有利的措施去减少财政赤字。在被问及贝克准备多大程度上利用外国压力将缩减财政赤字纳入广场协议时，一位美国政府高级官员回答说：“某种程度上，我们有这个考虑。那不是主要原因，但我们确实考虑会有这样的压力，况且这也不是一件坏事。”美国没有尝试更熟练和有力地利用外国压力，用这位官员的话说，“一般来说，外国对美国的压力没有什么大的影响，有时还会产生反作用”[②]。

美国有一项明确的目标：让日本和联邦德国更坚定地承诺刺激国内需求。在启动财政政策协调的问题上，也有政治和心理上的约束，美国财政部小心地避免让其对日本、联邦德国推动的刺激措施看上去像“火车头战略”。美国按照葛兰姆计划（Gramm-Rudman-Hollings）缩减预算赤字，财政部希望这样做能向贸易伙伴证明美国政府的严肃性。

回过头看，(“广场行动”）这个阻止了美国国会保护主义者提

---

① *Business Week*, 7 October 1985.

② 作者采访。

案潮的闪电式干预，却抑制了美国政府减少财政赤字的艰苦努力。强化减少财政赤字的政治意愿和承诺，原本可以对日本和联邦德国施加更大的压力，或者给予更多的激励，让两国就其各自的财政政策采取更多的措施。尽管对干预行动本身存在政治和意识形态方面的约束，但总统不加税的竞选承诺显然捆住了贝克的手脚。对贝克而言，同时在两条战线——汇率和财政政策采取行动，那是不可想象的。因此，对财政政策协调的真诚呼吁就被搁置了，广场会议上财政部部长和央行行长的声明，（对财政政策）则是轻描淡写，一笔带过：

> 由于美国在1983—1984年的增长明显加速，其他国家目前的内部增长得以确认，特别是私人投资增长强劲。当下的经济扩张与财政稳固环境匹配，它不依赖于短期的财政刺激。①

① Announcement of the Ministers of Finance and Central Bank Governors of France, Germany, Japan, the United Kingdom, and the United States, 22 September 1985.

第二章

银行家

1986 年 1 月，五国集团在伦敦召开会议。财政部部长和央行行长们于 1 月 18 日（星期六）晚宴时召开了第一次会议，并于次日上午在唐宁街 11 号英国财政大臣尼格尔·劳森的住处召开了第二次会议。五国集团在会议之后发布了仅有三句话的声明：

> 本次会议是评估（1985 年）9 月 22 日纽约会议以来发展情况的非正式会议。财政部部长和央行行长对迄今为止的进展情况感到满意。他们同意应该继续合作，当前已经取得的发展趋势不能逆转。

官员们在会后的各种评论表明，在汇率和货币政策上，五国集团内部已经出现了重大分歧。比如，美国财政部部长詹姆斯·贝克关注的是，美元的下跌并没有明显改善美国的贸易状况，赤字仍然很大。据报道，美国财政部一位高级官员说，五国集团对美元的下跌“至今”表示欢迎，但里根政府则希望看到美元的下跌幅度超过其自 1985 年峰值的 25%。报道引述他的话说：对美元，“尽管我们没有目标，但假以时日，如果其能跌到一个更低的水平，我们不会有什么意见”。[①]另一方面，日本和联邦德国则争辩说，并没有进一步调整（汇率）的迫切需求。它们同时建议，美国政府应该有耐心，因为汇率调整的好处会在 15 个月之后自我表现出来。

五国集团伦敦会议的大部分讨论集中在利率问题上。与会者同意，低通胀率和低油价已经为更低的利率创造了条件，中央银行“应该研究在恰当的时候降低利率的可能性”。[②]但重要的是，五国集团没有一个国家想单方面降低其贴现率。一位日本官员承认日本降低利率的意愿，但补充说，“美国也必须这样做”。一位联邦德国官员则进一步指出：“在降低利率这个问题上，美国得带头。”[③]

会上的其他议题包括财政政策和日元国际化。联邦德国和日本均拒绝了美国提出的它们应该刺激国内经济的建议，指出其各自的经济增长率已经足够高。日本大藏相竹下登预计日本 1986 财年的经济增长率为 4%。对于美国的财政赤字，财政部部长贝克对国会将遵守《葛兰姆法案修正案》表示乐观，同时断言，关于其合宪的问题只是技术性的和临时的。[④]最后，竹下登通报称，日

① *New York Times*, 20 January 1986.

② 同上。

③ 同上。

④ *Financial Times*, 20 January 1986.

本政府正通过三个途径实现日元的国际化：第一，发展离岸日元投资市场；第二，发行更多的短期政府债；第三，推动日元在贸易结算中的使用。但国际市场的交易员却不为所动。所罗门兄弟公司外汇交易部副总裁小理查德·迪克森（Richard B.Dickson Jr.）说："五国集团会议是个突发的大事件，不过很多原本准备上班的货币交易员决定去休假。"他进而补充说："除非美元涨跌超过五个百分点，否则五国集团会议不会被看作一个影响因素。"很多交易员对没有对利率做出承诺感到失望。美邦公司的马歇尔·阿卡夫（A.Marshall Acuff）说："市场近来一致希望五国集团能有利率方面的好消息……我认为目前市场的关注点将转移到《葛兰姆法案》未来的不确定性上面。"①

五国集团在广场会议上达成的共识是，要在下一次会议上开展更深层次的政策协调。伦敦会议上，日本和法国倡议共同下调利率。法国财政部部长皮埃尔·贝格伯认为，伦敦会议可能是他主持进行协调降息的最后一次机会，因为 1986 年 5 月的法国选举正动摇着密特朗的社会党政府。

日本寻求降息，很大程度上是为了消除五国其他成员对 1985 年 10 月日本银行加息的担忧。日本大藏相竹下登希望能在伦敦争取其他国家配合日本银行一起降息，他说降息的时机和幅度应该"留待央行行长们决定"。竹下登是在首相中曾根康弘的压力下支持降息的，中曾根此前于 1985 年 12 月 18 日在经济政策委员会

① *Financial Times*, 21 January 1986.

（首相顾问机构）的演说中呼吁日本和美国联合降息。中曾根对联合降息的迫切让其他国家央行感到警觉，他一度宣布，如果利率突然下调，世界将因此获益。

对贝克来说，影响他的还不是其他四国财政部部长的因素，更多是政治需要促使他呵护其本人在广场会议上提出且正处于萌芽状态的协调进程。各国间的汇率调整还在进行中，在他看来，接下来进行货币政策调整是顺理成章的。低利率将减轻欠发达债务国的偿债负担，同时有利于执行1985年“国际货币基金组织–世界银行”首尔会议上确定的贝克计划。美国1986年的低增长预期，同样迫切需要低利率来提振。贝克在预备会议上就告知与会者，他希望货币政策合作，1986年年初他便在五国集团中推动降息。他警告说，除非其他国家合作，否则美元将进一步下跌——这是在整个降息周期内他使用的压力战术。全球经济环境给贝克的倡议提供了合理性。世界石油价格暴跌、联邦德国极低的通货膨胀率、债券和股票市场上涨以及发展中国家债务压力大幅缓解，都给五国集团提供了追求无通胀增长及无争端地减少外部失衡的机会。如果经济环境不利，如在通胀、衰退威胁、高能源价格以及发展中国家债务高增长的情况下，降息是不可想象的。

不过，央行行长们不愿意支持任何由财政部部长指示的降息举措。美联储主席保罗·沃尔克自广场会议起就担心美元自由落体般地下跌，反对没有联邦德国、日本和英国同步配合的降息。他并不相信联邦德国和日本会同进退，同时反对财政部部长们插手货币政策。联邦银行行长卡尔·珀尔同沃尔克一样，对五国财政部部长号令货币政策心生疑虑。珀尔后来说："沃尔克和我在伦敦会议上都拒绝（对货币政策）做任何承诺。"沃尔克和珀尔维护其在执行货币政策时的独立性，他们力图打消通过五国集团会议决定利率政策的任何企图。日本银行行长澄田智（Satoshi Sumita）则对利率的任何单方面行动都非常警觉，部分是因为担心如果日本银行单独降息，美元会出现反弹。伦敦会议之后一回到日本，澄田就对记者说，沃尔克给他的印象是美联储近期不会降低贴现率。

各财政部部长和央行行长之间在对货币政策控制上的微妙平衡，经常如同一场拔河比赛：财政部部长推动货币政策协调，央行行长反对。最终，财政部部长从央行那里得到了他们想要的，广场协议及后来的协调进程帮助他们实现了这一点。

央行反对协调的根源在于要求维护机构本身的独立性，这个独立性比价格稳定和经济增长还要重要。如果有替代选择，央行行长宁愿使用财政政策而不是货币政策来纠正经常账户逆差，这样就不需要冒通货膨胀的风险。但调整财政政策的政治障碍，加上预期的低增长，给了央行采取宽松货币政策的压力。货币升值，进一步削弱了日本和联邦德国央行反对其财政部部长要求降息的能力。

执行货币政策：协调

竹下登在伦敦成为众矢之的。他的国外同行质疑日本政府对1986财年4%的增长预测，并问他为什么没有提出一份财政刺激计划。竹下登仅有的回应——重申日本1986财年的增长将超过

4%——是为安抚其贸易伙伴。实际上，竹下登也意识到官方的预测并不现实。

随着日元走强，日本经济逐渐呈现疲态。面临国内各方批评的大藏省需要有所作为。美元贬值并没有改善日本和美国之间的贸易失衡。美国商务部在 1986 年 1 月 30 日公布的数字也显示，1985 年美国对日本的逆差达到了 500 亿美元的天量。竹下登担心，如果汇率调整不能降低这个数字，会有更大的外国压力要求日本进行国内经济调整以纠正外部失衡。

为应对来自贸易伙伴特别是美国的压力，另外预计来自国内产业界的压力也会增强，竹下登敦促澄田智降低贴现率以便刺激经济。大藏省官员认为，作为大藏省前副相，目前的澄田智能够理解这些困难。澄田顺应了这一要求，在 1 月 30 日将贴现率从 5%降低到 4.5%。但这次降息几乎没有什么影响，可能是因为市场预期日本银行很快会因为国际因素而再度降息。

三国集团协调降息（1986 年 3 月）

第一次协调降息是在 1986 年 3 月 6 日、7 日。联邦德国在 3 月 6 日将贴现率自 4%降低到 3.5%，法国于次日将利率从 8.5%降低到 8.25%，日本于 3 月 7 日又将贴现率从 4.5%降低到 4%，接着美国于当天上午将利率从 7.5%降低到八年里的最低点 7%。协调行动和时机选择是首要考虑因素。的确，美联储选择在 3 月 7 日上午宣布降息决定，而不是通常的降息时间下午，就是为了强调各国之间的协调。

关于五国集团会议酝酿发起协调降息的影响，存在一些争议。在财政部部长们急于邀功时，中央银行行长们则认为降息和伦敦会谈之间没有什么关系。“这与五国集团的那些会议或讨论没有任何直接关系，尽管这没有明显有悖于五国集团之间的协商精神，”美联储发言人约瑟夫·科因（Joseph Coyne）补充说，“协商完全是在中央银行之间进行的。”①

实际上，真正的突破是在1986年2月于巴塞尔召开的国际清算银行月度会议期间，11国中央银行行长参加了那次会议。根据联邦银行一位官员的说法，沃尔克和珀尔会间秘密商谈后，同意先后降低各自国家贴现率，当时并没有知会其他同事这一决定。正如一位理事后来抱怨的：“印象非常深刻，他没有跟我们说同珀尔的谈话情况。”

国内各方都向沃尔克施压，要求宽松货币政策。白宫关注疲弱的经济，提醒沃尔克1986年是选举年。里根任命的美联储理事，特别是副主席普雷斯顿·马丁（Preston Martin）和理事马萨·西格尔（Martha Seger），自1985年年末就提议宽松货币政策。他们现在获得了里根新任命的两个理事曼纽尔·约翰逊（Manuel H. Johnson，财政部前部长助理）和韦恩·安格尔（Wayne D. Angell，一位来自堪萨斯的前银行家）的支持。

1986年3月，持续走低的油价缓解了联邦德国对通胀的担心；马克兑美元已经从1985年12月底的2.49升值到2.24，日元兑美

① *Wall Street Journal*, 10 March 1986.

元则升值了12%达到176的水平。贝克继续对贸易伙伴国施压，要求其刺激国内经济，威胁如果他们不作为，美元将继续贬值。

但沃尔克则从骨子里担心美元可能自由落体式地下跌，特别是在对日元跌到180以内之后。他于1986年2月19日在众议院银行委员会做证时说："一种货币对外价值的急剧下跌会带来持续通胀的威胁……我们必须承认，我们货币的贬值本身并没有给出一个根本的解决方案，实际上是一把双刃剑。"沃尔克早已担心美元贬值的通胀效应，他不愿意单方面降息去承担更多的风险。在与珀尔秘密会面后，沃尔克考虑将美国方面的所有行动推迟至3月6日德意志联邦银行委员会会议之后，那是珀尔下一次提议联邦德国降低贴现率的机会。沃尔克因此在2月24日的美联储理事会上反对单方面降低贴现率的提议，但他的想法被其他理事以4：3的票数否决了。

宫廷政变

其他理事主要是在1986年衰退的可能性上同沃尔克存在分歧。安格尔警告说，如果不降息，世界经济将陷入通货紧缩周期。另一位理事提出，金融领域的形势要求低利率和更快速的经济增长。马丁、约翰逊和安格尔建议沃尔克同日本和联邦德国中央银行行长商讨启动联合降息。这些理事也强调他们倾向于联合行动而不是单边行动。

不过沃尔克拒绝考虑他们的要求。1986年2月24日降低贴现率的投票后不久，沃尔克借故离开，其他的理事留在会议室。当天晚些时候，沃尔克邀请马丁和安格尔到他的办公室，他说："你们两人都知道，如果投票结果是反对我的，那我就不能继续担任主席——你们想让我继续担任主席吗？"他接着提出，如果他们推迟投票，他将同其他国家央行行长接触沟通。马丁和安格尔同意了，沃尔克又召集了一次理事会议。

在第二次会议上，沃尔克"妥协了……（并）同意联系珀尔和澄田智……同时向我们保证会在两周内有一次协调降息行动"。[①]在其他理事同意推迟执行降息政策直到联邦银行召开会议后，降低利率的投票取得一致意见。沃尔克后来给珀尔打电话确认了联邦银行的类似意图。

这个所谓的宫廷政变差点导致沃尔克辞职，因为作为（美联储）发言人他不再代表美联储理事会的多数意见。一些观察家对关乎政策的争论不以为然。美联储一位官员后来就强调沃尔克和马丁之间的性格冲突。[②]另外一些人则推测，马丁带头反对（沃尔克），是在谋取主席位置，宫廷政变是在试探虚实。

政策上的分歧反映了"国际主义者"同"国内主义者"或"单边主义者"在政治考量上的差异。沃尔克是一个国际主义者，他充分地认识到，单方面的降低贴现率将导致美元继续贬值。马丁领导的国内主义者们则一心想着国内经济，在货币政策的国际反响方面，比沃尔克考虑的要少得多。这并不是说他们不在意国际反响。实际上，贴上国内主义者和国际主义者的标签，夸大了

① 作者采访一位反对沃尔克的美联储理事。

② 作者采访。

两者之间的差异。马丁也曾建议，日本的贴现率应该在美国降息之前下调，从而避免美元可能出现的断崖式下跌，而美国如果单方面降息，这个结果就无法避免。[①]一直表示忠诚于沃尔克的安格尔后来说，他也认为协调是必要的。他总会提及，沃尔克离开美联储时在给他的照片上题字："致信念的坚守者"。

关于贬值的影响到底如何，各种争辩、分析间存在很大分歧。沃尔克警告说，美元的快速单边下跌将引发一波通胀，而马丁则认为这两种可能性（自由落体式的贬值、通胀）都很低。马丁曾在美联储理事会上提及过几次，（美元）贬值将使得外国出口商降低价格、维持出口规模以保证（在美国的）市场份额，这会避免通货膨胀。沃尔克无疑比马丁更关注美元的国际地位。他在 20 世纪 70 年代早期作为财政部副部长的经历以及他本人此前遏制通胀的努力，成就了他对美元的看法。

到 1986 年 4 月，竹下登和澄田智均担心日元的快速升值以及日本和美国萎靡的经济前景。如果降低贴现率能促使美联储跟进降息的话，他们自然十分乐意。而且，竹下登和中曾根康弘认为，日本和美国之间高调的政策协调，将在 5 月日本经济峰会之前提升日本的政治影响力。

美国和日本于 1986 年 4 月 21 日（东京峰会前三周）就降低贴现率达成一致。日本利率降到了"二战"后的最低点 3.5%。根据竹下登的说法，协调降息的决定源于 4 月 8 日与贝克在华盛顿

---

① *Asahi Shimbun*, 25 January 1986, evening edition.

的会面。不过，更关键的因素可能是沃尔克和澄田智于4月10日在华盛顿的一次紧急会谈。沃尔克表达了对第二季度（4—6月）美国经济增长的担忧。他同时表示美联储倾向于再度降低贴现率，吁请澄田智同时降低日本贴现率以维持两国间汇率水平。澄田智给予了“积极”回应，但在会谈过程中没有做出确定的承诺。①

美联储在4月18日宣布降低贴现率，自4月21日起执行。宣布当天，日本货币当局在纽约外汇市场买进了2亿美元以便为美联储降息铺路。②

分析师认为，降息公告的低调语气意味着（降息的）积极性不高，他们预期可能不会有进一步的降息措施。③4月23日，沃尔克在众议院附属委员会上说，美国的利率已经降得够多的了，在不远的将来，他不赞成再度降息。他还说，他认为“欧洲和日本的（刺激）措施不需要等待美国的匹配措施”。④

执行货币政策：美国单方面行动

美联储在1986年夏天又两次（7月10日和8月21日）降低

---

① “Volcker expresses strong expectation about Japan’s rate cut”, *Asahi Shimbun*, 12 April 1987, evening edition.

② *Asahi Shimbun*, 19 April 1986, evening edition.

③ 公告说：降息举措是一个技术性改变，意在让贴现率同现行市场利率水平更相称。*New York Times*, 19 April 1986.

④ Paul A. Volcker, testimony before the Subcommittee on Telecommunications and Finance, US House Committee on Energy and Commerce, 23 April 1986.

了贴现率，每次降幅 0.5 个百分点。7 月的降息是因为明显疲弱的经济已经持续了一段时间；再者是美国盟友，特别是联邦德国不愿意刺激国内经济给美国带来的挫败感。

5 月初的东京峰会之后，贝克和沃尔克再度对日本和联邦德国施压，要求其刺激国内需求，但遭到日本银行和联邦银行的反对。日本大藏省希望日本银行能再次降低贴现率，最好同美国的降息形成协同。再次降息原本可以帮到自由民主党的领袖们，因为他们正准备 7 月初的大选。日本银行称，中央银行和货币政策的独立性通常不应该对选举因素妥协，这样便避开了持续不断的政治压力。竹下登后来承认，当时的时机并不适合降息，因为“日本银行传统上是坚决反对在临近选举时降息的”。[①]对经济和货币政策的更多关注，被选举中的主要议题消费税所吸引，这有效地强化了日本银行（不降息）的立场。对日本银行而言，真正的危险是日元无休止的升值，尽管公众对消费税问题的专注可能缓解了对低利率的更大压力。

大藏省随之用一种间接的方式促使日本银行降息。大藏省注意到，日本银行担心美联储单方面行动将导致日元进一步升值，大藏省便拒绝了日本银行在美国（降息）公告之后提出的更多干预储备的要求。在无法通过干预来支持日元/美元汇率的情况下，日本银行被迫降低贴现率以防止对日元投机的增加。对于大藏省的这种操控，一位日本银行官员后来沮丧地评论说：“（大藏省）就是在虚张

① 作者采访。

声势。不管他们是否在操控，日元在当时的情况下都是要升值的。他们只是摆脱了他们（财政政策）的责任，让我们难堪。”[①]

“在美国和工业国家经济总体相对低增长的背景下”，美联储的单独行动，“在政策可操作空间之内，看上去是恰当的”。但除了“迫使日本和联邦德国跟随美国降息”这个主要目标之外，美国政府可能还希望刺激经济以迎接 1986 年 11 月的国会选举。[②]

日本和联邦德国均没有马上跟随美国采取行动。在日本，选举后的政治真空是日本银行没有采取行动的原因；联邦德国则缘于对经济强劲增长的预期。在美国，贝克对联邦德国和日本不愿意跟随美联储降低贴现率表示“遗憾”。他在一次电视采访中说：“尤其是联邦德国，你注意到其失业率在 9%左右、负通货膨胀（negative inflation）和负增长。美国需要帮助。在过去的 42 或 43 个月中，美国在很大程度上支撑着世界经济……美国希望看到来自他们的援手。”[③]

中曾根在大选中取得压倒性胜利之后，宫泽喜一代替竹下登（已担任自民党总干事）出任大藏相。宫泽长期以来支持扩张性的经济政策，批评中曾根内阁“滥用了汇率政策”及其紧缩的财政政策。

竹下登的离任给了美国货币当局一个机会，重启在当时已经了无声息的政策协调努力。就在 1986 年 7 月 22 日，（日本）新

① 作者采访。

② *Wall Street Journal*，11 July 1986.

③ *Wall Street Journal*，13 July 1986.

内阁成立后的第二天，一位高级别的美国官员表示，期望看到日本将降低贴现率作为当年秋天计划中的一揽子刺激措施的一部分。宫泽没有马上回应，而是去了舒适的消暑圣地——轻井泽，同时发布了一个声明："货币政策应该留待央行行长们决定。"

联邦银行的抵触比日本银行更强硬。尽管与（法兰克福的）联邦银行的态度相比，波恩方面倾向于更宽松的货币政策，但直到 1986 年 8 月中旬美元跌到两马克且科尔政府的经济政策遭到国内外批评逐渐增加前，财政部部长格哈德·斯托尔滕贝格和副部长汉斯·蒂特迈尔都没有直接向联邦银行官员施压。

联邦银行前行长奥特马尔·艾明格尔（Otmar Emminger）的葬礼，给沃尔克和珀尔提供了交流意见的机会，他们于葬礼当天下午在珀尔家中继续沟通，联邦银行副行长赫尔穆特·施莱辛格（Helmut Schlesinger）参加了会面。就沃尔克对联邦德国经济增长前景的担忧，珀尔回应说，联邦德国经济确实在扩张，第二季度的经济报告预期乐观。

沃尔克仍然不相信，坚持认为联邦银行应该降低贴现率。珀尔说他和他的同事将考虑降息事宜，但要有一个约定条件：贝克在下一次五国集团会议后公开宣布美国准备稳定美元。沃尔克答应去同贝克讨论这个提议。

此后不久，珀尔收到了贝克的否定回复，贝克给出的理由是来自国会的压力。[①]第一次将汇率稳定同刺激措施联系在一起的努

① 作者采访美国和联邦德国货币官员。

力就这样失败了。接下来的几个月里，联邦银行的本土主义者拒绝被他们眼中的蛮横想法——“高级财政官员迫使他们降低贴现率”——所左右。

尽管联邦银行拒绝配合，但美联储还是在8月21日再度单方面降低贴现率，从而刺激疲弱的美国经济避免陷入衰退。贴现率降低到了近九年以来的最低水平5.5%。美联储宣布：“降息行动符合物价更稳定框架内的持续有序增长的目标。”

执行货币政策：日本行动，联邦德国行动

日本是第一个跟随美国降低贴现率的大国，其贴现率降低到了战后新低点3%。降息是在日本经济经过一段时间的持续低迷后实施的，部分也是1986年10月31日贝克与宫泽协议的结果，根据协议，日本保证降息并启动税收改革，以换取美国停止让美元贬值。

该协议的产生始于两国财政部部长于1986年9月6日的旧金山会晤，贝克当时表达了对联邦德国如果拒绝降低贴现率政策协调将失败的担忧。他向宫泽施压要求降低利率，称日本的行动将诱使联邦德国采取同样的行动。宫泽本人不愿意就降息做出承诺，他答复说：“现在不是最好的时机。”同时补充指出，日本眼下正面临着货币供应超常规增长、东京大都市区地产价格螺旋式上升，“他像是代表了日本银行行长”，大藏省一位官员说。不过宫泽没有隐瞒刺激国内需求的想法，最后他这样说：“如果降息的协调行

动如此重要的话，您可以告诉德国人，日本做好准备降息了。”①

推动美、日两国同联邦德国之间货币政策协调的斡旋手段很有意思。实际上，宫泽对贝克在言语上并不客气，贝克又用同样的言语去批评联邦德国的政策。宫泽自己则拒绝承诺降息，回击来自美国和其本国官僚机构的压力。他预期，不作为（不降低贴现率）的策略将促使顽固的大藏省在秋天提出一揽子财政刺激计划。旧金山会晤之后，宫泽继续争取更具弹性的财政政策，而不是更具弹性的货币政策。

1986 年 9 月 26 日，五国集团会议召开，沃尔克借早餐时间与澄田智见面。作为他考虑的同贝克竞赛的一部分，他尝试说服澄田认可降低贴现率的必要性。澄田的保留意见促使贝克在当天晚些时候向宫泽提出了同样的要求。贝克得知，作为国内的经济刺激措施，日本政府决定通过一项补充预算案。对他本人的提议，尽管贝克收到的回应不冷不热，但他仍不想放弃“日本牌”。

会后第三天，在国际货币基金组织一个临时委员会会议上，宫泽收到美国驻国际货币基金组织董事办公室的一张便条，上面写着：“我想私下里见见您。我在 13 楼的 320 等您。吉姆 · 贝克。”这次会面中，贝克批评了“联邦德国的不合作态度”，同时指出美国和日本应该继续政策协调，并再次敦促日本将降低贴现率作为这个过程中的必要步骤。在重申日元/美元汇率稳定的重要性之后，宫泽承诺他将同澄田讨论这个问题，并让澄田去同沃尔克见面。

① 作者采访美国和日本官员。

到10月2日澄田智到沃尔克的办公室时，美国货币当局已经比较被动。外界普遍认为，在不久的将来，美联储没有进一步降息的空间了。一个月前下调贴现率，并没有影响长期利率的方向，后者还在上涨。8月的降息因此看上去像是一个政治安排、一个货币政策的失败。即便是像曼纽尔·约翰逊这样的宽松货币政策的坚定支持者，也认为货币政策已经足够宽松了。[①]对当时的局势了如指掌的澄田智并没有询问沃尔克关于美国货币政策的计划。在问及他为什么不问时，澄田智回答说："不问让人尴尬的问题乃骑士之为。"[②]

相反，在表达了对美元继续贬值的担忧之后，澄田向沃尔克承诺他将考虑日本降低贴现率的问题。尽管澄田本人可能支持下调贴现率，但如果没有大藏省的坚定支持，他一个人是无法说服日本银行的其他官僚的。宫泽认为降息对于终止日元升值很关键。他和大藏省副相吉野良彦向日本银行中的关键成员表达了大藏省的坚定立场，同时也成功说服了日本银行副行长三重野康（Yasushi Mieno）。[③]

在"贝克–宫泽声明"发表前一周，三重野康打电话给正在中国的澄田智，问他是否已经做出了（降息）决定。与此同时，媒体获得的消息暗示，是日本银行而不是大藏省对决定负责。实际上，是大藏省决定（是否降息），日本银行只是接受大藏省的意

---

① *Asahi Shimbun*, 28 September 1986.

② 作者采访澄田智。

③ 作者采访日本货币当局官员。

见，即下调贴现率是停止日元升值的唯一途径。

随着日本在10月单方面降低利率，美国把压力转向了联邦德国。1987年1月23日，就在联邦德国议会选举之前，联邦银行通过下调贴现率表面上宽松了货币政策，但同步紧缩货币供应量，将准备金率提高到了10%。美国官员批评指出，贴现率从3.5%下调到3%对刺激联邦德国经济或稳定货币市场的贡献将非常小。根据美联储一位官员的分析，联邦德国的平衡操作在市场上产生了“冲销效应”，“这让我们的处境同以往没什么两样”，他补充说。[①]美国财政部一位官员后来评论说：

> 我们认为，如果没有财政政策配合，任何降息措施都不足以让其经济保持稳定增长。我们也有过一些经历，下调贴现率并没有让市场利率走低。联邦银行很精明，一方面调整贴现率，另一方面又调整存款准备金率——三番两次地这样做就有点儿过分了……你可以骗我们一次，甚至两次，但第三次我们就明白过来了。[②]

联邦德国是在美元币值下跌过程中实施的降息，当时美元兑日元是151.93，兑马克是1.8390。珀尔断言通过口头打压美元，“匿名的美国官员”是在“玩儿火”。他还回顾了20世纪70年代末美元下跌带来的诸多麻烦。

最后，作为卢浮宫会议前的一种姿态，日本银行在1987年

---

① *Wall Street Journal*, 23 January 1987.

② 作者采访。

2月20日实施了1986年1月以来的第五次下调贴现率。澄田表示此举意在稳定日元，同时“促进国内需求的稳步提升”[①]。日本的这一行动缘于宫泽1987年1月急访华盛顿，他要从贝克那里获得对1986年10月两人达成的双边协议有效性的保证。

但宫泽可能只从贝克这里争取到了他一半的期望。尽管贝克原则上同意将在日元兑美元升值突破150时干预市场，不过他拒绝承诺一定会进行干预，而且干预也没有强制性。另外，在这次会面时，达曼建议宫泽留待下一次五国集团会议时再降息，这样可以同其他国家协调行动，效果会更好。[②]

货币政策协调政治学

日本、美国和联邦德国参与的货币政策协调过程，受到了各国机构设置及政治因素的影响。首先，必须注意到财政部部长和央行行长们各自在政策协调努力过程中的角色。此间，各国财政部部长和央行行长间的合作程度是不同的。除了1986年夏天的一个简短的独立表态之外，日本银行在整个过程中明显受到大藏省的强大影响。美联储则是同财政部合作，特别是在1986年夏天一系列下调贴现率的过程中。美联储一位高级官员回忆说：“我们在

---

① *Wall Street Journal*, 25 February 1987.

② Yoichi Funabashi, “The myth and reality of G-2”, *Nichibei Keitai Masatsu—Sono Butaiura* (The US-Japan economic entanglement—The inside story) (Tokyo: Iwanani Paperbacks, June 1987),215~216.

1986年宽松（货币）政策的每个步骤，都是尽可能做到协调，从而避免美元的急剧贬值，如果能伴以其他国家的协调性干预或利率同步调整，那我们是求之不得。”联邦银行则始终抵制来自联邦德国财政部的压力，体现了其传统的独立性。

其次，尽管程度不同，但政策制定者越来越关注国内货币政策对汇率可能产生的影响。日本银行对汇率的影响和变化最敏感。联邦银行同样关注国内政策，因为其影响欧洲货币体系内部的汇率调整。虽然美联储对汇率问题也很敏感，但在即将到来的选举和疲弱的国内经济面前，其对国内政策考虑得更多一些。美联储利用货币政策刺激美国经济，或至少保持增长，但国内经济政策与管理汇率并无关系。美联储转而利用货币政策协调，更准确地说，是协调其他国家的货币政策来避免美元断崖式下跌。

货币政策的角色

在此期间，中央银行官员对于同财政官员协调货币政策并不热心。财政部部长涉足传统上由央行官员负责的地盘，让后者怀疑且担心“货币主权”将面临货币和汇率政策政治化的威胁。

有时候，中央银行行长视其部门利益要高于政治家们眼中的“国家利益”，而且发现他们同国外央行行长间的共同点要多于同本国财政部部长间的。央行行长们在巴塞尔参加秘密会议，在非官方的晚宴上碰头。他们的活动如此隐秘，以至于五国集团的一些财政部部长一直怀疑中央银行行长另外召开了他们自己的五国集团会议，尽管事实并非如此。不过，曾经有过“四国帮”（Gang of Four）会议，成员包括来自美国、日本、联邦德国和瑞士的中央银行官员、行长以及其他国际清算银行会议的常客。他们通常在正式的国际清算银行会议前一晚聚餐。一些人认为，“四国帮”的历史可以追溯到20世纪70年代中期，同五国集团成立的时间相差不多。

美国财政部在讨论广场协议的过程中就意识到，团结联邦银行是所有协调工作的关键。根据一位官员的说法，（美国）财政部欣赏联邦银行在制定货币政策过程中的独立性，以及联邦德国财政部支持货币当局向政府承诺货币政策调整的做法。（美国）财政部官员仍然记得，在1978年峰会的协调过程中，联邦德国财政部的同行无法配合联邦银行的做法给他们带来的挫败感。“这是广场会议上形成的财政部和央行磋商协议的背景”①，他说。

尽管中央银行抵制财政部部长们的政策协调努力，但这个过程中具有讽刺意味的结果是，中央银行对财政部部长们政治要求的一系列妥协。所有五国集团央行行长均注意到了财政部部长们的政治要求，即便是威风如沃尔克这样的央行行长也不例外。贝克将汇率政策用作行政部门影响货币政策的手段，这一策略，代表了从其前任那种放任政策的逆转。对沃尔克而言，他也别无选择，只能同贝克建立统一战线。

后来，沃尔克对美元快速下跌想法的质疑，显然也被贝克的财政部轻易忽略。而且，沃尔克阻止美元下滑的持续努力，也都

① 作者采访。

被财政部“口头打压美元”的做法所抵消。一位日本银行高级官员后来透露，沃尔克似乎也是被说服下调贴现率的，尤其是美联储在1986年7月和8月的两次降息，看上去像是强推给沃尔克的。最终，宫廷政变削弱了沃尔克一度毋庸置疑的权威和声望。

汇率

用日本银行一位官员的话说，此间货币政策协调的第二个方面是，政策“完全被汇率因素所左右”。这在日本尤其明显，日元升值的幽灵通过政治体系不断地发出威胁冲击波。

1986年3月和4月的联合降息设计得小心翼翼，唯恐影响到汇率。日本银行强力干预市场，稳定美元币值，同时保证美联储的降息能平稳进行。不过，最有代表性的是日本在1987年2月的第五次也是最后一次下调贴现率。据日本银行的官员讲，甚至在1月动身去华盛顿前，宫泽还同澄田讨论决定降息“就是努力阻止日元升值，没别的”。而且，为努力控制尽可能多的变量以避免误判，日本银行希望美联储保证将不降低贴现率。

在日本货币当局过度关注日元与美元的关系时，联邦银行官员的关注重点是保护本币及欧洲货币体系内部的货币关系。由于欧洲货币体系的压力（主要来自法国），联邦德国先是同意升值马克，后来又同意本国政策目标配合欧洲货币体系国家间的协调要求，这些都表明维护欧洲货币体系是联邦德国优先考虑的。1986年3月和1987年1月的两次降息，是来自欧洲货币体系其他国家而不是美国的压力，最直接地迫使联邦银行采取行动。1987年1月的降息，是在体系内六国货币汇率调整十天后进行的。尽管联邦德国极度憎恶通货膨胀，且坚持联邦银行还是宪法上的独立性（这限制了联邦德国对国际协调的承诺程度），但联邦银行还是牺牲了一定程度的独立性，以避免欧洲货币体系内部更多的投机和不稳定。

联邦银行的货币政策受美元汇率的影响程度，没有日本银行货币政策受影响的程度大。联邦银行一位高级别官员后来强调：

> 汇率是纳入考量的变量，但它终究不是一个目标或工具……相对其可能对日本的影响来说，汇率对我们总体上尚谈不上是一个重点。你看，我们从来没有让产业界相信政府或联邦银行能够对汇率有什么作为。但在日本是不同的。[①]

与日本银行和联邦银行相比，美联储更大程度上坚持美国货币政策主要是服务于国内经济的需要。这一原则在1986年的连续降息中得以诠释，这些降息措施是为了应对明显疲弱的经济，同时也是为了迎接中期选举。不过即便是美联储，仍然高度重视汇率同货币政策运行之间的关系。美联储一位高级官员后来总结指出："在当时影响货币政策的几个变量中，汇率是其中重要的一个。这不是说它是唯一的、最重要的因素。但汇率比以往是重要多了。"[②]

在干预汇率行动之初，美联储和财政部在货币政策上就有着不同的目标。筹划"广场行动"过程中，财政部曾希望美联储降低贴现率以作为美国整体政策措施的一部分。美联储当时则担忧

① 作者采访。

② 同上。

美元的快速下跌，以及降息可能对外资流入产生负面效应——一个至关重要的关注点，因为美国已经变成了世界最大的债务国。财政部对形势有着不同的判断："我们知道美国是债务国。保罗·沃尔克在广场会议第二天就担心这个问题，但我们财政部的看法不同。我们认为市场因素不会带来麻烦。"①

随着油价下跌，财政部的乐观看法得以证实，起码是在1986年年底前是这样。但在1987年春，"改变发生了……（而且）每天都会考虑汇率、利率对通胀预期的直接影响。那时我开始担忧世界市场的信心"②。据一位政府高级官员说，美国货币当局当时被迫于1987年4月提高短期利率，而贝克同时则要求日本再度降低其短期利率。在中曾根首相于4月底访问华盛顿前，里根总统给他写了一封私人信件，敦促他考虑降低利率以"稳定汇率"。从广场会议到卢浮宫会议期间，美国货币当局也逐渐关注汇率问题，此后甚至是有过之而无不及。

中央银行的国际政治学

政策协调遭遇了两类冲突。第一类是对货币政策和财政政策各自角色定位的不同认知，这一冲突跨越国界，形成了各国财政部部长作为一方、各国央行行长作为另一方的国际联盟。在广场会议上，财政部部长们承诺推动财政政策协调，却又巧妙地规避了这项任务，把所有关于协调的努力留给了央行行长们。国际范

---

① 作者采访美国财政部一位高级官员。

② 同上。

围内，每个国家都指责其他国家政策组合的不恰当。

第二类冲突是制定货币和汇率政策的权限问题，这在每个国家的央行行长和财政部部长之间都存在。这些冲突使得整个货币政策协调过程变得复杂。财政部部长和央行行长之间固有的紧张关系，不需要转化成两个部门之间现实的、持续的冲突。五国集团各国央行的制度基础各不相同，这也经常使得统一行动变得困难。五国集团一位副部长级官员评论说：

> 五国或七国集团国家内部那些潜在关系上的分歧非常突出。联邦银行是个极端，它极其独立，本身的确拥有由其负责的宪法目标；另一个极端是你看到的法兰西银行和英格兰银行，两者都是政府的无罪代理人……日本的情况更接近法国和英国。美联储似乎是有点儿居于两种情况的中间状态，但归根结底它做不到联邦银行那么独立，尤其是在外汇问题上，因为这常规上是美国财政部负责的领域。因此，你要面对的关系是不和谐的。①

结果，“经常是联邦银行采取一个特殊立场，有时获得其他央行行长的一些支持”。各国央行行长在努力维持其他央行行长可共享的部门利益的同时，还会留意财政部部长们的政治需求。

在五国集团伦敦会议上，日本大藏省就展示了它可以在一个行动中一再利用的主导权。竹下登力图通过规避国际协调来维护

① 作者采访。

他的地盘：财政政策的自主权。由此他将大家的注意力导向货币政策，特别是协调性的降息举措上，从而缓解他利用财政政策工具刺激经济的压力。

德意志联邦银行则拒绝像日本银行那样被编派，忠实地坚持“联邦银行原则”。基于这一原则，在市场压力促使马克上涨时，联邦银行允许马克升值，而并未调整国内货币政策（降低贴现率）。特别是在欧洲货币体系的问题上，联邦德国的中央银行家们设法将决策责任从中央银行转移到财政部，这一举动被日本银行的官员所羡慕。联邦银行一位高级官员在 1987 年 1 月谈及欧洲货币体系内的汇率调整时说：“我很感激斯托尔滕贝格做出了政治上痛苦的决定——升值马克。”[①]联邦银行转移政治压力维持独立性的能力，同日本银行无法抗拒大藏省的压力，这两者之间的反差反映了两国中央银行组织上的差异。与联邦银行不受任何其他政府部门的监管不同，日本银行要接受大藏省的监管，这些监管包括以下权力：发布指示、解聘日本银行官员、许可或批准日本银行几乎所有的活动。[②]

参与者之间的制度差异直接影响了谈判的进程。联邦德国宪法保证联邦银行的独立性，这显然加强了联邦德国在谈判中的议价能力，使得波恩阻止了所有威胁其权威性的举动。宪法的约束

① 作者采访。

② Bank of Japan Economic Research Department, *Money and banking in Japan* (New York: St. Martin’s Press, 1973)，228. 2001 年日本机构改革后，对日本银行同财务省（承担了原大藏省的主要职责）之间的关系进行了很大调整。——译者注

同时也可能制约了那些原本更灵活的手段，使得波恩方面无法调和。而且，一旦其他参与者意识到这种不妥协，意识到无法实现责任义务均担，那么他们也不愿意做出坚定的承诺。比如，联邦银行无视美国在 1986 年夏提出降低联邦德国贴现率的要求，这导致日本银行也拒绝了美国的诉求。根据日本银行官员的说法，在 1986 年 7 月初巴塞尔国际清算银行会议上，澄田从珀尔那儿得知联邦银行将抵制美国的压力后，自己也有了勇气。这一大胆的抵制与日本银行通常的做法不同，一些银行官员视其为“中央银行家们英雄般的团结”。

从联邦银行的角度，其反通货膨胀的政策在世界货币体系中发挥了锚的作用。联邦德国中央银行官员相信，他们可能承担了最大的责任，因为他们必须“在国际政策协调过程中所有明显的政治废话里”坚持负责任的经济政策。[①]这些官员视日本银行为五国集团中一个“搭便车的”，不认同日本银行官员迎合政治利益并向压力低头的心态。

美联储同政府部门之间也有着相当的独立性。政府部门没有直接的通道能够影响美联储的政策。美联储是国会设立的机构，也向国会汇报。此外，相关官员的个人权威在实践中决定着美联储同其他政府部门之间的关系。[②]作为美联储主席，沃尔克展示了一个强势央行行长的形象。他 20 世纪 80 年代早期应对通胀的经

---

① 作者采访一位联邦德国货币官员。

② Fred Hirsch, *Money International* (New York: Doubleday & Company, 1969), 206.

历，在全世界央行行长中间赢得了尊重甚至是敬畏。联邦银行一位高级别官员充满赞誉地说："我猜测，战斗的沃尔克骨子里是德国人。这是他如此反通胀的原因。"[①]

在里根的第一任期内，沃尔克能够抵制来自时任财政部副部长斯普林克尔的压力，后者试图加强其在货币政策上的影响力。

因此，当沃尔克强烈恳请日本和联邦德国刺激他们的经济时（特别是自1986年春开始），其他国家的央行行长百思不得其解，在沃尔克遭遇"宫廷政变"时也是。在贝克发起广场会议并迫使沃尔克成为政策协调过程中的另一个参与者时，沃尔克不可挑战的权威和权力显然打了折扣。作为回应，联邦银行于1986年10月在纽约设立了一个代表处，同美国财政部建立了直接联系。在珀尔和马尔福德的一系列沟通之前，联邦德国就密切关注谁才是政策协调中心。

美国立法部门和行政部门之间法律上的独立，给行政系统提供了一个替罪羊——国会，任何指责都可以甩过去。眼前的明显例子就是政府部门断言，国会应该为没有缩减财政赤字负责。对美国的贸易伙伴来说，这变成了一个信誉问题：美国政府落实某项承诺的能力一旦被质疑，美国的外交信誉通常就受到不利影响。

从这个角度说，广场会议是被《葛兰姆法案修正案》推动的，因为政府部门从修正案减少财政赤字的承诺中获得了一些信誉。根据美联储一位理事的说法，这一立法也促使美联储的一些理事在降低贴现率的问题上采取了更加积极的态度。

---

① 作者采访。

第三章

单边主义的终结：美国

似乎是一夜之间，强势美元转变成了被高估的美元。这的确是贝克的魔法。毕竟，贝克的工作经历让其深谙政策玄机、熟悉文笔修辞。对罗纳德·里根总统来说，广场协议体现了政策上的连续性，而不是改变。当然，“总统支持广场行动”，且“对全世界的反应及广场会议的影响非常满意”，里根政府一位官员后来如是说。但一项新策略应当被描述成正式政策的延伸，而不是脱离或替代正式政策。广场会议结束一个月后，参议院银行委员会国际金融和货币政策附属委员会开会审查“美元被高估的原因和影响，以及更重要的，能够且应该采取什么行动纠正失衡”。在听证会上，参议员威廉·普罗克斯迈尔（Willian Proxmire，威斯康星州民主党）发起了讨论：

今年（1985年）2月，当在一个新闻发布会上被问及美元被高估的问题时，总统的回答是“那确实不是问题，而是祝

> 福”。不过，因为海外市场的丧失，那些失去他们土地和工作的农场主和工人们并没有把约翰·韦恩（John Wayne）美元看成祝福。我想大多数美国人宁愿要伍迪·艾伦（Woody Allen）弱美元，抑或是不会让他们绞尽脑汁的罗德尼·丹泽菲尔德（Rodney Dangerfield）美元。①

1985 年春，国会对美元汇率的关注增加了。尽管很多国会成员希望美元贬值，但对于货币贬值有相当大的心理障碍，特别是经历了里根政府鼓吹多年的“强美元代表强美国”之后。参议院委员会这个无果而终的讨论表明，无法确定什么水平的美元真正代表强大的美国。

根据里根政府对世界经济问题的“在一国实现资本主义”方法，繁荣的美国经济将自然而然地给世界其他地区带来增长和福利最大化。早在 20 世纪 80 年代初，一些批评者就对这种单边手段的危险和成本表达了担忧。同战后其他几届政府相比，本届政府给予国际经济问题的位次更低，并且在形成国内经济政策时，“几乎完全漠视外部世界”②。

---

① 这三个人均是美国影视文化界名人，该参议员以三个人的形象来描述美元强弱。Hearings before the Subcommittee on International Finance and Monetary Policy, US Senate Committee on Banking, Housing, and Urban Affairs, 23 October 1985.

② Benjamin J. Cohen, “An Explosion in the Kitchen? Economic Relations with Other Advanced Industrial States,” in *Eagle Defiant: United States Foreign Policy in the 1980s*, ed. Kennith A. Oye, Robert J. Lieber, and Donald Rothchild (Boston:Little, Brown, 1983), 116.

不过，美国经济自 1982 年年末的复苏，为“美国优先”的方法赢得了信任，也给了支持者信心。经济单边主义的理论基础来自乔治·华盛顿大学的亨利·诺（Henry R. Nau）教授。他提出：

> 国内主义者的观点为 80 年代指出了更好的前景。里根政府再度恰到好处地发挥了美国的力量，领导世界回归国内主义者重整全球经济的三个标准：低通胀率、市场激励和自由贸易……国内主义观点既为理解里根政府制定的根本上正确的国际经济政策，也为呼吁政府坚守国内主义优先，提供了一个有用且长久的理论框架。①

新一届政府组成人员涵盖了所有意识形态，尽管他们中的大多数是真正的市场机制拥趸。对于自由浮动汇率的支持者来说，“钉住”汇率和美元贬值都是绝对不能接受的。里根团队反对卡特政府传承下来的弱美元政策，取而代之的是施压以追求更强势的美元。一位财政部前高级官员解释说：

> 卡特总统时期的财政部官员是口头打压美元，而且效果明显，美元崩溃了，所有人都因为弱势美元感到极度恐慌……美元是世界储备货币，但却没有人要它。②

而且，他们厌倦了来自贸易伙伴特别是欧洲对美元价位（无

---

① Henry R. Nau, “Where Reaganomics Works,” *Foreign Policy*, no.57 (Winter 1984-1985):14~37.

② 作者采访。

论美元是涨是跌）无休止的抱怨。前述官员指出：

> 我记得1982年在意大利，是1982年年底，美元开始走强。意大利财政部的一个副部长开始抱怨美元太强了。我对他说："上一次我是听你对我的前任抱怨弱美元的。"他说："这就是美元的问题。它在不该强的时候走强了，在不该弱的时候疲软了。"你知道，没有哪一个汇率水平能让所有人都满意。你看到了，他们对弱美元不满，因为这让我们更有竞争力；他们对强美元也不悦，因为那让石油支出更高。[①]

对弱势美元不满以及给美元合理定价的现实困难，导致里根政府选择了单向的强势美元。

唐纳德·里甘（Donald T. Regan）领导的财政部信仰自由市场哲学，强调不干预市场，得到了政府中如时任财政部副部长斯普林克尔这样的"芝加哥"经济学家们的支持。另外，保守派思想和政治上的要求，对自由市场哲学的选择也有推动。比如，像参议员杰西·赫尔姆斯（Jesse Helms，北卡罗来纳州共和党）以及众议员杰克·肯普（Jack Kemp，纽约州共和党）这些保守派，就向政府施压要求采取一个新金本位制。财政部为此还就回归金本位的诉求和可行性为国会进行了一项研究。不出所料，最终的结论是否定的，但在研究过程中产生了一个重要的副产品。财政部前副部长蒂姆·麦克纳马（Tim McNamar）回忆说，财政部被迫"在

① 作者采访。

抵制金本位、维护现有浮动汇率体制时保持高调门。这一现状，加上找不到更好的替代选择，可能促使我们采取更市场取向的表述，（同时）让我们比真实的自己听上去更坚定”。[①]

政府对快速增长的财政赤字、高利率和强美元的自由放任态度，最终让贸易伙伴们心生芥蒂。在1982年的凡尔赛经济峰会上，里根在美元和宏观经济政策问题上陷入孤立。据联邦德国总理赫尔穆特·科尔（Helmut Kohl）说，在第二年的威廉姆斯堡峰会上，“显然，从日本到加拿大到我们欧洲所有的人，都反对”[②]里根的政策。

美国同其贸易伙伴之间最激烈的争论是关于汇率政策。针对（其他国家）接连不断地要求联合干预以便调整汇率，里甘的财政部给出了一条“收敛”（Convergence）原则作为回应。他的理由是，汇率由基本面决定，只有国家间的基本面发生明显变化时才会波动。1981年4月，里甘宣布，除非发生极端情况，否则美国不会干预外汇市场。纽约联储在当年12月公开宣布，在5—10月期间没有买卖任何外币，以证明这个新的不干预政策。这是近十年里货币当局第一个未实施汇率市场干预的六个月。根据里甘的说法，这样美国在凡尔赛峰会上的目标就成了“我们各国经济趋向于更稳定、更低的通胀率”，这在表面上将“稳定汇率”。[③]

---

① 作者采访。

② *New York Times*, 31 May 1983.

③ Quoted in C. Randall Henning, “Macroeconomic Diplomacy in the 1980s,” *Atlantic Paper* No.65(Paris:Atlantic Institute for International Affairs, March 1987),18.

没有什么能像“不干预汇率市场”一样清楚地说明了“里根经济学”的真正含义。里根政府第一任期内，财政部被要求通过干预市场来阻止美元升值，这些压力不只来自其他国家，还来自美联储，特别是纽约联储。时任纽约联储主席的安东尼·所罗门曾内部提议，对美国货币当局来说是建立外汇储备的好时机，目标是储备 90 亿美元的“战争基金（专款）”。财政部马上否定了这个建议。

根据分别来自里甘和沃尔克这两位机构领导的信息，财政部和美联储之间的关系并不舒畅。麦克纳马回忆说：

> 有一天早晨，（里甘）在办公室里身体不适。沃尔克知道他在城里，也知道他就在办公室。里甘的秘书因为里甘病了，不能回复沃尔克的电话。他（沃尔克）于是说：“让我跟蒂姆（即里甘）说话。”他是因为什么事情变得很激动，我不记得具体是什么事情，市场正在上蹿下跳，是有什么消息了。沃尔克对我说：“告诉他给我回（语气词）电话！”
>
> 在我给沃尔克回电话告诉他（里甘）因为别的事情忙得不可开交时，他说：“那好，你有权来做决定。我们准备参与多少？”我回答说我们应该再观察半个小时。“半小时！”沃尔克大声喊道。[①]

① 作者采访。

压　力

20 世纪 80 年代的前五年，强美元使得美国制造业和农业部门在国际市场上陷入恶性竞争。经济顾问委员会的年度报告中虽然列举了强美元的好处，但同时承认存在一些负面影响：

> 鉴于美元上涨，一些在国际市场上竞争的美国行业经历了很多困难。很多问题与制造业部门有关，全行业正在经受贸易额下跌……因为美元升值和需求增长持续走低，使得商品的美元价格和出口量下降，美国传统的农产品顺差已经从三年前的水平萎缩到 85 亿美元。下跌同样出现在美国的原材料出口领域。①

制造业和农业部门是强美元最明显的受害者，尽管这两个部门直到 1985 年才共同表达了不满。即便是 1984 年的总统竞选者沃尔特·蒙代尔（Walter Mondale），也未能有效地将强美元作为一个议题，而是聚焦于导致其总统梦想终结的税收政策。

很明显，这些部门的政治影响力已经被严重削弱。汽车、钢铁、机床和其他国际竞争商品制造商，以及管理和工会组织，都改变不了政府的强美元政策。从意识形态角度，美国产业结构的根本性转变，很大程度上解释了美元长时间高估的原因。华盛顿一位汽车制造商代表的话道出了实质：

---

① *Economic Report of the President*, February 1985 (Washington: US government Printing Office), 106.

> 我们还把制造业看作政治上的“顶梁柱”，但实际情况已经不是这样的了。金融业、服务业的体量都已经非常非常大了。强美元对它们有利，对消费者有利。它可以让物价走低，保证买到便宜货，而减税和赤字意味着有很多钱可以花。它是反制造业、反劳工，鼓励消费、支持服务业的。[①]

服务行业涵盖范围广且不断增长：卫生服务、银行和财务、保险、地产、零售、宾馆饭店、旅游和运输、法律和科技行业以及媒体和通讯业。就政治和选民而言，强美元政策，大体上是迎合了“白领”的共和党选民而伤害了“蓝领”的民主党支持者。除了一些农场主，美元政策没有直接影响共和党选民。正如财政部一位高级官员说的：“没有来自华尔街的压力要推低美元”，因为华尔街的投资者更关心预算赤字而不是强美元，他们主要关心的是控制通货膨胀、促进投资。强美元政策的另一个盟友是强大的国防承包商，他们免于国际竞争，同时得到里根政府大幅增加的国防预算的支持。[②]

不过，到 1984 年年末，风向不易觉察地发生了改变。美国制造商联合会（NAM）、商会和农场游说组织开始大声抱怨。商务部长马尔科姆·鲍德里奇（Malcolm Baldrige）、美国贸易代表威廉·布鲁克（Willian E.Brock）以及农业部长约翰·布洛克（John R.Block）这些内阁成员开始发出支持美元贬值的言论。但里根的

① Cited by William Greider, *Secrets of the Temple: How the Federal Reserve Runs the Country* (New York: Simon and Schuster, 1987), 600.

② 同上，600~601 页。

白宫和“里甘–斯普林克尔”的财政部则充耳不闻。布洛克对财政部的不作为感到无助，他私下里让参议院多数党领袖、美国农场主的朋友鲍勃·多尔（Bob Dole，堪萨斯州共和党）试着去说服总统改变汇率政策。①

各领域、行业的不同利益群体的抗议出现了。两个游说活动很有代表性：一个是李·摩根（Lee Morgan）运动，另一个是李·艾科卡（Lee Iacocca）的“独行侠”战斗。

卡特彼勒拖拉机公司主席兼商业圆桌工作小组主席李·摩根，牵头发起了向国会和政府宣传汇率对商业影响的运动。早在1981年12月，李·摩根就开始了一项敦促经济决策者稳定美元同主要货币汇率的长期运动。②1981年12月11日，摩根在众议院贸易筹款附属委员会上说，汇率不稳定已经开始伤害美国商业。他没有就问题给出具体的建议，只是说“高利率和不稳定的汇率正在让跨国公司的财务管理变得复杂，打击了国际贸易和投资”。

一年后，摩根和商业圆桌会议认定，“更稳定”越来越意味着美元和日元之间的汇率调整。摩根在国会说：“美元、日元间汇率的失调导致了美国商业今天的麻烦，这是美国眼下面临的唯一最

---

① 基于美国国会信源提供的信息。

② 早在1981年，弗雷德·伯格斯滕同其新成立的国际经济研究所的同事，就公开关注美元汇率对美国竞争力和贸易状况的影响。在其分析预测被证实且未被国会和社会组织政治化之前，他们在公开场合或国会听证会上不断地重复他们的关切。伯格斯滕早期最重要的论述是“‘里根经济学’的成本”和“美日经济问题该怎么办？”，The Costs of Reaganomics, in *Foreign Policy*, no.44 (Fall 1981)，24~36; and “What to Do About the United States-Japan Economic Problem”, in *Foreign Affairs* 60 (Summer 1982), 1059~1075。

重要的贸易问题。”他同时指出，他很多商业领域的朋友、同行跟他持同样的观点。“我们希望的一个长期目标是自由交易的国际日元。”他提出美、日两国关于日元的联合行动应该包括：一、日本方面采取措施，鼓励资本流入、吸引外资在日本投资日元金融产品；二、对日本制成品征收附加税；三、美国和其他中央银行对外汇市场进行干预；四、采取措施，进一步下调美国利率。1983 年 4 月，摩根在参议院外国关系委员会上就日元低估问题作证，当时汇率为 235 日元兑 1 美元。他再度引述行业分析师的观点指出，200 日元兑 1 美元属于“基本的结构性平衡”。

1983 年秋，摩根继续迫切要求日元升值，这一次是在众议院银行委员会上。10 月 27 日，摩根强调了“汇率优势”，“这一项就足以削弱美国公司和劳动者的竞争力……即便是高效如卡特彼勒这类公司也发现，在这样扭曲的环境中无法有效竞争”。他将日元的弱势归咎于利差和单向的资本流动。

1984 年全年，摩根不断攻击市场汇率水平，同时指出现行“汇率关系正在对我们的国际竞争力造成严重破坏”。他提供的数据显示，卡特彼勒 1981 年出口了 35 亿美元，但在 1983 年只有 16 亿美元。公司被迫在仅仅两年的时间里削减了 15000 个职位。

尽管李·摩根大部分的游说努力都花在了国会这边，但那都是他攻击政府的助攻。他同商业圆桌会议其他成员与财政部高级官员的第一次见面就让其沮丧。“财政部里的人物，特别是斯普林克尔是彻头彻尾的市场信徒。他们就会不断地重复：‘市场决定货币价值’。”一位参与会面的商界领袖回忆说。之后，摩根改变策略，将矛头直接对准白宫。来自卡特彼勒总部所在地伊利诺伊州的共和党议员帮助敲开了总统办公室的门。众议院少数党领袖、众议员罗伯特·迈克尔（Robert Michel，伊利诺伊州共和党），尤其是外国关系委员会主席、参议员查尔斯·柏西（Charles H.Percy，伊利诺伊州共和党），在 1983 年和 1984 年期间安排李·摩根和其他商界领袖同总统进行了三次会面。

第一次恰好安排在里根于 1983 年 11 月访问日本前。商界代表包括博格华纳主席詹姆斯·贝雷（James F. Bere）、福特汽车公司主席菲利普·考德威尔（Philip Caldwell）、美国钢铁公司（现在的USX）主席约翰·罗德里克（John Roderic）。政府方面是里根、里甘、舒尔茨、布洛克、鲍德里奇和马丁·菲尔德斯坦（Martin Feldstein）参加。里甘仍然坚持维持市场自主决定汇率的态度，拒绝做出任何承诺，但其他内阁成员看上去更担忧。特别是舒尔茨，表达了对商界立场的支持。

第二次会面是在 1984 年伦敦经济峰会之前举行，摩根和惠普公司主席大卫·帕卡德（David Packard）参加。里根总统、副总统乔治·布什和里甘出席。

第三次是在 1984 年里根压倒性地赢得选举之后不久。李·摩根和哈尼维尔公司主席、接任商业圆桌会议工作小组主席职位的艾德·史宾瑟（Ed Spencer）陪同众议员鲍勃·迈克尔参加。讨论主要集中在汇率问题上。摩根强调了美元高估对美国经济的负面影响。总统仍然没有做出任何承诺，尽管他在这次会面中表现出认识到这一问题的存在。[①]

最初，摩根重点关注日本大藏省对日元的所谓操纵。除了恳请财政部调查，他让参议员查尔斯·柏西提请审计总署就日本政府是否操作汇率以压低日元的问题进行研究，柏西同意了。研究的最终结果是不确定，找不到摩根认为的日本操纵日元的证据。

摩根于是决定采取另一个行动。他让华盛顿一位律师大卫·默奇森（David Murchison）和斯坦福大学经济学家埃兹拉·所罗门（Ezra Solomon）测算美元和日元之间的失调。研究报告在1984年9月19日提交，时间上正好让摩根推动白宫把汇率调整议题纳入中曾根和里根11月会晤的议程。此时，贸易逆差问题已经成为总统竞选议题。10月17日，里根正式指定了一个连任委员会，从而明确了他寻求连任的意图。里根的竞选顾问们发现将贸易逆差归因于日元可以作为当下的竞选策略：不是美元太强势了，而是日元太弱势了。

李·摩根运动是组织良好的商业游说，而李·艾科卡进行的则是针对日元低估的单兵作战，尽管他的战斗经历有很多重量级的封面报道。艾科卡在1983年6月27日指出，即便美国公司在质量、性能和生产率方面同日本厂商相同，但因为税收和汇率的原因，后者仍然“每辆车有2000美元的收益”。但他也认识到美元问题的根源所在。1985年4月，艾科卡在东京就向美国商会更多地阐述了贸易问题中“我们的一半”。“高估的美元是我们美国

① 作者采访一位与会者。

自己可耻的预算赤字的私生子，只有我们能解决，正视这个问题吧。”艾科卡同时没有忘记提及“日本的一半”——贸易壁垒和封闭市场：

> 日本没有像美国那样开放其本国市场，这的确给了美国规避责任的借口。目前，所有的焦点都在日本的保护主义，而不是高估的美元……人们对高估的美元无动于衷。美国普罗大众就是这样：这是经济学，这个沉闷的科学普通人无法真正理解它。所以没有人会为高估的美元着急恼火。①

到1986年2月18日艾科卡在佐治亚州萨凡纳金融分析师会议上发表演说时，美国的贸易逆差已经达到1500亿美元，美元兑日元也下跌到了181。艾科卡引述里甘四年财长任期里的说法——“对于汇率失调，绝对是什么都不能做”。接着他又揶揄里甘：

> 还记得那个发明痤疮经济学的家伙吗？无论是什么问题，答案都是一个：“不用担心，会好的”。去年我们换了新财政部部长，这个新部长显然不应该被嘲笑。他只是在纽约的广场饭店同其他四个人在周末开了一次会，汇率失调从此就魔法般地（我这样猜测）越来越小了。②

与此同时，国会对强美元导致的贸易问题的反应也在1985年

① Lee Iacocca, address to the American Chamber of Commerce, Tokyo, April 1985.

② Lee Iacocca, address to the Financial Analysts Meeting, Savannah, Ga., 18 February 1986.

春天陡然爆发。出于不同考量，对美元汇率的新担忧也随之出现。参议院1985年4月一致通过“反日本”决议。接下来的几个月里，一系列的贸易法案从国会蜂拥而出，其中之一就是由劳埃德·本特森、理查德·格普哈特和丹·罗斯滕科斯共同支持的民主党严格贸易保护主义法案。

4月5日发布的关于浮动汇率对国际贸易影响的听证会公告里，参议院金融委员会主席鲍勃·帕克伍德（Bob Packwood，俄勒冈州共和党）提出了“浮动汇率时代国际贸易体系可行性”的问题。他提出：

> 那些相信浮动汇率体系的运行能够恢复我们国际收支平衡的人，应该根据超过贸易账户盈余、赤字效应的现代资本流动来重新审视他们的观点。①

帕克伍德是一位温和的共和党自由贸易者，他的基本问题很重要，即“一个没有政府干预去减缓汇率波动的美元公开市场，是否与自由公开的贸易品市场相容”。为抵制保护主义者的贸易立法，帕克伍德在一些能够纠正外部失衡的实用政策中寻找替代方案。

民主党也在思考类似的问题，但更多的注意力是直接放在干预上。一个13人的参议院民主党贸易政策工作组，呼吁里根政府通过同贸易伙伴协调一致，努力采取更干预主义的汇率政策，尝试建立汇率目标体系。主持工作组的参议员劳埃德·本特森说：

---

① Announcement for hearing on “The Impact of Floating Exchange Rates on International Trading”, US Senate Finance Committee, 5 April 1985.

“我们必须在布雷顿森林体系的过度僵化和当下的过度波动之间找到平衡。”本特森批评政府“公然无视”汇率的波动，指出这已经使得美国公司重新海外布局。[①]

关税和贸易总协定新一轮谈判议程的确定，加强了货币和贸易事务之间的联系。参议员约翰·丹弗斯（John C.Danforth，密苏里州共和党）和本特森以纳入货币事务作为同意新一轮关贸总协定谈判的条件。丹弗斯说：“国会应该坚持要求纠正汇率问题的明确计划……作为授权总统……开始新一轮谈判的条件……如果汇率问题不解决，那贸易政策就无效。”[②]

一些国会议员试图将国会对汇率的监督纳入贸易立法中。其中一个法案——要求美国政府在经常账户余额出现大量赤字时干预外汇市场的《1985年竞争汇率法》，原本会减少美联储和财政部在国际货币政策上的相机抉择权。由参议员马克斯·鲍卡斯（Max Baucus，蒙大拿州民主党）和丹尼尔·帕特里克·莫伊尼汉（Daniel Patrick Moynihan，纽约州民主党）提出的另一个法案，要求财政部部长和美联储主席建立战略性外汇储备以“抵制并减缓美元的任何升值；以一种稳定的方式努力拉低美元，实现所谓的软着陆；应对如自由落体般下跌这种可能的大幅波动”。1985年8月1日，参议员比尔·布莱德利（Bill Bradley，新泽西州民主党）提出《战略性资本储备法案》，建议本质上相同，不同之处在

① Clyde H. Farnsworth, “Democrats Seek Currency Intervention”, *New York Times*, 25 April 1985.

② *Wall Street Journal*, 26 April 1986.

于它不允许冲销干预。

要说国会变得全力关注汇率问题，那就有些夸张了。实际上，国会是密切关注贸易问题而不是汇率本身。帕克伍德后来说，国会并没有给贝克施加压力去调整汇率，其参议院的同事们也没有这样做的要求：

> 我认为参议院没有像考虑贸易逆差和他们认为的来自我们的一些贸易竞争者的不公平待遇一样去考虑美元高估的问题。国会自身定位是贸易立法，法案有好有坏，以及税收立法，（税率）有高有低。但我们认为自己不应该经常去插手全球汇率调整事务。[①]

因此，贝克的行动并不是对国会要求美元贬值压力的直接回应：它更多的是阻止国会中保护主义力量的先发制人式的行动，是另辟蹊径应对贸易问题。

可能性的艺术

通过同里甘之间广为人知的职位对调，贝克接任了财政部部长一职。就任时，他对美元没有明确的政策，而美国的贸易失衡已经相当严峻。[②]正如内阁一位高级官员后来观察到的，“除了一

---

① 作者访问鲍勃·帕克伍德参议员。

② 对于两人之间职位对调的详细记录，参见Alan Murray and Jeffrey Birnbaum, *Showdown at Gucci Gulch: Lawmakers, Lobbyists, and the Unlikely Triumph of Tax Reform* (New York: Random House1987), 66~67。

个得克萨斯人对高利率的厌恶和一个政治家对长期影响的漠视以外，贝克谈不上有什么经济理念。”[①]

贝克的助手理查德·达曼在国际货币外交方面也是新手。对新领域的生疏，使得两人难以就系统性的改变制订计划。达曼于1985年4月起草了一份对国际经济体系进行理想化改革的框架文件。贝克和达曼力图有序改变当下体系。来自商界、国会和外国的压力，要求他们对美元采取一些行动，“但对那些有兴趣独立（于眼前的考量）改变体系的人来说，这也是着手改变体系的很好理由”[②]。

他们要改变体系的共同意愿，绝不会减少他们必须要克服的障碍。贝克的博弈对手广布各个层面且势力强大。第一，总统并不喜欢美元贬值这个想法；第二，里甘可能反对他的继任者马上推翻其既往政策；第三，贝克威胁打掉财政部里舒适的官僚作风；第四，作为经济学家和1973年浮动汇率制的创始人之一，乔治·舒尔茨可能将“新体系”理解为走向管理浮动体系；第五，斯普林克尔无疑会反对任何影响市场自发波动的尝试；第六，作为这个国家中央银行的领导者，沃尔克可能会感到其管理货币政策的独立性将受到威胁；第七，外国人不一定愿意支持对现状的任何改变。

所有这些对贝克和达曼新设计方案的潜在反对者中，沃尔克和舒尔茨尤其需要谨慎对待。在广场会议和东京峰会之前，贝克先是向沃尔克和舒尔茨做了说明，然后才向外国与会者介绍他的

① 作者采访。

② 美国政府一位高级官员给作者的看法。

提议。

自1985年6月开始，贝克就经常同舒尔茨共进早餐，达曼和副国务卿约翰·怀特海德（John Whitehead）通常也参加。贝克几乎就所有关乎国际经济政策的关键问题了解了舒尔茨的看法。“我们在财政部和国务院之间交换了一些文件，非常敏感的文件，这形成了秋季（广场会议）安排的基础。”政府一位高级官员后来这样说。舒尔茨提醒贝克不要就汇率问题发表公开声明，并对干预想法持保留态度，同时告诉贝克说：“干预不是万能药。”舒尔茨一直非常担心，他曾让怀特海德直接告诫达曼进行干预要慎重。

贝克和达曼无法忽略的另一位重量级人物是保罗·沃尔克。在达曼担任财政部副部长不久，他便同沃尔克共进午餐，并解释了他对新国际经济政策（政策协调和干预策略）的想法。“天啊，这是个巨变！”沃尔克大声喊道。不过，沃尔克让达曼认为他并不反对新政策。贝克和达曼意识到他们联合沃尔克的重要性。他们决定不重复前任那些抨击美联储的战术，而是通过利用财政部控制的政策工具——汇率，绕过美联储去实现同样的目标。这样沃尔克就别无选择，只能同财政部新团队合作。

最后，喜欢自由浮动体系的舒尔茨被劝说支持贝克的新方案，同时沃尔克也不再是问题。其他的潜在障碍也解决了。一位高级官员后来说：

> 你看，各种不同的观点都有了。总统喜欢金本位，所以他赞成非常严格的汇率关系。里甘以前是非常喜欢浮动汇率，

> 但他有一回说过想召开一次国际货币会议，所以他已经有不同立场了……斯普林克尔则完全支持浮动汇率。里甘最重要的顾问艾尔·金根（Al Kingon）支持稳定的体系，所以我们各个派别的人都有。[①]

这位官员进一步解释了贝克和达曼的方案如何避开了斯普林克尔的反对，或者说更重要的，如何避开斯普林克尔和舒尔茨的联合打压。“普遍认为，斯普林克尔并不知道发生了什么。第一阶段，他是在经合组织会议上读了报纸才知道（举行一次国际货币会议的计划）。”[②]

事实上，斯普林克尔并不是唯一一个“不知道发生了什么”的人。贝克–达曼方案的一个考虑就是要出其不意。“我想我们是在（广场会议前）24 小时内知会美国政府内部大部分关键人士的，所以没有太多时间组织反对。”“就在广场会议前几天”，[③]贝克向总统简要提及了“广场行动”计划。在广场会议前一天下午，达曼通知了总统国家安全顾问罗伯特·麦克法兰（Robert McFarlane）和总统的助手艾尔弗雷德·金根。

他们的战术并不限于闪电式行动。他们以有利于自己的方式控制着白宫发言稿的进度，从而在 1985 年的国情咨文中加入了举办一次国际货币会议的暗示。“我们是在相当后期的稿子中把它加进（国情咨文中）的，而没有在早期到处流传的稿子中加。我们

① 作者采访。

② 同上。

③ 美国政府一位高级官员告诉作者。

有关键撰稿人的帮助。”[①]

作为20世纪70年代浮动汇率的支持者，舒尔茨为什么支持“广场行动”仍然有一些神秘。有几种可能：第一，舒尔茨的确是华盛顿政治的关键人物，清楚什么时间该做什么事情。因此，他在卷入经济事务的过程中很谨慎，尽管在这些事务特别是关于国际经济政策的事务上他仍然有兴趣。舒尔茨清楚财政部对汇率政策的管辖权，正如其一位助手强调的，“记住，他是财政部前部长，他知道游戏规则”。除此之外，舒尔茨日程上的其他事务——裁军会议、尼加拉瓜和中东问题，占据了他的时间和精力。他把很多国际经济政策事务安排给了负责经济和农业的副国务卿艾伦·沃利斯（W. Allen Wallis）。财政部通常不会经常与沃利斯沟通，只要需要国务院的支持，无论什么时间，财政部部长都是直接联系舒尔茨。

第二，不像斯普林克尔，舒尔茨从不是浮动汇率问题方面的理论家。他更务实，这可能缘于他1982年加入里根政府之前担任柏克德（Bechtel）公司主席。全美最大建筑服务机构的高管经历，可能让他对美元高估的危险变得敏感。

李·摩根记得舒尔茨对商界要求调整日元/美元汇率立场的支持，“他是一位早期的支持者，他让这个话题继续……是舒尔茨对里甘说，‘唐，这里的工商业界正面临困难’”。1983年9月，在同日本外相安倍晋太郎（Shintaro Abe）[②]会谈时，舒尔茨突然提议讨

① 作者采访美国政府一位高级官员。

② 安倍晋太郎是现任日本首相安倍晋三的父亲。——译者注

论“日元/美元问题”，表现出他对商业利益的支持。这在日本打击了大藏省，因为大藏省搞不清楚舒尔茨的目的是什么，同时开始担心其地盘可能被外务省涉足。1983年11月，舒尔茨再次向安倍提出这个问题，特别提醒安倍，美国国务院和日本外务省应当敦促两国货币当局在这个问题上合作，因为两国相关机构似乎都不愿意对货币汇率失调的严重问题投入太多精力。[①]

舒尔茨的言行同样惊动了美国财政部。麦克纳马回忆说，里甘“像火箭一样发作了”，他还讲道：

> 我记得我们在这件事情上相当狼狈。我去找肯·戴姆（Ken Dam，时任助理国务卿）谈，他表示他的机构内不是要做什么，乔治只是表示看看能否在这个问题上发挥点儿作用，同时确认日本外务省和美国国务院其实不负责这些事情。[②]

舒尔茨的积极姿态促使两国货币当局更认真地对待这个问题，也成为推动形成日元/美元协议的“一个主要促进因素”。

第三，舒尔茨所处的位置很重要。作为国务卿，他要倾听外国政府特别是主要贸易伙伴的诉求和抱怨。他们的诉求信息是众口一词：对强势美元做点儿事情吧。这样，舒尔茨在贝克开始“做点儿事情时”就要责无旁贷地留意那些信息。

公平地讲，舒尔茨的背书和沃尔克的支持对贝克而言极其重

---

① 关于舒尔茨–安倍会晤，见Michihiko Kunihiro，*Taikenteki Keizai Masatsu Ron*（对经济争端的个人观察）（Tokyo: Sekai no Ugoki Sha, 1987）89~93。

② 作者采访。

要。尽管舒尔茨常居幕后，但通过支持日元/美元汇率调整，对催生新策略发挥了非常大的作用。虽然沃尔克对贝克–达曼要建立一个新体系的具体方案不甚清楚，但他的支持不可或缺。这些支持使得贝克能够基于达曼起草的建议采取行动。

如果里根总统更多地参与此事，那么他可能已经改变了美国经济决策的方向。相反，当贝克仅仅在广场会议前几天通知他“广场行动”计划时，总统“支持计划而且也没有什么异议”，里根政府一位官员回忆说。他之后的参与可以忽略不计。对里根而言，认定固定或浮动汇率哪一个更保守，这本身也许就是一个问题。当然，他的公开立场是明确地支持市场调节。1983年威廉姆斯堡经济峰会上，针对法国总统弗朗索瓦·密特朗（Francois Mitterrand）提出的目标区体系建议的挑战，里根就是这样肯定地回复。其他的证据表明，里根为固定汇率的思想所吸引，固定汇率造就了20世纪50年代布雷顿森林甚或是金本位有秩序的美好旧时光。马丁·菲尔德斯坦回忆说：

> （里根）对汇率的看法是不明确的。一方面他喜欢固定汇率。他在年轻时知道了这一体系，这是事实。但与此同时，他认识到汇率是相对价格，而且这通常是市场信仰的一部分，即要相信汇率应该由市场确定而不是政府干预。①

白宫人员中间有一个说法，在与米尔顿·弗里德曼的一次谈话

---

① 作者采访。

中，总统支持对汇率进行更多的管理以替代不稳定的波动，据说这让弗里德曼感到不快。

考虑到里根明确且不妥协的反加税立场，他在汇率上更模糊的态度，让贝克在汇率干预问题上拥有了更多的回旋余地。

在汇率外交的很多事务上，财政部传统上拥有主导地位，而且向美联储指示谈判条款。正如约翰·康纳利（John B. Connally）1971 年的史密森协定和迈克尔·布卢门撒尔（W. Michael Blumenthal）1978 年的美元防御计划，贝克的"广场行动"首先是由财政部独家操作的独角戏，这一点最重要。[①]作为财政部部长，贝克成为总统经济政策委员会的主席，这一角色帮助他发起"广场行动"并从国内主义的角度来管理它。委员会本身在形成策略的过程中并没有发挥决定性的作用，也从没有把"广场行动"纳入其议程。

财政部的官僚起初不愿意支持逆转干预政策。尽管财政部的公务员个个身手不凡，但在倡议开创性措施方面并没有什么大建树。相反，财政部通常发现自己埋头于日常琐事，其一度得到的评价是"一个因为布雷顿树木看不到布雷顿森林的机构"[②]。随着强势的政治委派者担任机构领导，财政部的官员也意识到他们必须"明哲保身"，最初的不情愿逐渐退去。

---

① 约翰·康纳利是自 1971 年 2 月 11 日至 1972 年 6 月 12 日在尼克松政府中担任财政部部长；迈克尔·布卢门撒尔自 1977 年 1 月 23 日至 1979 年 8 月 4 日在卡特政府中担任这一职务。

② Hendrik S. Houthakker, Quoted in Joanne Gowa, *Closing the Gold Window: Domestic Politics and the End of Bretton Woods* (Ithaca, NY: Cornell University Press, 1983), 111.

来自国会的压力成为财政部采取行动的重大诱因。如果财政部仍然在汇率问题上犹豫不决，国会眼看就要介入财政部的地盘了。有几个法案正要减少货币当局的相机抉择权，要求他们干预市场。财政部因此不得不表现出采取行动的姿态。

刚刚就任的贝克–达曼团队对国会的要求很敏感，甚至是接受，这与其前任形成鲜明对比。将美国的政策转向新方向的条件成熟了。贝克是一位实用主义的政治家，同里甘以往的做法不同，他对华尔街关注得更少，对商界利益和大众的意见更敏感。而且，到 1985 年春，已经无法无视国会中关于贸易问题的纷争声音了。最终，贝克和达曼面对的压力，达到了里甘–斯普林克尔团队从未经历的程度。

自 1985 年 8 月末参与制定贸易政策到广场会议时，里根政府终于承认“必须意识到政府过度开支和财政赤字（以及）美元最近的强势这些因素所带来的负面影响”，且同意将“通过敦促波恩峰会与会国家履行承诺、消除其经济中的僵化和失衡，促使贸易伙伴采取措施加快经济增长”。政府希望新的策略“将推动这些国家货币的逐渐走强，并提振美国出口”①。

有两个问题待解。首先，美国是该发起主办一次工业大国间的高级别会议，讨论这些问题且实施可能的改革，还是该继

① “International Trade and Economic Policy Initiative”（Unitd State administration internal document）. Reported by Yoichi Funabashi, “The US will ask trading partners to revalue their currencies”, *Asahi Shimbun*, 18 September 1985; and “The US administration’s Internal document shows tougher trade and vigorous international economic policy emerging”, *Asahi Shimbun*, 19 September 1985.

续依靠临时委员会跟踪十国集团的研究。财政部没有向其他部门、机构透露其计划的任何信息。其他内阁部长的共识是，财政部一个部门是不可能召集工业国家间的高级别会议的。在这个问题上，可能是舒尔茨的支持让贝克选择利用五国集团作为政策协调的载体。

其次，是涉及债务问题。同样，财政部仍然是严格保密信息。尽管“财政赤字和强势美元的负面影响”是问题的核心已经成为广泛共识，但即便是在广场会议召开之前的经济政策委员会会议上，贝克还是言语模糊地对其他内阁部长说，他们可以把美元问题和欠发达国家的债务问题留给他去解决。关于债务问题，贝克、舒尔茨和沃尔克在 1985 年 6 月开始设计新的增长导向方案。国务院的怀特海德、沃利斯和道格拉斯·麦克明（Douglas Mcminn）以及财政部的达曼、马尔福德参加了讨论欠发达国家债务问题的那些会议。在 1985 年 10 月宣布的所谓贝克计划，是众人建议的集成。

对于美元汇率的看法，行政系统中的观点五花八门，这对贝克一方十分有利。政府特别是美国贸易代表和商务部的“商人们”支持美元贬值。1985 年 6 月，商务部副部长莱昂内尔·H. 奥尔默（Lionel H. Olmer）以国际贸易局局长身份做的四年总结报告中指出，美元贬值“要求大幅削减联邦赤字”，这对于美国制造业在全球经济中生存至关重要。[①] 甚至连五角大楼（国防部）都担心强美

① Lionel H. Olmer, *U.S Manufacturing at a Crossroads* (Washington: US Department of Commerce International Trade Administration, 14 June 1985). 尽管他的观点“不一定代表了商务部的官方立场”，但清晰地点明了商务部的方向。

元导致对进口的过度依赖。但正如财政部一位高级官员后来指出的那样，舒尔茨的支持是决定性的，因为“有了他的支持，白宫就安静了”。[①]支持汇率的各种意见合力，开始压制住流行的自由市场哲学。

贝克和达曼在新政策上的谨小慎微以及政策本身逐渐增加的实用性，让他们免于意识形态原因带来的攻击。他们小心翼翼地避免出现完全脱离其前任策略的迹象。美元一开始贬值，随之而来的就是难度更大的财政政策调整。在财政政策的问题上，向来志同道合的贝克和达曼的意见似乎稍有相左。在某些场合，达曼毫不掩饰地怀疑依靠日本、联邦德国财政刺激来解决失衡问题的有效性。他承认这两个国家的国内增长对避免世界经济衰退很重要，但他并不认为那是解决贸易问题的有效途径。他对人浮于事的官僚作风和低质量教育体系的诟病广为人知，这一定程度上反映了他倾向于采取微观经济措施。贝克则从一开始就对日本和联邦德国的国内需求给予了高度评价。

1985 年 4 月，舒尔茨给增长战略带来了突破。在国务院一位官员称之为“里根政府最重要的经济演说之一”里，舒尔茨弥合了里甘的趋同战略与考虑中的财政政策协调之间的差异。舒尔茨建议调整美国和日本两国消费和储蓄之间的关系。他指出，导致大量资本因利差及继之的美元高估因素从日本流入美国的两国间结构性失衡，很大程度上缘于日本的过度储蓄和美国的储蓄不足，

---

① 作者采访。

他没有提及汇率干预，而是建议日本应该消除限制投资和消费增长的结构性约束。[①]

虽然贝克同意舒尔茨的分析，但并没有接受他的药方——调整，原因是所需时间太长无法实施根本性的改革，具体目标难以实现。

尽管舒尔茨的初衷是避免汇率干预和“火车头战略”，不过其演讲有助于降低政府中对“火车头战略”根深蒂固的反对情绪，同时为“广场行动”铺平了道路。

因为知道里根政府内部充斥着各种思想流派，而且如参议员杰克·肯普这样一些共和党的重量级人物密切关注着经济政策制定过程，贝克和达曼于是采取了一种渐进主义策略。毕竟，迟至1984年夏天，在共和党总统的思维里还有金本位制，而另外一些保守人士则狂热地坚持浮动汇率和不干预。而且，总统本人已经将其政治声誉捆绑在了“强美元意味着强美国”这句流行口号上。政府一位高级官员说：“我们不说那是彻底的脱离，实际上，在政府内部，我们口是心非地讲那确实只是温和调整，变化没有那么大。”

关于贝克、里甘职位对调对政策变化的影响程度存在争议。首先，里甘不像斯普林克尔那么教条。里甘的助手金根向其建议，应考虑在里根总统第二任期之初召集一次国际货币会议，里甘对

① George P. Shultz, “National Policies and Global Prosperity” ,address at the Woodrow Wilson School of Public and International Affairs, Princeton, NJ, 11 April 1985.

这个建议很认可。在美元于1985年2月开始下跌时，里甘可能已经对贝克后来同样面临的那些诱因做出了反应。实际上，作为白宫办公厅主任，里甘并不反对贝克的计划。根据里甘在白宫的一位助手讲，里甘对新政策是“支持的”，因为新政策在“贝克的职责”范围之内。[①]菲尔德斯坦推断：“作为（下跌的美元的）新闻发言人，任何人都不得不应付美元下跌这个现实。我认为只要谈到广场会议，没有人会关心里甘会说什么。他不能再坚持认为美元是政府政策成功的尺度。”[②]同时应该注意到，如果没有里甘对财政部税务专家起草的税收改革最初蓝本的支持，贝克和达曼不可能在1986年提出税务改革立法。里甘本人能在多大程度上投入到后续的政策协调中（比如经济指标计划和卢浮宫协议的参考范围机制）仍然是个疑问，特别是里甘如果仍然留在财政部、斯普林克尔也留任的话。

更大的可能是，贝克、里甘工作对调的主要影响在于时机。贝克刚入职财政部不久美元就开始下跌，而且“在1985年3月，对美国经济展望的更悲观重估和关于利率的观点变化，开始对汇率构成压力。与此同时，美国金融市场的紧缩迹象更加突出，金融和经济失序将恶化的风险加剧”[③]。

三个二级政府债券交易商的破产，对体系产生了直接且明显的冲击。包括地方政府和储蓄机构在内的许多客户持续亏损，导

① 作者采访。

② 同上。

③ *Federal Reserve Bank of New York Quarterly Review* 10 (Autumn 1985):52.

致大量存款从州提供保险的储蓄机构流出，俄亥俄州尤其严重。市场期望美联储向这些国内金融机构提供援助。但美联储没有这样做，美元继续快速走低。

美元下跌给贝克提供了一个“顺势而为”的有利时机：推动汇率调整。从 1985 年 2 月末的高点直到 4 月中旬，美元对英镑已经下跌了 20%，对其他欧洲货币下跌了 15%；对日元下跌了 6.5%。[①]国会里强大的保护主义情绪增加了对货币政策强势立法的可能性，这又给了贝克实施其新政策的理由。里根政府开始着手应对保护主义立法，特别是在秋季国会召开时。一些大胆的新举措是政治需要。要应对蠢蠢欲动的保护主义举措（比如要求总统对“不公平”的贸易行为采取措施的《1974 年贸易法案》第 301 条款），汇率调整看上去更有吸引力。

广场会议刚刚结束，达曼在华盛顿特区国家机场偶遇《战略性资本储备法案》起草者、参议员比尔·布莱德利，据称达曼嘲弄地说，“现在可以从文件筐里把你的法案找出来扔掉了”[②]。这一说法反映了国会的行动同政府先发制人的行动之间的紧密关联。时间上，国会的压力让贝克的策略成为可能。

一定程度上，贝克“可能性的艺术”也应该归功于强大的共和党总统。可以感觉到，1984 年总统选举中取得压倒性胜利后，里根总统的影响力在 1985 年达到了顶峰。如果行政系统表现弱势的话，贬值美元并放弃国内主义经济政策的光荣孤立策略，将

① *Federal Reserve Bank of New York Quarterly Review* 10 (Autumn 1985):53。

② *Wall Street Journal*，9 October 1986.

需要承担更大的政治风险。关于这一点，罗伯特·库特（Robert Kutter）的话一语中的：

> 假如是沃尔特·蒙代尔提出了这个方案，那会作为全球计划的一个幼稚呼吁而被忽略……如同艾森豪威尔从朝鲜撤军、戴高乐同阿尔及利亚的协议，或者尼克松访问中国，这只能由一个保守的政府来完成。[①]

总之，以广场协议为代表放弃单边的经济政策，是美国国内政治力量同保护主义压力恶化背景下的贸易问题之间调和的产物。到 1985 年夏天，国内商界、外国政府以及国会两党均施压要求政府部门调整汇率政策。贝克彻底颠覆政策和演绎“里根经济学”的能力，不是什么奇迹，更多的是策略的使用和财政部的机构身份，还有就是来自舒尔茨和沃尔克这些重量级人物的支持。贝克-达曼计划是渐进的，一定程度上掩饰了个中的变化。另外，因为美国机构设置的原因，汇率政策的责任落在财政部，所以对贝克来说工具是现成的。再者，行动的可信度因为里根总统十足的影响力而增加。

在制定新贸易政策的过程中，政府中是贝克和达曼打头阵。他们认识到，庞大的财政赤字是高利率和美元高估的原因，因此需要削减赤字。他们发现了问题的根源，但却因为里根总统的强势和经济的强劲而未能意识到问题的紧迫性。

① Robert Kuttner, “Jim Baker Remakes the World”, *The New Republic*, 21 April 1986.

国内财政政策方面，政府并没有脱离此前的思路。贝克的税收改革只是重申了“里根经济学”的原则。就普遍关心的预算而言，政府选择以《葛兰姆法案》为重点，将其描述为解决全球失衡问题的万灵丹。[①]不过，税收改革、《葛兰姆法案》以及反对保护主义，是美国向其五国集团伙伴不得不做的三项贡献。

---

① 在接受作者采访过程中，参议员鲍勃·帕克伍德强调，里根总统反对加税给贝克在财政政策上带来的困难。他解释说：“如果我们的税收改革法案是通过加税来努力减少预算赤字，那我们在税改和加税上都会失败。税收改革能够通过的唯一可能是其收入效应是中性的。所以，虽然我们很多人担心赤字，我们当时也力图提高税收，但总统却会否掉它，那样我们就实现不了税收改革，而赤字规模会更大。”

第四章

日元的政治经济学：日本

在筹划“广场行动”的过程中，日本领导人发挥了积极作用。正如第一章中所描述的，广场会议本身是贝克和竹下登两人提出动议的结果，同时预示着两国集团（G2）的出现。

在日本，首相办公室是持续的压力源。该办公室一度建议对从日本流向美国的资本实施资本管制，这被大藏省拒绝了。这个提议被透露给了媒体，并立刻令美国货币当局感到很紧张。美联储一位高级官员对一位日本到访者说：“你们在恐吓我们！”另一个压力源是自由民主党的领导地位，特别是来自二阶堂进（Susumu Nikaido）这类政治家的压力。通商产业省（MITI）的官员也不断对大藏省抱怨，汇率失调加剧了当下的双边贸易危机，也把缓和争端这个不受欢迎的责任转嫁给了通商产业省。

日元升值这一“广场行动”方案，因为1985年年中美日两国关系的严峻形势而变得可能。当时，（日本）国内不同的利益群体不断向政府施压，要求处理贸易失衡问题。在此之前，日本没有政府部门敢于就日元升值领导一次反对日本商界（特别是出口商）的运动。1985年春，美国国会两院几乎同时通过了一项抨击日本不公平贸易做法的决议。对美国保护主义立法的担心以及逐渐意识到“市场导向的个别领域谈判”（MOSS）[①]不可能产生深远的结果，这两个因素迫使日本领导人采取行动。

日本的“广场行动”是国内外因素共同推动促成的。此前的1971—1973年和1978—1979年那几轮汇率调整中，外国压力是日本决策的关键因素，实际上也更深刻地影响了日本政治体系。从国内政治生态角度看，公众热切期盼日本在国际外交领域能有更高姿态，同时渴望经济能更开放（这些反映在日益强调政治人物的领导素质方面），这影响了“广场行动”策略。另外，政治家在经济决策中的作用提高了，这是他们在日本金融市场自由化和解决（涉及同外国人谈判和国内立法的）贸易争端过程中的作用结果。

中曾根政治学

在1987年秋辞任首相职务后不久，中曾根康弘向我讲述了他是如何设计日本策略的：

> 1985年上半年，我们苦心孤诣地解决日本的顺差问题。同美国政府间启动了MOSS谈判希望打开日本市场；同时制定了一些进一步自由化的行动计划。我们当时正斟酌9月出

① MOSS谈判是部门与部门之间的贸易自由化谈判。

台一项新的自由化计划。但到6月时，形势变得更加清晰，这些具体的贸易自由化谈判实在是不足以处理失衡问题。因此，我下决心实施一个综合计划，在美国的支持下处理这个问题。综合计划肯定包括日元/美元汇率调整。我把我的想法告诉了竹下登和大场智满，他们都同意。[①]

在6月底贝克到东京参加十国集团部长级会议时，中曾根向贝克说明了他的意图。根据中曾根的说法，计划必须是综合性的，“因为那是让美国政府承诺减少预算赤字、降低利率的唯一方式。为推动计划实施，我想我们应该接受‘强日元’的政治风险”。

在规划日本“广场行动”过程中，中曾根做梦也没有想到日元会在东京峰会之后且恰在1986年日本选举之前失控般地升值。1986年选举时，他把日元升值称作达到了“痛阈最大值”。在“广场行动”中，他对日元/美元汇率的目标最初是210左右，之后降低到200左右。[②]

但并不是中曾根一人策划了日本的方案。尽管竹下登的动机与中曾根不同，但他也为日元/美元的汇率调整问题所吸引，并指示大藏省研究可能性。同在宏观经济政策制定过程中没有显示出太多兴趣的里根和科尔不同，中曾根从一开始就对制定策略非常热衷。他的“强日元”政策是他总体意图的一部分，这反映了日本公众在20世纪80年代前五年对政治领袖的期望。更显著的是对日本

① 作者采访。

② 同上。

在全球政治和社会经济地位日益提高的意识，以及随之而来的，公众对政策事务应该适应新的国际和国内规则的要求逐渐增加。中曾根在日本政治中的崛起正代表了“新日本”。没有中曾根的政治学，日本的“广场策略”可能与最终实施的方案差别很大。

不同于自民党里的其他同僚，中曾根自进入政界开始就强烈地支持强势日元。大约25年前[①]，他便鼓吹基于“右手日元左手禅”的外交政策。在日本还挣扎于摆脱战争破坏影响的当口，积极的汇率政策招致了那些资深政治家的嘲笑，认为那只是一个初出茅庐的政治菜鸟的愚蠢言论。[②]但对像他一样的民族主义者，强大的日元是强大日本的象征，年轻的中曾根渴望一个强大的日本。

自1982年当选首相，中曾根在每天的会议前后都要了解日元、马克对美元的汇率。在1982年年末刚刚就职不久的一次新闻发布会上，他明确表示将按日元升值的思路来管理日本经济。[③]

中曾根对强日元的追求，是将日本刚刚获得的经济财富转化为国际声望这个更宏伟目标的一部分。20世纪80年代初，被高估的美元让他无法实现提振日元的希望，但中曾根没有放弃。他的一个非正式的老朋友圈子——“朋友顾问团”强烈建议他采取“强日元”战略。这个圈子里有银行家、商人和前政府官员，其中最著名的是三井高级银行家小山五郎（Goro Koyama），他坚定支持

---

① 指20世纪60年代初期。

② Yoichi Funabashi, “It’s time to switch locomotives on the economic train”, *Asashi Evening News* (Tokyo), 20 January 1983.

③ Yoichi Funabashi, “Nakasone’s economic credo”, *Asahi Evening News* (Tokyo), 9 December 1982.

日元升值和日本资本市场自由化。

中曾根委托一位顾问团成员、负责国际事务的大藏省前副相隆细见（Takashi Hosomi）设计“日元升值进程”。在给首相的私人建议里（顾问团内部称之为细见备忘录），隆细见提出日元兑美元逐渐升值到170~180，之后对日本经济进行结构性改革，从出口拉动的增长模式转向内生增长。他同时呼吁美国和日本联合干预调整汇率。

中曾根经常表达对那些自由浮动理论的怀疑。他后来证实，他倾向于支持“管理浮动”或者是“受控制的浮动”。他也表达了通过三方合作方式处理汇率问题的兴趣，他说：

> 只有三脚架结构才能发挥作用，因此，联邦德国参与新体系是不可或缺的……我认为浮动汇率并不适合，法国式的目标区也不可行。我想我们应该以更宽的区域为目标，力争在美国、日本和联邦德国之间协调管理汇率。这个区域方案的基本前提是，美国经济实力的削弱和日本影响力的受限。美国经济暂时疲弱，这样第二大经济体应该承担更多的责任。但日元在国际货币舞台上毫无经验。日本同样需要欧洲的帮助。没有三极的合作，汇率稳定是持续不下去的，因为马克的波动最终将外溢影响日元的稳定，反之亦然。[①]

根据细见的建议，中曾根在1985年年末责成大藏省研究基于

① 作者采访。

“蛇形”安排——一个灵活且宽泛的汇率范围（range）——在三极间建立国际货币体制的可能性，同时为共同干预设立一个大规模的战略储备基金、在1987年召开一次布雷顿森林式的国际货币会议。①

中曾根对“强日元”外交和新国际货币体制的期望，并没有体现在任何实实在在的方案或政策中，这主要是因为大藏省的抵制。在经历1973年年初的三边管理尝试之后（当时美国和西欧迫使日元非对称升值），眼下的大藏省依然信奉浮动汇率。②

政治观念和目标渐进但影响深远的变化，让中曾根最终克服了大藏省的固执，他本人在这一方面功不可没。1982年就职以来，中曾根在三个重要方面改变了日本政治的结构。首先，他在日本重新定义了领导的职能；其次，他激发了日本公众对于日本在国际上发挥更大作用的热情；最后，他提出了新的社会和经济方向，以契合他对日本发挥世界新角色的愿景。

传统上，日本的政治体系对首相权力的约束，远远超过了美国宪法对总统权力约束的程度。首相总要考虑派阀政治，必须听命于“政策派”（policy tribes），即维护单向特殊利益的政治家群体。首相还必须安抚庞大的官僚队伍，而且通常不是以强势的角色去安抚。在日本经常会听到这样一个说法：“政治家统（reign），官僚治（rule）。”中曾根利用首相权力挑战这些传统约束，借助官僚体系之外的专业人士和学者筹划并推行政策议程，以此绕开派

---

① *Mainichi Shimbun*,5 November 1985.

② Takashi Hosomi, *Tekidosuru Tsuka Gaiko* (Turbulent currency diplomacy), (Tokyo: Jiji Tsushin Sha,1982), 28~38.

阀政治。建议对日本经济进行彻底改革的前川报告，即由中曾根指定的委员会完成，是中曾根绕过体制开启新模式的例证。

中曾根激发了日本人关注日本在国际舞台形象的意识，同时提高了公众对领导者的期望。他借助七国集团峰会来实现这一想法，从而表明在七国集团上自信亮相并发挥领导作用，在国际上和国内都能收到理想的效果。中曾根因此为未来的日本领导树立了榜样，同时为外相安倍和陪同中曾根四次参加峰会的大藏相竹下登等人提供了学习机会。因为中曾根，“日本步入了国际政治时代”①。

总之，尽管与他的那些前任相比，中曾根的高调外交形成了更明显的三边主义立场，但其基础是牢固地建立在美日双边关系之上的。他在树立日本新形象方面坚持不懈的努力，总是主要指向美国，同时包括同美国总统建立更好的个人关系，由此便有了“里根–中曾根关系”。

中曾根善于利用政治形象，在 1985 年秋联合国大会后参观西奥多·罗斯福长岛居所的经历就是一例。正如美国国务院一位官员所言，有着类似全球性抱负的中曾根能够认同罗斯福，后者是在美国快速成为世界大国时的一位改革的保守主义者。老罗斯福在 1905 年 3 月 4 日的就职演说似乎是 1985 年日本的写照：“我们已经变成了一个伟大的国家，其伟大已经融入我们与世界其他国家

① Robert D. Putnam and Nicholas Bayne, *Hanging Together: The Seven-Power Summits* (Cambridge:Harvard University Press, 1984), 190.

的交往中，我们的行为必须符合这个民族所承担的责任。”[1]

中曾根积极投身国际事务的基础，自20世纪70年代日本经济和社会转型就已经铺就了。总体上，中曾根的政治学有意将更富裕的大都市中产阶级作为其政策和自民党一个尚未被开发的支持资源。这部分群体虽然很好地融入了“公司日本”，但在政治程序中却被忽视。他们意识到，海外的保护主义，以及更重要的——日本经济没有跟上国际发展的脚步，对他们的经济福利造成的威胁正不断增强。正因如此，他们发现，他们与顽固的既得利益者——土地所有者、零售商、稻米种植业主、夫妻店和官僚——有直接冲突，而这些既得利益恰恰得益于日本的封闭体制和自20世纪60年代初即成为自民党标签的分肥政治。

中曾根的“强日元”战略，超越了标签式的“强日元等于强大的日本”，其目的在于加速包括去管制和市场自由化在内的改革进程，这意味着对整个既得利益群体的沉重打击。首先，将过度保护的市场推向国际竞争；其次，动摇“公共工程派”此前推动的政治拨款式政府开支，中曾根的“小政府”计划，已经使得这些既得利益者胆战心惊。如今作为外部失衡解决方案的“强日元”计划，将剥夺他们原本通过增加公共投资基金式的财政刺激计划而唾手可得的利益。不过，日元的渐进升值计划是在广场会议到卢浮宫会议期间执行的长期方案。1986年4月的前川报告以及一年后提交的后续报告，事实上就将日元持续强势作为推行经济结

① “Kironitatsu Nichibei” (United States and Japan at the Crossroads), *Asahi Shimbun*, 18 September 1987.

构改革的前提条件。[①]

中曾根的政治信条，即强领导力、高调外交以及重新与保守的支持者结盟、更加关注自由且具有国际化思维的大都市选民，形成了影响汇率和财政政策的新政治环境。但在执行其战略过程中，中曾根不得不面对所有官僚主义对手中最强大的一个——大藏省。

大藏省

大藏省发现，从广场会议到卢浮宫会议期间，其只是发挥了应对者而不是主动行动者的角色：正如中曾根所言，“大藏省是日本经济政策制定过程中优秀的发动机，但它终究不是司机”。诚然，它通过对预算和税收措施的否决票实施了“消极”的权力。同时，大藏省不触及利用有限资源实现经济增长最大化这个基本的经济规则。在战后创新政策规划和日本经济现代化成绩方面，通产省走在前面。

第二次世界大战之后，基于预算局那些精英们的专业假设，要确保经济稳定、维持经济发展和独立所需必要条件，平衡预算是最佳方式，预算平衡原则随即主导了日本的经济决策。福田赳

① 前川报告对汇率政策的表述如下：“政府必须在一个恰当的水平实现汇率稳定，且必须进一步促进国家金融和资本市场的自由化和国际化。”The report of the Advisory group on economic structural adjustment for international harmony, 1987 年 4 月 7 日提交首相中曾根康弘。

夫（Takeo Fukulu）新内阁于1965年首次发行公债终结了预算平衡。在上一任首相池田勇人（Hayato Ikeda）的高增长战略（“收入倍增”计划）实现之后，日本的经济政策重新定位于强化福利体系和社会基础设施。随着政治家们发现财政政策是以自由支配的形式为其选民分蛋糕的途径，财政政策便开始受关注。大藏省于是被迫为“健全的财政政策”放弃严格的“平衡预算”。

预算局不是重新调整预算、建立一套政策重点和指引，而是设计出能够保证自动限制支出的葛兰姆式机制。实际上，这个演变过程对大藏省而言是一种打击，其被迫削减以往在预算制定过程中对政治人物强势的相机抉择权，而去采取劳神费力的投票制度。如今，大藏省必须通过在政治家以及其他政府部门中间争取竞争力量以笼络政治人物，由此分化并进而消除敌对意见。[①]

20世纪70年代后期，大平正芳内阁开始宣传基于消费税的财政调整计划。此间，大藏省利用了胡萝卜加大棒的手段：一方面，对开支设置了低上限从而限制政治家在制定预算过程中的灵活性；另一方面，诱导他们支持加税，因为这意味着他们总体上能够支出更多。但在1979年，消费税立法没有通过。大藏省最终发现其在预算上的权力和影响逐渐减弱，因为在应对“政策派”的压力方面，大藏省同样必须依赖政治家的支持，而每个政府机构都有一个围绕着“政策派”的联盟。

---

① 关于日本预算制定过程中的权力动态平衡，参见Jiro Yamaguchi, *Okura Karyo Shihai No Shuen*（大藏省官僚霸权的终结），Tokyo:Iwanami Shoten, 1987, 305~329。

在不扩大税基的情况下增加开支，对大藏省的威信造成了致命打击。20 世纪 70 年代后期的“财政混乱”，特别是因日本承诺的“火车头战略”导致的财政赤字扩大，被视为对大藏省稳健财政政策信条的诅咒。大藏省一位官员，也是一位预算精英，断言决不让那种局势重演：“过高预期财政政策内在稳定效果的时代在 1970 年年底就结束了。我们在 70 年代末吃尽了苦头。那是底线。”[①]

大藏省乐见中曾根竞选承诺中的“小政府”行政改革，认为这能和财政紧缩政策有效配合。财政整固和行政改革之间的共生关系就此形成。新的大藏相竹下登在行政系统改革的同时，很顺利地实施了紧缩财政政策，并且很快成为大藏省官僚体系内最好的发言人之一。

大藏省对稳健财政政策的偏执源于一个观念，即日本是疲弱且落后的，战后的许多年里，这一观念在大藏省中已经固化了。基于此，大藏省严格地维护美元兑日元 360 的比价，这一汇率水平被等同于日本的经济稳定。持续地维持这一策略，造成了美国和日本之间严重的外部失衡以及布雷顿森林体系在 20 世纪 70 年代初期的崩溃。当时，通货通胀作为避免升值的手段，是经济政策的主要组成部分。

但 1973 年的石油危机，让财政刺激优于日元升值这种政策选择（在田中角荣这些政治家的影响下一度非常流行）面临考验。接下来的衰退，要求力度更大的财政刺激，结果导致了越发庞大

---

① 作者采访。

的政府预算赤字。石油价格的攀升证明了一个事实：日本对国际收支平衡的约束极其敏感。随着日本出口商越来越清楚要适应更高的日元汇率，大藏省改变立场支持汇率调整，而不是继续宽松财政政策，这至少是一个起步。以日元升值为主的汇率调整，将通过降低石油进口价格缓解大藏省的国际收支压力。相反，大藏省此前（1973 年油价暴涨后的衰退期内）利用财政刺激措施的经历导致财政逆差的累积，使得这一措施不适合作为纠正贸易赤字的手段。自 1973 年实施浮动汇率以来，日元逐渐升值。作为应对之策，大藏省定期通过被称为“肮脏浮动”的干预方式人为拉低日元汇率。在卡特政府要求宏观经济政策协调时，大藏省的最初反应就是这样的。①

1985 年春，日本愿意再次通过汇率调整而不是改变财政政策来应对“协调”压力。大藏省认为，与 1977—1979 年的卡特政府不同，里根政府没有公开要求将“火车头”行动作为日本刺激经济的手段，这是唯一的差别。即便如此，大藏省仍然保持警惕，特别是当得知美国国务卿乔治·舒尔茨在 1985 年 4 月于普林斯顿大学的演讲中公开呼吁日本刺激其国内经济时。之后不久，大藏省副相山口光秀开始非常认真地研究干预策略。当时，日元和美元间的协议还不能有效调整汇率，至少短期内做不到。实际上，大藏省和美国财政部就资本和金融自由化对汇率的影响持有不同

① I.M.Destler and Hismo Mitsuyu, “Locomotives on different Tracks: Macroeconomic Diplomacy 1977-1979”, in *Coping with US-Japan Economic Conflicts*, ed：I.M.Destler and Hideo and Sato (New York: Lexington Books, 1982), 151.

观点。山口断定迫切需要调整汇率。大藏省高层期望美国财政部的新团队更能接受干预策略。

日本银行持有同样的观点。在前行长前川春雄（Haruo Maekawa）的领导下，日本银行在前几年一直寻求日元升值，且因为降低贴现率对汇率的影响而几次有效地阻止了降息计划。

同美国财政部一样，大藏省传统上控制着汇率政策。尽管"强日元"自20世纪70年初以来就已经是热门话题，但其他政府部门实际上没有直接影响的空间和机会，日本国会甚至不想干涉这一事务。直到广场会议时，大藏省对汇率政策拥有独一无二却又难有作为的权力，日本银行只是一个下属机构。但很多情况下，日本银行抵制大藏省指示货币政策的意图。比如，仅仅在广场会议后一个月，日本银行在提高短期利率之前就没有征询大藏省。1986年夏，日本银行拒绝配合大藏省通过降低贴现率进行货币政策国际协调的努力。当然，发生后一种情况，只是因为大选造成的政治真空，而第一种情况不管怎样，是在支持汇率调整的意见占压倒性优势的情况下发生的。由此，尽管日本银行偶尔试图维护其独立性方面的可信度，但实际上是大藏省在给货币和汇率政策定调子、定步子。日本中央银行顶多是在货币政策的实施时机上有一定程度的相机抉择权。

浮动汇率给大藏省出了一道真正的难题。此前想左右汇率政策的那些政治家对大藏省构不成压力，它可以把日元升值推到市场身上从而规避政治要求。但另一方面，政治家也可以使用同样的逻辑，他们会声称财政自律是没有必要的，因为市场力量将最终解决失衡问题。大藏省指出，浮动汇率“是以官僚机构的宏观利益为代价满足（个别政治家）的微观利益”①。在浮动汇率体制下，大藏省必须在制定预算过程中拉拢政治家，从而对争取政府开支的势力产生内在的约束效应。此间，大藏省被迫在预算的影响力上向政治家们做一些让步。

但就日本政治家支持的国际货币政策（如果真的有这些政策的话）而言，很难确定概念框架。他们是天生的实用主义者，极少倾向于某一意识形态，特别是在国际经济政策事务方面。日本保守政治家尤其如此，他们在国际经济政策方面几乎没有思想差异。就这一点来说，中曾根管理浮动的想法更像是未来的愿景，而不是具体的政策目标。相反，竹下登在这个问题上甚至连愿景的闪念都没有。至少没有大藏省的官员能够回忆起他曾透露过关于未来国际货币体制的任何想法。

但宫泽喜一就不同。他比（中曾根以外的）其他日本政治家更接受卢浮宫协议里的范围概念，因为他倾向于对汇率实施更多的管理。应该注意到，宫泽与贝克在 1986 年 9 月的会晤，是宫泽

---

① 隆细见在一系列听证活动中的谈话［东京：Kinyu Zaisei Jijo（货币和财政报告），1985 年 9 月 16 日，第 35 页］。细见在谈话过程中指出，大藏省之所以接受浮动汇率，主要原因是避免同美元之间过于频繁的汇率调整，同时降低国会召开期间预算程序的复杂化，因为向国会提交的预算案需要不断地调整基础汇率。但大藏省的真正动机是通过调整避免日元的急剧升值。日本银行一位高级官员则言简意赅：“大藏省只是出于政治原因不能升值日元。这是他们转向浮动汇率的原因。这不是一个主动决定，而是不作为。”正如隆细见在同一次谈话中承认的那样，起码在这段时间里，大藏省相当自信，认为在浮动汇率体系下其可以通过相机抉择权来操纵汇率。

首次尝试将日元兑美元汇率稳定在特定的水平或范围。尽管竹下登也尝试将日元兑美元汇率“稳定”在180左右，但他并没有像宫泽那样提出动议，宫泽为汇率稳定研究了各种可能的模型。这并不表明宫泽喜一支持参考范围机制或目标区（zone）体系。相反，同竹下登一样，因为国内因素，宫泽必须首先终止日元的升值。不过，在日本的官僚体系内，宫泽喜一因为倾向于接受目标区体系而被铭记。

在担任经济企划厅长官时，宫泽就对罗伯特·鲁萨（Robert Roosa）的目标区提议表示了兴趣，同时对索尼公司主席盛田昭夫的请求给予了积极回应，盛田昭夫在宫泽喜一于1980—1982年担任铃木善幸（Zenko Suzuki）内阁秘书时就力主汇率稳定。自担任大藏相开始，宫泽喜一便不再明确表达他对目标区问题的立场，而自卢浮宫协议起，他变得更加谨慎，不再透露他的意向。他的一些密友相信，宫泽仍然支持某种类型的目标区机制，也许是一种不太严格的目标区。

表面上，大藏省的权力似乎是超过了被钦点为藏相的政治家的权力。而事实上，大藏省的官僚们对待他们的藏相的态度是礼貌客气且不失小心，特别是在如竹下登一样的自民党党魁担任藏相时。大藏省很快发现了竹下登同反对党领袖们周旋的能力。竹下登是个实用主义者，熟谙政治斡旋技巧，也深得日本共识政治的熏陶。他没有像中曾根过去那样去尝试宏大计划，也没有像中曾根一派中另一位重量级人物渡边美智雄（Michio Watanabe）那样对银行业和证券业的相机抉择政策或人事管理的细节等感兴趣。

尽管有缺点，竹下登却掌控着自己的行事节奏。他知道作为有志于首相位置的政治家，他需要在国际上曝光。因为经常被中曾根和政治对手、外相安倍（众所周知，安倍与乔治·舒尔茨关系密切）置于幕后，竹下登在国际上并不知名。他因此发展同贝克的关系，这在他看来于政治上有帮助、于个人也有吸引力，胜于同唐·里甘的交往。他感觉，里甘那种华尔街式的施政风格与他有些志不相投。在 1985 年 4 月的国际货币基金临时委员会会议和 5 月的波恩峰会期间，竹下登同贝克会晤。他建议贝克就所有议题在他们之间进行政治家间的对话，而不只限于金融事务，这被视为日本最有可能接任中曾根的政治家向里根政府的“经济首相”发出的信号①。考虑到他的目标，竹下登在 6 月 21 日同贝克的会晤中建议通过联合干预调整汇率就没什么值得惊讶的了，他是期望通过启动一个贝克–竹下登两国集团战略，使其本人能够获得更多国际关注。当时，竹下登是完全认识到日元/美元汇率的调整需要，从而抓住这次机会在两国之间达成协议。

派阀政治让日本制定政策的过程变得复杂，安倍的外务省同竹下登的大藏省之间的摩擦就是例子。竹下登警觉地得知，安倍已经同乔治·舒尔茨于 1983 年 9 月讨论了日元和美元的问题，尽管这是在舒尔茨的要求下。一回到日本，安倍就立刻向竹下登转述说他已经告诉舒尔茨，“我赢不了这场游戏，因为您是职业经济学家”，意在去除不必要的猜疑。竹下登对安倍表示了感谢，同时

① 作者采访。

强调，“这类事务应该交由专家处理，大藏省已经在研究了”[1]。

竹下登同宫泽喜一之间的竞争更激烈。作为自民党执行委员会的主席，宫泽公开批评中曾根内阁紧缩的财政政策。日元在1986年4月的大幅升值让竹下登处境被动，同时给宫泽提供了攻击中曾根内阁“无为”政策的口实。在4月末一次内阁和自民党联席经济政策委员会上，宫泽直言不讳地追问，为什么日元汇率在中曾根访问华盛顿之后再次直线上涨；他想知道中曾根和里根在日元/美元汇率问题上做出了什么决定。这种罕见的批评让中曾根和竹下登猝不及防。

此次事件后不久，宫泽在一次演讲中再度指责中曾根内阁：“内阁为什么没有更有效地应对目前的困境？所有的人都能预见到今天的形势。里根–中曾根关系最终是日本听命于美国吗？”[2]据竹下登一位密友透露，在听到针对自己的这种尖刻批评后，这位大藏相爆发了：“我不会饶恕任何利用这类极其重要的政策谋取个人政治利益的人。”

1986年春季以后，关于“强日元”的争议在日本政界持续发酵。前首相田中角荣的拥护者山下元利（Ganri Yamashita）在给其支持者的信中反映了这种紧张程度。山下和前副首相二阶堂进，试图通过报复式的同室操戈让前首相田中角荣派系成员竹下登难堪。山下在信中批评道：“现在所有人都在承受‘强日元’萧条的

① 作者采访。

② Akio Kamisishi, “Seikyoku Yurugasu Ichi Doru Hyakurokujuen Dai” (The 160 yen unsettles the political scene), *Ekonomisuto* (*Economist*, Japan), 13 May 1986.

痛苦。到底谁是这种‘强日元’乱局的罪魁祸首？”[1]这显然是要把竹下登推到被告席上。

1986年夏天取得压倒性的选举胜利后，中曾根决定让宫泽喜一代替竹下登出任大藏相，这一定程度上是想通过让宫泽作为内阁成员承担决策责任，以避免更多尖锐的派系摩擦。正如后来人们所熟知的，在宫泽同样无法实现控制失控的日元这个“不可能的任务”时，竹下登的难题（即他成功实施的“广场行动”却对其个人造成如此负面的影响）被部分地缓解了，他不再需要背负沉重的心理压力。根据日本政治中的“共识交易和派系平衡”规则，这两位藏相都称不上是取得了胜利，实际上，他们俩都没有赢过。

在财政政策方面，政治考虑是政府希望避免一项政策明显胜过另一项的原因。中曾根因此机敏地把宫泽喜一的扩张主义财政政策纳入1987年春的补充预算中，同时通过让宫泽承担维持中曾根内阁财政紧缩信号的责任拉拢他。

尽管宫泽是大藏省的元老，但他一到大藏省上任，竹下登时期藏相办公室同大藏省官僚体系间建立的良好关系就破裂了。宫泽将接任竹下登的消息传到大藏省，“不要仅仅因为其官僚家族背景就对其怀有幻想”的警示就流传开来。大藏省尤其注意到宫泽对宽松财政政策的大胆支持以及他不是“同竹下登一样好的倾听者”。而且，宫泽喜一与三方委员会国家“建制派”（the

---

① Ganri Yamashita, *Hozan* (Yamashita’s supporters’ organization paper）1,May 1987.

Establishments）千丝万缕的联系及其老练世故的思维，在大藏省并不受欢迎。

虽然大藏省内部大小官僚密集地游说反对，但一项6万亿日元的刺激计划，仍然在1987年5月末宫泽喜一、内阁秘书后藤田正晴（Masaharu Gotoda）和自民党政策研究委员会主席伊藤正义（Masayoshi Ito）间举行的高层会议上获得通过。宫泽喜一给大藏省官员们带来的挫败感日渐增强，他们中的一些人相信，宫泽同他们根本就不是一个阵营的。他们批评他不愿意“尽本分”①。

尽管大藏省对宫泽喜一有看法，但却不能无视其在政界的分量。大藏省的官员们根本不能冒险疏远这样一位强大的派系领袖。讽刺的是，正是宫泽喜一的影响力削弱了大藏省。1986年秋，宫泽竭力将一个重磅的财政刺激计划纳入补充预算。他的努力赢得了自民党对次年春天更具雄心的补充预算案的支持。另外，1986年10月他与贝克在旧金山的秘密会谈（最终形成贝克–宫泽协议），让秉承国内主义的精英们感到警觉，因为他们被排除在计划之外，但却提升了宫泽本人的地位。原因在于宫泽能够利用贝克的言论支持财政刺激计划，对抗大藏省强大的官僚阻力。

大藏省对财政刺激计划的反对，同样因日本经济制定部门的分歧及国内需求的停滞而弱化。在1977—1979年的“火车头战略”时期，日本通产省支持经济刺激措施，作为凯恩斯主义的扩张主义者和派系领袖的通产相河本敏夫（Toshio Komoto），突破常

---

① *Asahi Shimbun*, 30 May 1987.

规地介入了这一议题。尽管通产省自 1983 年开始就持续呼吁，但至少到 1987 年春，通产省在财政刺激措施上的行动并不是特别积极。不过，通产省是在考虑财政刺激的同时寻求日元升值，这基于两个考虑：第一，与美国之间冲突不断的贸易形势；第二，汇率波动对贸易的破坏性影响。如索尼公司主席盛田昭夫这样重量级的实业家，自 20 世纪 70 年代后期就呼吁需要稳定汇率。通产省前官员、日本贸易振兴会（JETRO）会长赤泽漳一（Shoichi Akazawa），以关系密切的私人顾问身份向中曾根建议过采取目标区体系。大体上说，享受了近五年低估日元好处的出口商并没有强烈反对日元升值。到那时，他们中的大部分已经开发了复杂的汇率对冲工具。

总体而言，以影响力不断提高的大证券公司为后盾的金融部门支持日元升值策略。在金融专家逐渐挤掉传统公司决策者的制造业领域，把“强日元”视为灾难的言论已经不再有说服力了。也许最重要的是，日本制造业部门加速向海外转移产能，使得他们更加强调汇率的稳定。经济实实在在的转型逐渐改变了日本商界对“强日元”的看法，尤其是对广场会议后日元升值导致的“强日元”。

日元/美元汇率走势的突然逆转，首先打击了那些缺乏竞争力的中小规模出口商。通产省随即发布了一项包括 1000 亿日元（4.868 亿美元，按 205 日元兑 1 美元的汇率计）低息贷款的紧急财政救助计划。这些贷款通过三家准政府金融机构在 1985 年 10 月到次年 3 月间发放。该建议是基于通产省的调研，大部分行业认为日元兑美元汇率在220~250之间是出口平衡点。

里根政府和美国国会迅速以“不公平的政府补贴”为由反对这个做法，指出其明显违反关贸总协定的规则。（美国）政府官员想起1978年日元升值之后日本政府对出口商们推出的类似救助措施，即所谓的“强日元法规”，这项法规导致美国对日本5种金属制品征收反倾销税。简单来说，救助计划只是被视为冲销日元升值影响的手段。美国方面如此激烈的批评，迫使通产省只能将救助基金用于那些出口导向的中小规模企业，帮助其转向国内需求领域。

国际上对这些传统国内经济政策工具——对受汇率调整冲击的行业施以援手——的密切关注，限制了通产省的政策影响范围。通产省随后在政策方面变得谨慎，只是小心地鼓励受影响行业将其生产转移到国外，特别是到美国。与此同时，美元的快速下跌（有可能会自由落体般地下跌）激起了产业界的批评，因为大家确信汇率需要一定程度的稳定。据通产省一位高级官员说：

> 随着日元兑美元逼近180的水平，纺织和钢铁行业开始尖叫了，造船业也过来要求支持；当升破170时，电子甚至汽车行业也开始哭喊了。但是逐渐地，这些请求更多的是要求稳定汇率而不是逆转趋势。①

不难想象，通产省在此期间对国外特别是美国保护主义冲击

① 作者采访。

的敏感程度，要甚于对“强日元”对日本产业负面冲击的担心。通产省的紧张程度可能是前所未有：日美之间持续恶化的外部失衡将导致国际贸易体系——一个曾非常完美地符合日本经济利益的体系——的崩溃。通产省副相藤川信二（Shinji Fukukawa）在1986年秋天表达了他的担忧：

> 直至目前，日本仍只是在利用现有的国际经济秩序，但我相信我们必须改变这种观念，而且日本必须承担起维护国际经济体系的相应责任，同时应该在提供国际公共品方面发挥作用、做出贡献。从这个角度来说，我们也必须同我们的贸易伙伴合作，全力纠正日本的外部失衡问题。[①]

尽管他提出，比汇率调整“更综合的措施是必要的，以便彻底解决国际收支（失衡）问题”，但他同时强调通产省不相信浮动汇率体系，指出“浮动体系无法很好地控制经常账户头寸”[②]。值得关注的是，在通篇演讲中，他丝毫没有提及支持被冲击行业的政策暗示。

随着日元汇率的逐步攀升，通产省争取财政刺激措施的行动（即藤川所称“综合措施”的重要环节）取得了进展。虽然地方商业团体叫嚷着要求财政刺激措施，但通产省惊讶地发现，其在这项工作中几乎没有得到经济团体联合会（日本主要的商界游说

---

① Shinji Fukukawa, *A policy plan for restructuring industry–Focusing on MITI's policies for fiscal 1987*, 30 September 1986.

② 同上。

组织）的支持。联合会的领袖们已经支持了中曾根的行政改革和财政紧缩政策——他们压上了各自全部声望，不可能马上转向支持更宽松的财政政策。一位商界高管批评联合会的领袖们说："你知道，那里没有人想让大槻文平（Bumpei Otsuki）难堪，他现在是行政改革委员会主席。即便是斋藤英四郎（Eishiro Saito，联合会主席）也不会有什么动作。"大槻文平是日本经营者团体联盟（Nikkeiren）前主席，也是日本最有影响力的商界领袖之一。中曾根邀请他主持研究进一步行政改革的可能性。

面对经济团体联合会寂寂无声的局面，通产省甚至考虑同大藏省做一个交易：支持大藏省推动的消费税计划，以换取其对财政支出的承诺。但大藏省不为所动。

1986年大选后，随着"公共工程派"资深成员田村元（Hajime Tamura）被任命为通产相，通产省的行动计划开始加速。田村在"派"中向其同行们密集游说，并对大藏省预算局直接施压，使得新的财政措施在1987年春天获得采纳。可能是他在经合组织巴黎部长级会议上与贝克的偶遇强烈刺激了大藏省，后者对这次非同寻常的会面很警觉。外务省在敦促大藏省实施刺激政策上也发挥了作用。1987年5月，外务省设立了一个特别工作组，从日本国际责任和国内政策制定过程中的国际影响角度，分析宏观经济政策。这一举措代表着外务省对经济政策的关注发生了前所未有的变化。外务省经济局局长渡边美智雄同贝克的财政部接触，并把触角直接伸到首相办公室和自民党领袖那里去打探消息。外务省在七国峰会外交上的地位，也使得其当时的"宏观经济政策外交”成为必要，特别是中曾根需要在即将召开的威尼斯峰会显示声势时。

到1987年春，通产省和外务省的联合压力成功击败了大藏省对财政刺激措施的抵制。不过（影响大藏省的），关键因素仍然是执政的自民党成员特别是伊藤正义的政治影响力。伊藤是宫泽派资深的中坚人物，也是一位受人敬重的老政治家，他建议宫泽利用这次机会去实施宫泽的财政刺激政治纲领。据报道，他在决定6万亿日元的刺激政策前一天对宫泽说，这是宫泽“把自己的想法加到政策里”的好机会，因为在中曾根去职首相之后，宫泽可能不会留任大藏相，这样也就不可能负责1988年的财政预算。[①]促使中曾根和大藏省接受新财政刺激计划的另一个重要因素，是他们了解到1986财年的税收出乎意料地增长了约2.4万亿日元，他们在当时没有公开这一数字。中曾根后来承认了这个“小伎俩”：“在大藏省向我汇报之前，野村研究所的（主席）中川幸次（Yukitsugu Nakagawa）更早地告知了我这个数字。数据秘密地来自日本银行信源。”[②]中曾根于是收到了经济团体联合会领袖大槻文平对新刺激政策的支持，利用特殊政策绕开对政府开支的限制。

外部压力

大藏省将日元/美元汇率调整作为避免财政刺激政策的手段。

① *Asahi Shimbun*, 30 May 1987.

② 作者采访。

在相当大的程度上，这代表了对 1971 年确定的政策优先次序的背离。不过，公平地讲，大藏省并不是主动行动，而是对来自不同阵营压力做出被动应对。

除了日本国内的政治压力，外部压力也逐渐增强。要应对美国针对日本国内政策提出的指责，竹下登和山口是早该主动行动的。从结果看，外压（gaiatsu）是对大藏省抵制态度的决定性一击。

事实上，外压在日本的决策过程中被制度化了，日本经济决策制定过程的僵化是其得以扎根的环境因素。要对利益团体持续保持敏感的决策者，无法忽视外国利益对国内政治环境的渗透。

利用外国压力转移国内对不受欢迎政策的关注是一项被普遍采用的策略。这种情况下，日本和海外观察家意识到外压在克服日本僵化体系时的作用。这种僵化是制度和文化因素的结果，这些因素包括自下而上、共识导向的决策过程，以及国内主义凌驾于国际主义、国内政治机构在责任承担方面必须均等的观念。

一项拟议政策的可能落败者，会力图动员所有资源去影响“下层”和国内主义者，同时要求其他支持者也必须做出牺牲以均担责任。自民党、官僚机构和受政策建议影响的产业的“政策派”间各种内部联盟产生的单一议题政治，增加了政策建议注定失败的概率。

参与日本“广场行动”的一位国际主义者撰写的文章，真实地描述了日本决策过程的复杂性。作者绪方四士郎（Shijuro Ogata）在文章叙述的时期内担任日本银行副行长。绪方的文章是为日本银行内刊撰写的，题目叫“出国的一百个提醒事项”。他在文章中发问："为什么日本在国际上不能发挥符合其经济实力的领导角色？"他历数了各种原因，诸如语言能力不足，教育体系未能培养出顶级优秀人才，而是让所有的学生处于平均水平。他接着又触及了一个更加微妙的问题：

> 除了这些，日本的决策过程太过拘泥于意见统一的体系，以至于日本的海外代表很容易在国内人群竭力同他们"凝聚共识"时被同化。不过，如果他们"凝聚共识"太多，那将非常死板地束缚他们，从而使其无法灵活地应对新情况。[1]

国内主义者时常怀疑国际主义者的能力和效率，以及是否能够向外国人"全面解释"，日本国内政策制定者面临的合理约束制约了他们满足外国要求的能力。"我听到一些人指责我说，'沃尔克还在说那些废话吗？天哪，那一定是因为绪方解释得不好'。"[2]

绪方指出，国内主义者会有挫败感，因为他们倾向于相信，那些沉溺于定期答复外国要求的国际主义者们，在抗辩和批评其他国家的不足时不够强势。他总结说，"对我们（国际主义者）来说，在国内消除误解比在国外这样做更重要"，"处理这个棘手问题的一个方式，是把国内那些盛气凌人的主儿暴露在外国舆论之下"。他很遗憾没有陪同这些"盛气凌人的主儿"参与各种国际会议。

---

① Shijuro Ogata，"Gaiyu Hyakkai" (One hundred reminders of going abroad), *Koya* (Tokyo), February 1987.

② 作者采访。

当他突然辞去职务并被安排新岗位时，伦敦的《经济学人》分析了这一变化背后的故事：

> 得益于他经常参加国际货币基金组织和国际清算银行的会议，他在国外有很多朋友，似乎比国内的朋友还要多。
>
> 在公告一周后，绪方先生于9月25日开始了新的工作。中央银行的那种豪华几日游式的会议要一去不复返了。他被转而安排出任日本开发银行（20世纪50年代为发展需要设立）副行长……绪方先生是政治斗争中一颗被牺牲的棋子。通常是日本银行任命日本发展银行的高管。8月，日本银行已初拟绪方先生的下属广田佑一（Yuichi Hirota）先生担任该职务。但那个提议显然是被首相办公室否决了。后者希望有更资深的人选，因为日本发展银行的地位提高了。
>
> 阴谋论者则找到了其他的一些原因：中央银行在利率问题上同大藏省角力，大藏省是要急于强调其对中央银行的影响吗？抑或是绪方先生为自己利益考虑而过于国际化了？[1]

事实上，是阴谋论者甚至是非阴谋论者制造了那些理由。温文尔雅的绪方先生本人成为容易被盯上的目标，是他为了在货币外交方面的声望而在大藏省挑起机构间的猜忌而造成的吗？他曾被提名为亚洲开发银行行长，甚至是国际货币基金组织总裁人选。也有可能他在日本银行时得罪了国内主义者，他们对其同沃尔克

① *Economist*, 27 September 1986.

的私下闲聊非常不满，这些闲聊扰乱了日本银行执行货币政策的传统程序。

在其作为中央银行副行长的最后一天，苏联中央银行的副行长前来拜访。在绪方告诉他说自己将要到日本开发银行任职、今后要全身心投入到国内事务后，这位苏联银行家说："根据日本在世界经济中的影响力，日本的国内问题就是国际问题。"绪方由衷地同意这个说法。①

外压实际上的确"将国内那些耀武扬威的主儿直接暴露于国际舞台上"，没有外压，政策要发生彻底的改变是不可能的。1985 年春，外压之风开始从美国国会刮来，那里的保护主义势头正高。通过联合干预调整日元和美元汇率的新动议，因为日本面临保护主义攻击而启动。汇率调整本身是大藏省预算局和税务局里的国内主义者同国际金融局里的国际主义者之间斗争的直接成果，前者坚持"弃汇率坚持紧缩财政"，后者则认为日本应该提出一些刺激措施从而说服美国通过共同干预市场来调整汇率。

国内主义者对广场公报里"地方政府"追加投资条款向大场智满让步的傲慢态度，体现了国内主义者和国际主义者之间的纠葛。国际主义者清楚他们需要美国财政部对干预策略做出承诺；否则，要在财政政策上取得进展是不可想象的。另一方面，国内主义者则把前述的"让步"作为共担责任——外压政治的第三个特点——的证据而炫耀了一番。

---

① Shijuro Ogata, "Gaiyu Hyakkai" (One hundred reminders of going abroad).

“广场行动”的推进，暴露了日本决策中的结构性障碍。经济政策协调中涉及的自上而下和国际主义的决策机制，动摇了日本政治体系中根深蒂固的结构。日本银行（国内主义者）商务局突然提高短期利率的决定，部分是被外压带来的挫败感所触发。大藏省一位前高官描述其为日本银行“国内大男人霸气的”做法。大藏省预算和税务局里的低级官员强烈抵制东京峰会上的指标体系建议，这使得日本的国际承诺受到了很多限制。

在政治上，对被外压伤害的“小伙子们”的过度敏感，有时迫使政治家的行为有别于其真实想法。比如，日本银行大规模干预的原因，很大程度上是政府担忧外压对年轻人产生危险影响。宫泽为贝克–宫泽公报测算并渲染的160日元兑1美元和他急访华盛顿重申公报内容，也是政治活动。面对反对党他无力捍卫现有的汇率范围。如果早先就明确了立场，他原本可以马上回击。一位内阁成员坦承：“你可以说你想稳定汇率，但你不能说你希望在目前的水平附近稳定汇率。你能做的就是看上去很伤心。是的，我知道，这就是我们应有的行事方式。但是，这很令人遗憾。”①

① 作者采访。

第五章

联邦银行准则：联邦德国

影响联邦德国广场策略最重要的两个人是联邦银行行长卡尔·奥托·珀尔和财政部部长格哈德·斯托尔滕贝格。针对美国在美元汇率上的“善意忽略”政策，两人的不满和无奈与日俱增。联邦银行曾在1984年秋及随后的1985年2、3月试图通过大规模干预阻止美元升值。但由于缺少来自美国货币当局对调整汇率的坚定承诺，波恩和法兰克福方面所能做的也只有抱怨弱马克对联邦德国经济造成的通胀压力。

波恩和法兰克福

联邦德国一位高级官员说，起码在这个时候，对由马克低估造成通胀的担忧，并不是联邦德国在广场会议时考虑的关键因素，尽管这“也是一个非常重要的因素”。

关键因素是我们非常担心美元硬着陆。如果未加制止，美元就将进入自由落体式的下跌状态。我们不希望其给世界经济带来负面后果。是的，负面后果是继发效应，但这是关键。我们同时还必须考虑其对欧洲货币体系的影响。美元的硬着陆将给欧洲货币体系的现在和未来造成非常大的麻烦。[①]

换句话说，联邦德国的策略是寻求（美元的）软着陆。汇率调整需要放慢脚步、有序推进。“我们必须争取时间尽可能平稳地纠正外部失衡”，这位官员补充说。

在汇率政策上，珀尔和斯托尔滕贝格持有的观点几乎相同。在继续维护欧洲货币机制的同时，他们认为应该由市场决定马克同美元和日元之间的汇率——他们希望欧洲的固定汇率同欧洲货币体系之外的浮动汇率并存。

对他们两人来说，经济政策的首要目标是物价稳定，尽管他们坚持这一原则的程度不同。另外，他们在财政政策方面基本上持相同立场。作为1977年伦敦峰会时赫尔穆特·施密特总理的“夏尔巴”[②]，珀尔在最终公报中加上了如今已是经典的名言：“通胀不是失业的救星，相反它是失业的一个基本原因。”作为削减赤字的操盘手和“预算平衡”的坚定支持者，斯托尔滕贝格同样提高了他本人的政治声望。在1983年的威廉斯堡峰会上，正是他“为

① 作者采访。

② 尼泊尔的夏尔巴人常常担任攀登雪山者的向导，这里指国家元首的私人代表，他们同其他私人代表合作，准备国际峰会的经济和政治议题。“夏尔巴”通常由外交部或财政部副部长担任。

难了里根”，因为其直言不讳地要求美国总统削减赤字。

联邦德国将外部失衡和汇率失调归结为美国宏观经济政策错误以及美日间的贸易问题，联邦德国不承担任何责任。某种程度上，这种否定责任的态度也是此前美国信奉的放任政策的翻版。

从一开始，联邦德国就只是不情愿地参与了“广场行动”。站在联邦德国的角度，更便宜的马克导致的潜在通货膨胀，需要进行温和的汇率调整；除此以外，联邦德国拒绝接受还需要宏观经济政策协调的想法。

20 世纪 70 年代中期在大众公司监事会的经历，让珀尔本人对汇率失调有了深刻的教训。他注意到下跌的美元让公司陷入困境。“不要再让我们重复汇率失调的错误，它会导致投资决策无法持续，而且长期来看赚不到钱”。他是对联邦银行的同事说这番话的。不过，整个广场会议期间，珀尔显然非常谨慎。除了厌恶这种高度政治化的会议风格，他发现调整汇率的建议也很危险，因为在他看来太容易失控了。

要理解联邦德国参与“广场行动”的主动性和积极性，更详细、更深入地审视珀尔和斯托尔滕贝格的观点就非常重要。在此期间，珀尔是五国集团会议相当活跃的参与者之一，这在五国集团那些老派寡言的中央银行家中是个例外。但这并不影响他在处理如汇率这类事务时的精明。比如，在阐明观点或讨论汇率时，他很少两次使用同样的数据，这样他就不会手忙脚乱，并给人留下他“有点儿滑头”的印象。

没有人能够否认，因为他的能力和稳重，珀尔提高了联邦德国尤其是联邦银行的国际地位。珀尔经历丰富，从一个经济金融记者变成了财政部副部长。1977 年，他被任命为联邦银行副行长，并于 1979 年被总理施密特选定为行长。1987 年，他被赫尔穆特·科尔再度提名为新一任行长，任期八年[①]。根据波恩官员们的说法，是斯托尔滕贝格推荐珀尔续任行长，他反对基督教民主联盟（Christian Democratic Union, CDU，简称基民盟）一些成员的建议，即认为联邦银行的行长应该换一换了，改由基督教民主联盟的成员担任。不过，施密特原本更希望由颇具影响力的德意志银行监事会主席威尔弗里德·古特（Wilfried Guth）担任联邦银行行长，他是在尴尬地拖延了一阵子之后才任命珀尔的，这也不是什么秘密。珀尔担任行长几天后，马克对美元如坠石一般地下跌，又令珀尔感到难堪。他永远也忘不了市场的这种"欢迎"对他的羞辱。[②]

薪酬比国家元首还要高的中央银行行长，显然拥有权力和声望。即便如此，同联邦政府维持良好的关系，符合联邦银行行长的利益。对于波恩[③]的官员来说，同法兰克福[④]的官员沟通同样重要，如果不是更重要的话，一次沟通失败的经历说明了这一点。1981 年 2 月，珀尔将伦巴德利率（抵押贷款利率）从 9%提高到 12%，从而紧缩了货币政策。尽管社会民主党持续施压要求实施

① 珀尔后于 1991 年辞职，未到任期届满。2014 年去世。——译者注

② Jonathan Carr, *Financial Times*，15 August 1986.

③ 联邦德国政府、财政部位于波恩。——译者注

④ 德意志联邦银行位于法兰克福。——译者注

宽松货币政策，但珀尔（他本人就是社会民主党成员）岿然不动，他同赫尔穆特·施密特的关系因此受到影响。一些社会民主党成员后来指出，联邦银行紧缩的货币政策导致社会民主党 1983 年选举失败。珀尔受益于这次为他赢得通胀斗士美誉的经历。到 1985 年，联邦银行确信由保守政府主导的波恩将不会插手货币政策事务。

斯托尔滕贝格是基督教民主联盟新教派的资深中坚，在其 34 岁那年被他的政治偶像康拉德·阿登纳（Konrad Adenauer）提名为科技部部长。他很快脱颖而出，成为联邦德国议院预算和金融事务方面的专家。他的冷静和理性让不少人相信他更像是联邦德国“经济奇迹之父”路德维希·艾哈德（Ludwig Erhard）。他与同为北方人的赫尔穆特·施密特类似，有着技术官僚的气质，虽然政治立场不同，但两人相互尊重。在某些方面，他似乎是非政治化的，偶尔会表现出一位五国集团会议常客所说的“德国式巧妙——也就是说，根本不巧妙”。斯托尔滕贝格曾经是科尔政府财政保守主义的推手，影响超过德国政坛其他人。科尔–斯托尔滕贝格的小政府政策，是基民盟–自由民主党联合政府经济计划的关键，与里根政府强调的减税和去管制相呼应。而且，通过最大限度地执行约束性政府开支政策，起码到 1986 年，斯托尔滕贝格成功地大幅削减了预算赤字。

在对美国听众一次难得的演讲中，斯托尔滕贝格表示，对其在对抗财政赤字斗争中取得的成就感到骄傲。他断言联邦德国已经找到了“恰当的”财政政策，暗示其他欧洲国家严重偏离目标，同时表示联邦德国的预算赤字已经从1981年占国民生产总值的5%下降到1987年仅仅超过2%，创造了降息的条件，也为私人投资创造了良好的环境。[①]

鉴于对稳定价格的坚定承诺，联邦德国需要进行汇率调整以避免通货膨胀。因此，联邦德国没有在广场会议之前（比如在1985年5月的波恩峰会上）提出任何汇率调整行动的动议难免让人不解。科尔对国际经济政策的制定缺乏兴趣，以及联邦银行和财政部均不愿意在峰会上与对方讨论这一议题都是影响因素。科尔和里根在他们于1986年10月华盛顿会晤时（当时正是寻求汇率稳定的货币外交的关键时刻）是有机会讨论汇率问题的，但他们再次忽略了这个话题。

波恩和法兰克福的关系表面上是顺畅的，联邦银行法的条款里就有反映——要求政府和联邦银行“致力于合作和相互协商”。

然而平静的表面之下暗流涌动。自1986年夏开始，财政部倾向于降低贴现率，而联邦银行则坚持政府应该更进一步减税，强调最好是对商业投资活动减税——珀尔对斯托尔滕贝格的直接表态。

在斯托尔滕贝格于1987年末公开敦促联邦银行降低利率时，这种紧张局面公开化了。斯托尔滕贝格尤其面临着来自农场主的巨大压力，后者担心，如果马克继续升值的话，自己的竞争

① Gerhard Stoltenberg，“The United States and Europe:Main Objectives for Economic Policies and International Cooperation”，address at Georgetown University，10 April 1987.

力将逐渐丧失。在他的家乡石勒苏益格–荷尔斯泰因（Schleswig-Holstein），主要是因为一个地方党政丑闻，基督教民主联盟在黑色星期一股市暴跌一周前的地方选举中失利。这无疑让斯托尔滕贝格的形象受损，因为他是基督教民主联盟在石勒苏益格–荷尔斯泰因的主席。斯托尔滕贝格有充分的理由希望货币政策宽松，而不是马克无休止的升值。但正如波恩以前的财政部部长们一样，斯托尔滕贝格必须学会同法兰克福一群难以对付的专业人士相处。

政治文化

无论珀尔和斯托尔滕贝格的个性和政治观点如何重要，联邦德国的宏观经济决策本质上是受制于其文化环境的。为了准确理解政治文化作为政策的结构性决定因素这一点，有必要了解联邦体系内的制度和政治安排。

要理解联邦德国当下的货币政策，必须回到两次世界大战间的岁月，当时的德国遭受了恶性通胀之苦，国家社会主义者完全控制了国民经济。作为对那个时期的反应，战后的联邦德国领导人将物价稳定和政府在经济生活中的有限作用原则，写进了联邦德国法律。

联邦德国战后的经济政策有三个支柱：物价稳定、谨慎的逆周期政策和国际竞争。自然，影响决策的国内参与者是多元的——联邦银行、联邦政府、政治派别以及其他利益群体，但国内政治参与者整体上对这三个原则还是普遍认同的。

这些目标在几个方面塑造了战后联邦德国的组织机构。首先，努力降低政府在经济生活中的作用，结果便是决策体系的去中心化；其次，价格稳定作为首要的经济目标，确保了联邦银行在货币政策制定过程中事实上的自主权。联邦权力去中心化的结果是缺乏强势的机构竞争者，再加上联邦银行自身在法律上的强势，这构成了联邦德国金融和银行业的生态，也一定程度上给银行业带来了比其他行业更高的地位。

联邦德国政府和其政治利益群体的去中心化，也体现在联合政府的交替中。不同党派领导的联合政府之间实现了权力的平稳交接：1969 年是社会民主党和自由民主党间，1982 年是基督教民主联盟和自由民主党间。

1967 年的《稳定和增长法案》是立法上的转折点。该法案扩大了联邦政府的行动范围，允许其在反周期和相机抉择的财政政策领域进行干预。这个凯恩斯主义的法案丝毫没有缓解主要参与者间权力分配上的内在冲突，这非常值得关注，因为这些冲突有目共睹，而且在危机时刻更加突出。

有三个冲突尤其值得关注：一是银行和出口行业之间在马克升值问题上的冲突；二是联邦银行和联邦政府之间就审慎的公共债务水平的冲突；三是工会和企业之间关于工资和价格合理水平的冲突。[①]整个 20 世纪 60 年代，随着马克升值压力的逐渐增加，

---

① Peter J. Katzenstein，*Policy and Politics in West Germany: The Growth of a Semi-Sovereign State* (Philadelphia: Temple University Press,1987), 95~96. 关于我对联邦德国宏观经济决策中的机构和政治动态的分析，非常感谢该书作者的洞察。

金融和银行业同出口商之间的冲突加剧了。政府在 1961 年和 1969 年对马克升值的支持，反映了联邦银行反通货膨胀的取向以及银行家相对出口商的强势地位。在 20 世纪 60 年代末和 70 年代初，联邦德国的做法可能同日本的汇率政策相反，当时日本政治家中的主流观点是“不惜任何代价反对日元升值”。尽管大藏省副相鸠山威一郎（Iichiro Hatoyama）在秘密安排研究日元升值的必要步骤时（采用爬行钉住策略）受到了联邦德国政策发展的影响。

浮动汇率体系迎合了联邦银行在汇率政策上的自由决定权，同时也强化了其在反通胀货币政策上的责任。联邦银行一位高级官员承认，联邦银行之所以喜欢浮动汇率，是因为这个机构偏爱行动自由。

联邦银行本身是一个独特的历史（20 世纪上半叶德国的惨痛历史）产物。无论是对各个年龄的社会阶层还是对政治派别来说，物价稳定的重要性都是毋庸置疑的。1957 年 7 月 26 日，联邦德国《联邦银行法》获得通过，确定中央银行为联邦法人。尽管法案要求联邦银行支持联邦政府常规的经济政策，但更充分保证了联邦银行在制定货币政策时的独立性。[①]

从货币发行的角度，马克就是一种纸币：通过控制货币发行来维护通货价值，这是货币发行的直接责任，而不是用黄金或外汇来支持币值。恶性通货膨胀历史导致的结果是，德国人对联邦银行的尊重让其变得神圣不可侵犯。联邦银行自身则逐渐强化了道德

---

① *The Deutsche Bundesbank: Its Monetary Policy Instruments and Functions*, Deutsche Bundesbank Special Series, no.7(June 1982)，5~6.

规范。联邦银行行长的提名在政治上相当重要。正如一位官员说的那样："国民没有改变联邦银行，联邦银行改变了国民。"

随着"二战"后联邦德国经济融入世界且再一次成为欧洲强国，国内和国际考量之间的碰撞就在所难免了。联邦银行的央行委员会被赋予决策权，它倾向以国内考虑为重，因为委员会中的州（Land）[①]代表占多数。委员会有一个由政府任命的六个官员组成的理事会，委员会还包括联邦德国议会上院委派的其他 11 名成员。理事会主席是委员会的首脑，议会上院委派的每名成员领导着联邦银行的一个州分行。委员会通常是每两周开一次会，通过简单多数决定联邦银行的货币和信贷政策。理事会是中央执行机构，同样也负责实施委员会做出的决定。理事由政府提名并由德意志联邦共和国总统任命，但要先行同委员会协商。[②]

尽管联邦银行立足于国内，但珀尔行长手段高明，他会在急需这个不大的机构的支持时说服其成员，否则就绕过联邦银行独辟蹊径。珀尔化解僵局靠的是其大家风范和天生的洞察力，而不是官僚经验。

联邦银行副行长赫尔穆特·施莱辛格同"守旧派"联系得比较

---

① 联邦德国由 11 个州（state），或 Laender（Land 是单数）组成，包括巴登-符腾堡（Baden-Württemberg）、巴伐利亚（Bavaria）、不来梅（Bremen）、汉堡（Hamburg）、黑森（Hessen）、下萨克森（Lower Saxony）、北莱茵-威斯特伐利亚（North Rhine-Westphalia）、莱茵兰-普法尔茨（Rhineland-Palatinate）、萨尔兰（Saarland）、石勒苏益格-荷尔斯泰因和柏林（Berlin）。这个体系是高度去中心化的，相对于波恩的联邦政府，州拥有相当大的权力。参见 Katzenstein, *Policy and Politics*, 15~17。

② 同上书，6~7 页。

多。他在联邦德国银行界德高望重，被视为“核心的主心骨”，原因在于他对价格稳定和保守主义的坚定信念（用财政部一位官员的话说，他的坚定“甚至可能超出了波恩的期望”）。由此，珀尔一方面必须对付如施莱辛格这样的重量级人物，同时还不得不表现出没有向美国妥协，以免疏远了“核心”、失去所有的信誉。例如，基于这个考虑，珀尔就在 1986 年 8 月邀请施莱辛格到他家里同沃尔克会谈。他同时建议斯托尔滕贝格让施莱辛格参与其他涉及政策协调的绝密谈判。此前的类似会议仅限于斯托尔滕贝格、珀尔和蒂特迈尔。施莱辛格在卢浮宫会议后成为这类会议的常客。

珀尔只能小心行事。面对国际上要求降息的压力时，他经常会向其他中央银行家特别是美联储官员说明，他必须处理许多内部问题，同时要求他们给他更多时间。长此以往，珀尔便让其他国家央行官员们一直处于猜测之中，因为他们不能确定珀尔是真的希望降息，还是只是将国内主义者的争论当作一个借口。

1987 年 11 月（全球股市暴跌的次月），当波恩和华盛顿之间的争论升温时，两国国内主义者间出现了冲突。美国财政部部长詹姆斯·贝克再次批评联邦德国的货币政策，宣称由施莱辛格筹划的加息引发了金融市场危机。这一攻击显然意在孤立那些“核心”的资深官员，让他们看起来罪大恶极。结果这在联邦德国引起一片哗然，招惹了施莱辛格背后的保守势力，珀尔的处境因此就更微妙了。

即便向浮动汇率转变让联邦银行能够加强对货币和汇率政策的控制，但自 20 世纪 70 年代中期起，联邦银行在控制货币政策方面面临两个新的挑战。首先是快速增长的预算赤字，其次是马克作为世界第二大储备货币地位的提升。

财政政策

在联邦德国，财政部承担着制定财政政策的首要责任。自 20 世纪 50 年代开始，财政部在这一领域的影响力逐渐提高。

自 1967 年颁布《稳定和增长法案》开始，联邦政府依托财政政策管理宏观经济。在联邦政府内部，财政部在预算制定过程中主导着财政政策。财政部部长将政府部门中所有中层官僚机构的支出计划合并，作为预算的总体框架，然后向内阁提交一份预算草案。在内阁中，财政部部长和总理一起发挥着重大影响。

这项法案限制了联邦议会的作用，如果没有匹配的增加收入的建议，联邦议会不得提出任何增加开支的预算修改意见。该法案允许联邦政府否决所有因支出增加导致的预算调整。尽管执政联盟要获得议会对其税收和开支这些重要事项的支持并不难，但下面两个因素在实践中弱化了其对财政政策的主导能力：首先，自 20 世纪 70 年代开始，联合政府中不同党派控制了不同的权力部门，社会民主党控制了财政部，自由民主党则掌握了经济部，这样的结构安排削弱了联邦政府推行综合或严厉措施的能力；其次，联邦政府控制的公共投资不超过 50%，全国总的公共开支和投资占比则只有大约 15%，[①]其余的部分则来自州和地方政府。实

① Katzenstein, *Policy and Politics*, 100~101.

际上，州的上院可以否决某些影响本州金融或行政利益的法规。地方一级党派政治力量进一步限制了联邦政府推行其计划的能力。

由于这些限制，联邦德国的财政政治学就同日本类似，本质上是被动的。预算制定受到本国经济环境突然、短期变化影响，例如1966—1967年、1973—1974年和1979—1980年经济危机期间频繁出现的情况。第一次危机带来的是对预算计划性的进一步强调，并写进了《稳定和增长法案》及后续的类似法律中；第二次危机引发了一段时间的简化预算过程管理；第三次导致国家干预的大幅减少（去管制化、放弃反周期政策以及私有化）和公共开支的削减（明显不利于社会性支出）。

随着1980年选举的临近，预算政治学在两个选项之间摇摆：是降低预算赤字还是减税。联邦银行倾向于前一个药方，而自由民主党则偏向后者。科尔政府通过联邦德国政治中两个极其独立的机构发表观点，在两个政策之间调和，同时推动减税和削减预算。

意识形态

毫无疑问，意识形态在联邦德国宏观经济决策过程中发挥着作用。自20世纪70年代中叶起，左翼的社会民主党和支持凯恩斯主义赤字福利社会的工会一方，同右翼的基民盟–基社盟（CDU–CSU）和自由民主党以及呼吁增加投资机会和去管制的商界一方之间的分歧逐渐尖锐起来。但现实中，由于政府坚持渐进主义方法以及联合政府中的党派政治因素，意识形态的主导作用并不那么显著。

比如，社会民主党的威利·勃兰特（Willy Brandt）刚刚当选执政时就发现，自由民主党的汉斯·弗里德里希（Hans Friderichs）和赫尔穆特·施密特（1972年接替卡尔·席勒担任经济和财政部部长）这两个经济类部长强势且老练，要调和他们的关系实在是太难了。勃兰特因此决定将经济和财政部分拆为两个独立的机构，就像以前的机构设置，以便维系社会民主党-自由民主党联盟。他任命弗里德里希担任经济部长，施密特继续担任财政部部长。关于货币政策的争论随之而来：弗里德里希强调维持高度紧缩货币政策的重要性，而施密特则呼吁更宽松的立场，反映了社会民主党内部担心紧缩政策对就业造成负面影响。

可以说，争论是“技术性而不是战略性的，是联合政府内部后续争论的代表”，因为负责联邦银行关系的社会民主党财政部部长，就担心协调中央银行货币政策同政府财政政策的战术问题，尤其是它们考虑到需要再膨胀时。[①]施密特策略性地向左翼的社会民主党做出让步，同时通过将部分压力转移到货币政策上的方式减轻财政政策的负担。这种安排是必要的，因为多党联合政府不允许政策上的骤然巨变。除此之外，职业官僚在经济决策过程中仍发挥着决定性作用，联邦银行在20世纪70年代毫发无损，其权威稳固且未受到挑战。

但联邦银行在维持其权威的同时会带来一些痛苦的后果。一个例子是，因严格紧缩的货币政策导致的1966年稳定危机，把

① K.H.F. Dyson, “The politics of Economic Management in West Germany”, *West European Politics* 4 (May 1981), 43.

总理路德维希·艾哈德赶下了台；另一个例子是前文提及的，在20世纪80年代初珀尔猝然加息造成了施密特下台。卡赞斯坦（Katzenstein）观察到，“联邦银行一心追求货币稳定，是联邦德国经济政策中给基民盟和社会民主党带来同样烦恼的最常见因素”[①]。另外，联邦银行的稳定政策和工会的工资约束相互支持，两者又给联邦银行提供了文化上的支持。[②]就影响联邦德国经济决策过程的意识形态而言，最重要的一条是联邦银行准则——为文化、政治和心理上的不安全感发挥保障作用。

总之，有两个教训左右了战后联邦德国经济政策：第一，货币的管理极其重要，不能交由政治家来负责；第二，国民经济极其重要，不能成为联邦政府的专属领地。体现这些考虑因素的机构和政治安排，既避免了过分倚重凯恩斯主义，又杜绝了过分的供给侧政策。[③]

实质上，对宏观经济政策方面渐进主义方法（经常被外国人视为“德国人的固执”）的普遍支持，体现了系统性安排，机构间的竞争确保了交叉检验，同时又因为文化约束而不会产生剧烈变化。美国财政部一位已经习惯于同德国人打交道的官员提醒其顶头上司，不要期望出乎意料的好事情：“你知道，你不能提议去做某件事，因为你是在利用其他人的资源（besitzstand），这个资源基本上涵盖已经取得的地位、积累的利益、特权和资格等。每个

① Katzenstein, *Policy and Politics*, 97.

② Dyson, “Politics of Economic Management”, 54.

③ Katzenstein, *Policy and Politics*, 93.

人都有他们自己的资源，只要不损及其他人的资源，你尽可以往前推进，但这样将极大地缩小你自己的腾挪空间。”[1]

卡赞斯坦在分析联邦德国经济决策过程中的政治动态时总结道：

> 总的来说，在过去的30年里，联邦德国的半主权地位是其经济政策执行过程中的一大有利条件。在接下来的30年里这是否仍会是一项优势，那就不只是联邦德国考虑的问题，多方都会开始关注。[2]

答案将取决于马克在世界经济中的作用，尤其是其在欧洲货币体系内的未来角色，以及联邦银行作为欧洲货币体系核心的关键作用。

欧洲货币体系

卢浮宫协议后不久，珀尔向美国听众阐述了他对国际货币体制及其前景稳定性的看法。他强调，欧洲货币体系已经在欧洲成功地建立了一个货币稳定区域。他将这一成功归因于体系在技术上的可行性、干预和信贷机制以及以物价稳定为首的经济政策目标的广泛统一。关于物价稳定，他宣称：联邦德国是领跑者之一。

毫无疑问，如果没有联邦银行兜底般的承诺，欧洲货币体系在整个20世纪80年代是不可能有那种出乎意料的适应力的（珀

① 作者采访。

② Katzenstein, *Policy and Politics*, 107.

尔的第一个八年任期恰好是欧洲货币体系的第一个八年）。公平地说，欧洲货币体系的成功还应归功于联邦德国政府毫不轻松的担当，用波恩一位官员的话说就是："在关键的汇率调整谈判中，我们一直同意马克升值，尽管这给（联邦德国）国内政策带来了相当大的麻烦，"他进一步指出，"联邦德国政府始终支持联邦银行在欧洲货币体系内的协作。"[①]

逻辑上，联邦德国的最高利益取决于其欧洲伙伴国，联邦德国同这些国家间的贸易额超过联邦德国贸易总额的一半，马克同这些货币间的汇率在法律上（通过欧洲货币体系）或事实上是稳定的。联邦德国同美国间的双边贸易额仅占联邦德国贸易总额的10%左右，同日本间的双边贸易则更低，只占大约3%。此外，美元最近的波动导致联邦德国的贸易伙伴去寻找更稳定的国际货币，它们选择了马克。甚至非欧洲货币体系成员的英国[②]也已经逐渐将英镑同美元脱钩，且脱钩的步伐在"广场行动"期间及整个1987年加快了。一位英国官员因此断言，英镑已经同美元完全脱钩。[③]

基于英国不久将加入欧洲货币体系的预期，对于将欧洲货币体系作为自身汇率战略的工具，联邦银行的官员们是越来越自信了，因为"你不能将你的货币与眼下确实不适合作为本位货币的

① 作者采访。

② 英国后于1990年10月加入欧洲货币体系，又于1992年9月16日退出。其退出与索罗斯等市场投资者当时做空英镑有直接关系。——译者注。

③ 作者采访。

货币绑定，尽管它是这个世界上最重要的货币”①。显然，马克已经在欧洲代替美元成为本位货币。

> 可以非常合理地讲，欧洲货币体系的规则实际上帮助了一些伙伴国，如果不是因“稳定俱乐部”的成员身份而对它们施加约束的话，这些国家不可能在控制国内通货膨胀压力和避免贬值–通胀恶性循环（缺少规则的国家……已经遭遇到这种情况）……方面取得同样的成功。②

要知道，在20世纪70年代中期，法国和意大利就因国内巨大的政治压力脱离了“蛇形”浮动安排。欧洲货币体系近期的运行情况显示，两国正准备根据欧洲货币体系成员规则要求制定国内经济政策。

欧洲货币体系同德意志联邦银行在利益和政策之间的密切联系，成为一些小国加入欧洲货币体系的激励因素。体系不仅能为经济调整提供帮助，还可以避免因采用严厉调整措施而招致的批评，因为这些指责可以归罪于“联邦银行准则”。绑定“一个稳定的本位”会使货币更稳定，公众也会对货币当局重燃信心。20世纪70年代末和80年代初，因第二次石油危机加剧的高通胀，让政治家和货币当局有更充足的理由进入这个安全网。

---

① “欧洲货币体系目前是一个马克区，因为它确保了物价稳定。”波恩一位官员向作者透露。

② Karl Otto Pohl, “The European Monetary System: A model for a More Stable International Order?”. Paul-Henri Spaak Lecture, Center for International Studies, Harvard University, 4 May 1987.

支持加入欧洲货币体系的言论，即增加货币当局对抗通货膨胀的信用承诺，被用以支持英国参与该体系。《经济学人》对此逻辑的评论有些尖刻：

> 最大的变化将是把英国的货币政策责任从英格兰银行转移到德意志联邦银行，后者作为最热衷于稳健通货的中央银行，引领着一众追随者。这是一件幸事：保守党政府可能喜欢委派城市绅士担任（英格兰）银行行长，但珀尔先生能做得更好。[①]

对央行行长的反通胀战略来说，进入“稳定俱乐部”是自动追加了一个难题。在通胀率高于平均水平的国家里，央行官员们有利用通货膨胀作为货币政策工具的冲动。在中央银行诉诸通胀“惊喜”降低失业率时，公众把这些信息考虑进他们的通胀预期中。博弈的结果是，央行官员整体上没有成功地让公众感到惊喜（并因此持续提高就业率），而预期和真实的通胀率则超过货币当局事先给予可信承诺情况下的通胀水平。

另一方面，如果对中央银行创造通胀“惊喜”的动机加以限制，公众将预期更低的通胀率，整体结果将会更理想。因此，加入欧洲货币体系将改变央行官员的可选择政策空间。

施密特在最初支持创立欧洲货币体系时，联邦银行并不合作，这是公开的秘密。联邦银行的官员们担心，反通胀政策将向干预

① *Economist*, 21 September 1985.

的义务做出妥协。联邦银行不仅劝说总理减少欧洲货币体系参与者的数量，同时要求在发现捍卫马克价值的责任面临威胁时保留单方面暂停干预汇率市场的权利。正如波恩一位官员的评论："在联邦银行内部，不喜欢欧洲货币体系的仍大有人在。"他进一步解释说，联邦银行内部，有的决策是不考虑欧洲货币体系因素的，有的决策则基于联邦德国对欧洲货币体系的义务，这两者之间时有冲突。对这一问题的关注在持续增加。①

理想化地讲，欧洲货币体系是迈向欧洲经济和货币联盟这个最终目标的第一步，这个体系将由能够发行其货币的欧洲中央银行管理。而用欧洲货币体系创始人之一赫尔穆特·施密特的说法，欧洲货币体系中各国货币当局间更紧密合作的最大障碍是联邦银行这个"官僚帝国"②。不过，联邦德国对欧洲货币体系的愿景最近受到体系内其他成员的攻击，特别是在 1987 年 1 月的汇率大幅调整之后。实际上，欧洲一体化仍然是未来的宏伟目标，它要求政治和经济政策更密切的统一。

从广场会议到卢浮宫会议期间，欧洲货币体系内部有过两次重大的汇率调整。同 1986 年 4 月那次反映了"欧共体内部趋向更宽松货币管理"③的平稳调整不同，1987 年 1 月的第二次调整是在 13 个小时的"激烈谈判"④之后进行的。尽管斯托尔滕贝格宣称，

① 作者采访。

② 作者采访赫尔穆特·施密特。

③ Bank for International Settlements, Annual Report, Geneva, 1985-1986.

④ *Financial Times*, 13 January 1987.

“根据经济基本面（基于实际劳动成本测算），没有调整的理由”，但这个机制已经不能单靠干预来维持了。法国官员表示“这是马克危机，不是法郎危机”，任由法郎跌落谷底，这加剧了危机。联邦银行因此被迫加入维系法郎币值的行列。此前一周，欧洲各国的中央银行已经投入了80亿~100亿美元，这可能是欧洲货币体系历史上最大规模的协调干预。

《金融时报》记者大卫·马什（David Marsh）报道称，财政部部长斯托尔滕贝格的“个人信用可能因为波恩很快向市场意愿屈服而遭遇了打击。但联邦德国总体上按照联邦银行宣传的‘稳定第一’的一贯政策采取了行动……这看上去更可能是联邦银行在近年里提高了对波恩政府的影响”[①]。汇率调整再次表明，无论何时，只要马克面临外部压力，联邦银行都会坚持其原则；它的应对方式是通过向上调整汇率而不是借助降低国内利率打击投机。

1987年1月的汇率调整没有平息所有的不安，因为市场随之出现了欧洲将提早降息的预期，这推高了法国债券和期货价格。汇率调整应该已经使得联邦德国没必要很快降息，但美元持续的弱势在欧洲货币体系内带来了新问题。尽管斯托尔滕贝格已经反对在1月25日大选前降低贴现率，但联邦银行还是在1月22日宣布调低贴现率0.5个百分点，同时紧缩货币条件（融资条件）以便控制流动性的扩张。这种政策安排再一次向那些政策批评者证明了联邦银行的权力。法兰克福德国商业银行的一位经济学家批

① David Marsh，*Financial Times*, 13 January 1987.

评指出，这个措施组合看上去是三心二意和自相矛盾的。他的这个看法在美国和日本获得不少共鸣。[①]联邦银行在欧洲货币体系内部成为批评的靶子，人们指责其利用紧缩的货币政策将欧洲经济领进衰退。

许多评论者认定，欧洲货币体系的成功是因为时机好、运气好。就是说，其建立之初恰逢美元高估时期，因为这个体系在美元强势时运行得最好。1983 年 3 月到 1985 年 7 月美元被高估时，体系内没有出现汇率调整的情况。强势美元使得货币在体系内部维持了一个“微妙的弱平衡”，因为对于投机、储备和投资组合来说，这些货币都缺少吸引力。在同美国争取竞争优势且马克的升值压力相对温和的环境里，欧洲货币体系运行得相当不错。美元随后于 1985 年开始贬值，导致对马克的投机增加，这又促使马克相对体系内其他货币升值，进而使得体系内的平价关系面临考验。

汇率调整之后，出现了加强欧洲货币体系机制的建议。欧共体委员会主席雅克·德洛尔（Jacques Delors）和比利时财政部部长马克·伊斯更斯（Mark Eyskens）提出了三个建议选项：更多的界内干预、利率政策上更多的协调，以及可能的话，欧洲货币合作基金直接干预，该基金持有成员国相当比重的储备。[②]

法国发出了最严厉的批评。法国财政部部长爱德华·巴拉迪尔（Édouard Balladur）后来表示，如果不是欧洲货币体系机制的严重缺陷阻碍了外汇市场干预上的更多协调和利率上的行动，

① *Washington Post*，23 January 1987.

② *Financial Times*，13 January 1987.

（1987 年）1 月的危机原本是可以避免的。他特别提议针对美元和日元制定共同策略，通过加强经济政策协调同时增加各国央行针对投机资本流动的协调，强化体系的凝聚力。巴拉迪尔的话是在隐晦地批评联邦银行不愿意干预且没有成功地支持指标体系。[①]

不过，法国的批评也透露出更深层次的担忧，即联邦德国在欧洲的货币霸权。法国财政部一位高级官员表达了对欧洲货币体系即为“马克区”这种观念越来越多的沮丧和无奈：

> 不要忘记欧洲货币体系是由联邦德国和法国管理的。每一次关于该体系的主要决定，都是由联邦德国和法国共同做出。欧洲国家——法国、意大利，可能还有英国，我们没有准备接受——怎么说呢——联邦德国作为欧洲的货币领袖。我们不准备接受马克作为国际区域体系（欧洲货币体系）中的欧洲货币。联邦德国是世界经济强国，联邦德国也有特殊的责任，这是千真万确的，但只要涉及货币问题，你不能认为联邦德国以前和现在是在代表整个欧洲讲话。[②]

就像欧洲货币体系因素对联邦德国的“广场行动”至关重要一样，对法国同样如此。联邦德国努力避免美元不受控制地下跌可能导致的欧洲货币体系内部痛苦的分裂，而法国则想着要阻止联邦德国控制欧洲货币体系。法国人在“广场行动”中的政治目

---

① Edouard Balladur, “The EMS: Advance or Face Retreat”, *Financial Times*, 17 June 1987.

② 作者采访。

标对“德国问题”有特殊影响。在国际政策协调之初，法国人意识到这是“给德国朋友压力或激励”的绝佳机会。正如一位法国与会者的解释：“联邦德国绝对是我们经济政策的那个决定因素，但同他们共处有时很困难，特别是其货币当局——联邦银行。”①

法国因此必须考虑一些给联邦德国施加国际压力的手段。“广场行动”派上了用场。一位法国战略专家说：“对我们来说，这个国际场合是向德国人施压的好途径，这样他们将接受更快的增长、更灵活的财政政策、降息以及对汇率的更多关注。”

联邦德国在其“广场行动”中将保护欧洲货币体系置于如此重要的位置，显示了欧洲货币体系对联邦德国的价值。联邦银行通过欧洲货币体系放缓了马克升值的步伐，从而实现了自己的目的，这形成了一位欧洲官员所称的“巧妙的重商主义”格局。重商主义的好处转给了联邦德国出口行业，后者能够通过延迟汇率调整而将汇率走势纳入决策过程。而且，马克升值幅度实际上低于所涉及货币间全部的成本收益差额。换言之，欧洲货币体系倾向于按名义价值升值马克，按实际价值贬值马克。相比没有欧洲货币体系机制时可能出现的结果，这变成了更适度宽松的货币政策。所以，联邦德国对欧洲货币体系的支持，源自对整个欧洲范围内货币更稳定的期望，这是以国内更高的边际通胀为代价的。

尽管联邦德国官员希望实现汇率调整（即美元贬值）以便管理世界经济、控制通货膨胀，但对联邦德国的“广场行动”来说，

① 作者采访。

软着陆是十分关键的。汇率调整的步伐应该是逐渐展开，从而将其对欧洲货币体系的冲击最小化。欧洲货币体系是解决出口增长给联邦德国战略带来的内在冲突的手段。持续的出口顺差，使得马克更有吸引力并持续升值，这导致马克币值不稳，同时也给欧洲的经济和政治关系带来了不稳定。[①]尽管嵌入欧洲货币体系的巧妙的重商主义有时疏远了联邦德国的贸易伙伴，但通过保证在必要时进行共同调整，欧洲货币体系最起码还给了这些伙伴国避免单方面贬值的保险。

卡赞斯坦提出：站在国内的角度，欧洲货币体系在联邦德国是政治上可行的，因为它对各方都有利。欧洲货币体系的建立“看上去满足了感到不满的工会对货币宽松的长期要求，稍稍限制了中央银行的权力，并承诺放缓马克整体升值的势头，而马克升值已经成为联邦德国出口行业的一个大问题”。[②]

另外，联邦银行的反通胀准则成为底气十足的大联邦德国世界里的游戏规则基础。目前，欧洲货币体系被一些德国人视为实现联邦德国经济和政治领导地位的有效工具，尽管其他人只是将其作为“我们可以躲在里面的群体”。不过，欧洲货币体系内的“领导身份”，意指区域定位而不是全球定位，很多的德国人似乎也接受这种界定。一位官员半开玩笑地承认：“我们愿意作为一个

---

① 关于这个双重冲突，见 Wilhelm Henkel, “West Germany” , in *Economic foreign Policies of Industrial States*, ed. Wilfred L. Kohl(New York: Lexington Books, 1977),120。

② Katzenstein, *Policy and Politics*, 95.

民族国家。我们愿意作为一个中等实力的国家。在联邦德国，反对崛起的倾向很强大。”联邦德国参与欧洲货币体系相当符合联邦德国的经济和政治利益。

另一方面，参与欧洲货币体系，有阻碍联邦德国在国际货币体系中取得更重要地位的风险，因为相比国际事务，联邦德国更优先考虑国内和欧共体事务。[①]但公平地说，联邦德国必须更全面地考虑其国内经济对欧洲货币体系的影响。就联邦德国保护欧洲货币体系机制的考虑同联邦德国更广泛的全球责任的协调程度而言，“马克区”对于美国、日本，甚至可能法国都是可接受的，尽管法国官员从来都不会承认这一点。

① See C. Fred Bergsten, “Economic Imbalance and World Politics” , *Foreign Affairs* 65 (Spring 1987)： 770~794.

第六章

东京峰会

当七个主要工业国代表于1986年5月4日、5日在东京开会时，距离五国集团筹划调整汇率的“广场行动”刚刚过去九个月，但气氛已经发生了戏剧性的变化。

“广场行动”在推高日元汇率方面效果明显。从1985年9月的广场会议到东京峰会，日元兑美元从240升到170。日本的出口部门正经历着汇率升值带来的压力，中小企业尤其明显。日本的决策者担心，日元的进一步升值将导致经济减速，甚至可能是衰退。曾经为广场协议背书的首相中曾根康弘，如今发现自己正陷于政治困境，很多人猜测，他能否在（东京）峰会上逆转日元走势或至少是稳定日元，将决定他是否能够留任。

与此同时，疲弱的美元并没有明显减少美国的贸易逆差。国会里的保护主义压力没有消退，美元走强的希望也不大。贝克对美元（汇率）的含糊其词（这形成了事实上的口头打压政策）导致了美元的继续下跌，看不到任何政策会在峰会上发生改变的迹象。美国政府对汇率没有任何新的承诺，美元在峰会之前的快速下跌，意味着中曾根的政治负累将加剧。

贝克没有直接回应中曾根稳定日元/美元汇率的请求，而是抛出了新动议，提出一项政策协调计划，汇率稳定只是其中一项内容。贝克的议题主导了会议进程，并被作为东京宣言的主体内容。

新的协调策略中有两项新建议：组成七国财政部部长集团，在峰会之间经常会晤且每年至少一次；七国集团使用经济指标评估参与国的经济表现。美国财政部部长助理大卫·马尔福德在公报里列出这些指标：国民生产总值增长率、通胀率、利率、失业率、财政赤字比例、经常账户和贸易收支、货币增长率、储备以及汇率。[①]这些指标将在七国财政部部长和央行行长的"多边监督"过程中发挥规则作用，同时在指标出现严重偏离时便于就"适当的补救措施"开展讨论。

按传统的峰会精神，领导人们肯定了东京峰会，但也只是泛泛而谈。联邦德国总理赫尔穆特·科尔称这次峰会"十分成功"。英国首相玛格丽特·撒切尔说："我们实现了我们的目标，任务完成了。这是一次有价值的、有建设性的、向前看的峰会。"甚至连在这种场合通常保持沉默的保罗·沃尔克都评价"有许多值得高兴

① 1987年6月10日的威尼斯峰会协议将指标的数量减少到6个。具体指标在公报里没有列示，但马尔福德对外做了披露：经济增长率、通胀率、贸易收支、政府预算、货币条件和汇率（1987年6月11日《华盛顿邮报》报道）。经由卢浮宫会议的协商，经常账户收支被从变量列表中删除了。

的地方”。[①]

媒体欢迎美国政府就国际经济事务表现出的更坚定立场，对于加强协调的新计划的前景不同程度地表达了信心。“总统现在接受，他不能再在世界经济中独来独往。如果要减税，他同意考虑其他国家的目标。”[②]《纽约时报》的报道可能代表了多数人的想法：缘自政治妥协的新体系，其成败将取决于构建它的政治规则的力量[③]。总体上，欧洲媒体对峰会国家间更好的经济管理前景持更怀疑的态度。《经济学人》注意到，贝克在东京“宣传上的胜利”，本质上是对抗可能引发国际贸易战的保护主义压力。在《英国周刊》看来，这样的贸易战对日本来说将是灾难性的，这正是中曾根“咬紧牙关说经济会谈成果丰硕”的原因，尽管他并没有实现其主要目标——让峰会与会者同意阻止美元进一步下跌。[④]

在美国财政部官员中间，副部长理查德·达曼是最积极的。“现在已经有了工作安排，确保各国在峰会之间扎扎实实地做事情。”他同时强调，“即便我们不能按喜欢的方式来执行这个计划，但毕竟有进步”[⑤]。相反，马尔福德则表达了更谨慎的观点，认为计划存在不确定性，“在目前的体系内，要求各国改变经济政策是不可能的”。马尔福德似乎认为，协议不过是依托于“短期内影响政策制

---

① Paul A. Volcker，address to Columbia Business School, as quoted by Leonard Silk，*New York Times*，7 May 1986.

② Peter T. Kilborn, *New York Times*，7 May 1986.

③ Peter T. Kilborn, *New York Times*，8 May 1986.

④ Editorial, *Economist*, 10 May 1986.

⑤ 作者采访。

定的同行的压力”[1]而已。

加强监督

美国提出的利用经济指标加强监督的方案，主要是贝克和达曼的成果。当然，这个指标的方案并不是新事物，其首次尝试是在20世纪70年代初，自80年代初开始被五国集团作为评估经营运行情况的参考机制。

在国际货币关系中，指标的最早使用见于1969—1973年的欧共体内部。根据巴尔计划（Barre Plan），七项指标被用于衡量四个目标：增长、低失业率、物价稳定和外部平衡。如果四个比率中的一个或多个偏离了设定水平，这些指标将作为早期预警信号，提示欧共体委员会相应机构进行讨论并采取改进措施。

1972年，在二十国委员会提交的“沃尔克计划”里包含有指标体系，其中提及，一国偏离确定的国际储备标准水平，将触发“渐进压力”措施对这些国家生效，促使其采取必要的调整措施。欧洲参与者反对计划中隐含的自动生效机制，那会“惩罚”逆差国和顺差国；而且尽管它们希望避免经常账户的过度失衡，但在它们首先将失衡归咎于美国时，却不愿意接受对其自身政策的自动干预。

尽管向浮动汇率（1973年正式运行）切换和第一次石油危机促使美国转向支持浮动汇率和不干预，但欧洲的反对直接阻止了

① Robert D. Hershey, *New York Times*, 7 May 1986.

二十国委员会采用“沃尔克计划”作为改革国际货币体系的手段。自20世纪70年代中期开始，各种新指标计划被提了出来。[①]国际货币基金组织意识到需要加强多边监督，并支持利用指标体系。其在文件里指出，监督是其主要的职责之一，但“到目前为止，对主要的工业国家很大程度上是无效的”[②]。在1985年二十四国集团的副部长报告“国际货币体系的职责和改进”中，建议将指标体系的使用同一个“机制”进行联系，即“只要指标体系提示短期波动过度或主要币种间汇率失调……即触发相关国家与基金组织之间的磋商”[③]。更通俗地说，基金组织认为监督和指标体系应该主要围绕基金组织建立。

1982年，国际货币基金组织参与了与监督职责有关的五国

---

① 关于早期指标体系提议的描述，见John Williamson，“Target Zones and Indicators as Instruments for International Economic Policy Coordination”，给二十四国集团的报告，1986年9月9日；（待印发）另参见*Targets and Indicators: A Blueprint for the International Coordination of Economic Policy, Policy Analyses in International Economics 22*（华盛顿：国际经济研究所，1987年9月）。在这项研究中，John Williamson和Marcus H. Miller提出一个合并指标和目标的建议。他们在计划中呼吁七国集团研究两个中间目标——国内需求增长率和真实有效汇率。根据计划，货币和财政政策将遵照三个原则执行：

如果名义总收入的增长可能偏离各参与国名义需求增长目标的和，世界短期利率就需要调整；

作为外汇市场干预的补充，对短期利率进行调整，将汇率波动维持在10%的目标内；

国家财政政策要与国内需求的增长目标相协调。

② “Summary of Recommendations of the Group of 24”，*IMF Survey*，September 1985，2.

③ 同上。

集团会议。基于凡尔赛峰会达成的协议，基金组织总裁将向五国集团的财政部部长和央行行长们递交他对每个国家经济形势的分析及他的改进建议。[①]雅克·德拉罗西埃（Jacques de Larosiere）在1982年年底成为第一个参加五国集团会议的基金组织总裁。基金组织一位高级官员讲述了这项工作的难度："你千万不能太技术化，但又必须讲得清晰。你必须有那么一点儿发人深省，但又不得不把真正的核心议题、选择和问题摆到桌面上。"这项工作的难度如此之高，以至于在给五国集团的部长们讲解之前，德拉罗西埃通常都是在基金组织内部同其顾问们先演练一番。

基金组织使用的指标有国民生产总值、国内生产总值、经常账户、物价（CPI）、利率和汇率，通常以表格和对比的形式呈现，同总裁的分析一起，作为会议前文件发出。关于监管的讨论一般持续一小时，前15至20分钟交由基金组织来演示，剩余是部长们的讨论时间。

沃尔克和珀尔经历了指标机制的发展过程。但沃尔克在多大程度上支持了贝克–达曼的提议则不得而知。一个报道里提到，"沃尔克帮助贝克制订了一份在工业国家间进行经济协调的计划，后来在东京峰会上被采纳"，因为他"欢迎贝克尝试的推动美国、日本和欧洲回归貌似固定汇率的计划"[②]。在他们利用每周四共进早

---

① Robert D. Putnam and Nicholas Bayne，*Hanging Together: The Seven-Power Summits* (Cambridge:Harvard University Press, 1984), 160.

② William Neikirk, *Volcker: Protrait of the Money Man* (New York：Congdon Press, 1987).

餐的时间讨论了（贝克）提议后，贝克无疑被沃尔克的支持所鼓舞。不过，主要还是达曼给指标提议赋予了新的生命，努力将其变成一种稳定机制，并利用新的七国集团获得认可。

1986 年 4 月，贝克和达曼开始秘密推动指标机制。在采用其作为官方的政策建议之前，贝克咨询了国务卿乔治·舒尔茨的意见。舒尔茨从达曼的原始指标框架内删掉了他认为是过于干预主义的项目——商品价格指数。在获得了舒尔茨和白宫办公厅主任唐纳德·里甘的同意后，贝克和达曼于 1986 年 4 月国际货币基金组织临时委员会会议期间，向英国介绍了指标体系的想法。有了英国的支持，美国团队又在 4 月 17 日经合组织会议期间通过双边秘密会议分别取得了法国和日本的支持。到峰会开始时，计划几乎已经形成共识。[①]

贝克–达曼团队并不是一帆风顺，几个严重的问题相继出现，必须先行处理。1986 年 4 月临时委员会会议之前的声明就埋下了争议的种子，贝克在其中提到了东京峰会议程，同时指出现有国际货币体系的优缺点。他建议基金组织执行董事会应该实施经济监督，配合以基金组织总裁发表的简短评估。另外，他提出健康的体系应该具备五个特征：对称、政策宽度、灵活性、政治意愿以及自动性。[②]达曼更在 4 月 10 日明确表示，所有体系稳定的前提是要有“一个有效机制”，保证“关键国家的例行会议和监

① Hobart Rowen, *Washington Post*，11 May 1986.

② James A. Baker III, Statement to the IMF Interim Committee, Washington，9~10 April 1986.

督……（使用）标准指标进行系统性评估，并且承诺调整基本政策”[①]。这样，美国政府就为这个新“体系”提出了严格的约束机制，与其在二十国委员会主持的国际货币谈判早期阶段时的立场类似。

同1972年时一样，1986年的美国也从对外赤字国的角度抛出了提议。对达曼“客观指标”里似乎隐含的科学化的检验程序，联邦德国和日本这两个主要的顺差国均表示反对。在它们看来，自动机制缺乏可靠性。联邦银行一位高级官员问道：“如果五国集团认定美国下一年度的（财政）赤字应该削减500亿美元，美国国会将如何反应？”从其来自欧洲货币体系指标机制不多的经验中，德国人已经学到了教训：

> 20世纪70年代末，我们在欧洲货币体系内就有过讨论。当时，一些人认为那些指标应该有一些自动性。这当场就被拒绝了，因为我们意识到应该给货币政策一些腾挪的空间。在欧洲货币体系内，最偏爱指标的是那些比其他国家更多地偏离均衡的国家，比如比利时。它们从不应对，从不会仅仅因为一个指标显示它们应该提高利率就采取行动。[②]

正如联邦德国一位高级政府官员所言：“自人类诞生以来，人们就开始使用参考指标——太阳升起来就是一项参考指标。渔民

① Richard G. Darman, Comments at Evans-Novak Political Forum, Madison Hotel, Washington, 10 April 1986.

② 作者采访。

去寻找鱼群也有参考标准。如果没有参考指标，进行统计的目的又是什么呢？”但他也指出，问题是你必须承担使用这些指标的政治责任：

> 在欧洲货币体系内，我们有一个指标机制。它原本是被作为预警信号的，但其并没有真正发挥预警信号的作用。它只是一个干预的点位，并没有引发我们国家经济政策的调整。国会没有召开并告知说警报响了，让我们改一改《劳动法》。这些新讨论的指标也一样。[①]

“目标”，这个曾出现在东京宣言初稿且似乎暗含自动性却不讨喜的词，最终因为需要调和联邦德国和日本的反对立场而被删除了。

峰会期间的讨论集中在贝克提议中的两处措辞，提议中的表述语境为：只要“预定目标”（intented objectives）出现重大偏离，各国元首须支持财政部部长和中央银行行长就恰当的补救措施达成“协议”（agreement）。包括日本人在内的一些与会者指出，“预定目标”可能触发政策自动生效，而“协议”则似乎隐含着强制性。他们的意见很有代表性，因此峰会对用词做了修改，由“预定目标”和“协议”分别修改为“预定方向”和“尽最大努力取得谅解”，以减少义务感。“整个讨论的焦点都是围绕这个因素。我们不会允许参考指标体系涉足国内政治和主权。”大藏省负责国

① 作者采访。

际事务的副相大场智满这样解释。[①]

美国指标体系方案的主要目标是刺激联邦德国和日本的经济增长、提高两国国内需求。美国官员对两国特别是联邦德国经济增长缓慢及其对外部失衡和世界经济不利影响的担心日渐增加。他们直截了当地提出，指标机制中的联邦德国1986年增长目标应该是3.5%，联邦德国应该采取强有力的措施保证实现这一目标。将经济增长率作为指标机制中的核心目标之一，这一点一直存在争议。

汇率问题的争议也很大。在所有的指标中，始终无法确定应该给予汇率多大权重。联邦德国和日本坚持，汇率应该被视为宏观经济政策的结果，其本身不能作为一个政策目标。但是日本和联邦德国反对美国强调汇率，也只是决定哪项指标应该给予最优先考虑这个普遍性问题的一部分。七国中每个国家都认为某项指标要比其他的重要，但并没有具体讨论优先次序问题。

对美国来说，贸易逆差带来的政治压力，决定了经常账户和汇率问题的重要性要超过其他指标。贝克一再强调，“需要更多地依赖汇率”去纠正（汇率问题）导致的失衡。[②]

法国官员同样强调汇率的重要性，甚至建议将指标数量从十个减少到两三个，即国际收支平衡表、利率以及最重要的汇率，

① Tomomitsu Oba，“Two focuses and accomplishments ant the Tokyo Summit”, *Kinyu Zaisei Ji jo* (Monetary and fiscal report）,26 May 1986.

② Hobert Rowen，*Washington Post*，4 June 1986.

以便重点关注会直接传导国际影响的变量。[①]法国支持指标体系方案的根本目的在于实现该国长期支持的目标区体系。简单地说，这类设想的体系里，是基于确定“范围”管理汇率，允许确定范围之内的波动。维系这个范围的干预几乎是自动的。法兰西银行行长迈克尔·康德苏在1986年9月的世界银行–国际货币基金组织年会上表明了态度：“几年来，法国一直在向其伙伴国提出严肃的建议，观点是采用汇率的参考区域体系。在我看来，认真考虑这个问题的时间到了。”[②]

而联邦德国人和日本人坚持认为，财政赤字和利率应该作为优先考虑因素，这与他们认为的美国巨额财政赤字和高企利率是外部失衡的主要原因的看法一脉相承。但贝克的初稿甚至都没有将利率作为指标。当大藏省国际金融局局长行天丰雄（后于1986年夏天被提升为负责国际事务的副相）在东京询问马尔福德这个明显的政治操纵痕迹时，行天丰雄回忆说：“他只是咧着嘴笑，同时同意加进去。”[③]

在后续的副部长级讨论中（德拉罗西埃与七国在基金组织的执行董事非正式会谈后，国际货币基金组织参与了协调），东京峰会上采纳的十个指标被分成了以下几组：（1）政策目标指标，（2）执行指标，（3）中间指标。比如国民生产总值和物价水平被

① Michiel Camdessus, statement to the Joint World Bank-IMF Annual Meeting, 30 September 1986.

② 关于法国官方用词“参考区域”，参见第八章。

③ 作者采访。

归为各国政府自身设定的宏观经济政策目标。财政政策将为支持政策目标而进行调整，以便实现理想的效果。

利率被归为中间指标，因为它是如财政政策和总体经济目标这些主要指标的结果。最困难的幕后谈判涉及汇率，这不足为奇。有了法国的支持，美国坚持汇率应该被归为政策目标。东京峰会之后，美国方面在讨论建立指标机制的初稿中，明确提出将清晰的汇率目标作为每个成员国的指标。日本、联邦德国和英国表示反对，因为汇率是宏观经济政策运行的结果，应该被当作中间指标。联邦德国和日本此前已经准备先于美国稳定汇率，原本也愿意适当调整货币和财政政策以保持汇率稳定。但它们担心美国可能将一个指标体系用于自身的利益，大幅削减日本和联邦德国的贸易顺差并操纵汇率，这一担忧使得两国没有在春夏之际实施这个方案。国内政治压力迫使美国的贸易伙伴尤其是日本，努力稳定双边汇率，它们在汇率这个问题上的坚持也就软化了。到 1986 年 9 月，形成了支持利用汇率作为政策目标的模糊共识。日本大藏省一位官员解释说："在'使用一切手段终止强日元的政治'压力下，发展方向就是这样。"①

五国集团对七国集团

理查德·达曼组建七国财政部部长集团的建议，引起了五国集

① 作者采访。

团其他国家的疑虑和抵制，后者不愿意放弃五国集团会议此前那种私密氛围。在相当大的程度上，这种政治争论成为指标体系实质性讨论的障碍。对于五国集团里的“老人们”，珀尔、德拉罗西埃和沃尔克，以及他们本机构内的副职们来说，贝克和达曼是没什么经验的新手。但贝克和达曼两人则认为，这种神秘的形式有着结构性的弱点，因为它规避了外部监督，因此也是不受约束的。一位美国政府官员后来讲述了他 1985 年春经历的五国集团会议：

> 我们初次经历五国集团会议是通过电话体验的，这是里甘的遗产。会议看上去是一团糟，每个人都有误解，会议没有记录，什么都没有……这些人围坐在一起，会议的大部分时间是互相读他们公开的经济预测……（我们决定）要么利用这种机制做点儿正经事，要么就忽略它。我们最后决定利用它。①

据美国国务院一位高级官员说，在广场会议之前，“五国集团之父”舒尔茨建议贝克将五国集团作为政策协调的工具。

五国集团是七国集团的前身。1971 年 4 月，包括乔治·舒尔茨、赫尔穆特·施密特和吉斯卡德·德斯坦（Giscard d’Estaing）在内的财政部部长在白宫图书馆会晤讨论国际货币政策问题。这次会议正值二十国委员会就国际货币改革举行谈判期间，核心目的是围绕布雷顿森林体系的崩溃讨论国际货币危机。英国加入后的

① 作者采访。

五国集团就是以此为基础的。五国集团最初是财政部部长参会，基于所谓的“主加一”（principal plus one）的原则，有一位官员陪同，中央银行行长有时参会。会议一方面确定了“非正式”这一先例，另一方面又有着最大限度的相机抉择权。这两方面一则是预防集团外国家的反对，二则是避免偏好密集举办高级别会议的那些“官僚间的技术性扯皮推诿”。[①]

白宫图书馆会议的两个参加者赫尔穆特·施密特和吉斯卡德·德斯坦，在分别成为联邦德国总理和法国总统之后，希望在更高层面进行直接和非正式的接触。美国、英国、法国和联邦德国国家领导人参加的1975年7月赫尔辛基会议，为吉斯卡德和赫尔穆特提供了一次机会，他们再次提议与会国家加上日本召开一次峰会。吉斯卡德的坚持有了结果，1975年11月15—17日，法国作为主办方在朗布依埃举办了前述四国和意大利、日本领导人参加的会议。那次会议上，今天的七国集团中的六个成员国讨论了一系列的经济和政治问题。[②]

与七国集团不同，五国集团的议程更有限也更秘密，这是始于白宫图书馆一系列会议的直接遗产。在逐渐常规化的过程中，五国集团会议的气氛越发融洽，同时也更加不公开。贝克和达曼着手摒弃这种模式，同时用更易于实现经济政策协调的组织方式来代替。意识到五国集团私密性的限制后，贝克便公开支持“提

① Putnam and Bayne，*Hanging Together :The sever-Power Summits*, 53.

② 同上。

高（基金组织）总裁对各国政策和执行情况简短评估的公开性”[①]。

贝克和达曼认为，有必要将新的组织同更高级别的政治权威联系起来，从而保证协议能够在国家元首层面得到认可。他们提出，如果不这样安排，受制于国内官僚体制约束的财政部部长们，就缺少了讨论国际协议所需要的可信度。另外，他们强调的政治联系，对五国集团工作成果的实施产生更大压力，能够增加这个组织活动的透明度。一位美国官员解释说：“就是这种压力迫使所涉及国家的政治部门公事公办地持续关注它，因为不这样的话，它就非常不稳定。”实际上，他们一定程度上是在提前呼应亨利·基辛格的观点，即世界经济问题严重到要求国家元首参与和领导。[②]

为了实现参与的目的，美国团队于 1985 年年末提出建立与七国集团元首峰会平行的财政部部长七国集团的想法。因为意大利人对被广场会议和随后的五国集团会议拒之门外不满，推动建立七国财政部部长集团的建议加速了。意大利曾努力参与五国集团，并展开了全方位的外交活动争取入场券。总理贝蒂诺·克拉克西（Bettino Craxi）给其他国家元首们发去了私人请求，争取他们的支持。

1986 年 1 月的五国集团伦敦会议上，意大利问题被作为第一个讨论事项。当会议主持人、英国财政大臣尼格尔·劳森突然宣布“现在我们要讨论意大利问题”时，不少与会者感到十分惊讶。实际上，是那些在这个问题上还没有得出结论的国家元首们，把

---

① James A. Baker III, statement to the IMF Interim Committee, Washington, 9~10 April 1986.

② 参见 Putnam and Bayne, *Hanging Together: The Seven-Power Summits*, 25~26。

这个问题推到这次会议上做决定。“这是硬加进我们议程的内容。”一位副部长说。伦敦会议召开五天之前，意大利官员了解到有一个会议要召开。里根此前已经给了克拉克西肯定的回复。“里根面临着利比亚问题，他当时对意大利是友好的”[①]，这就是原因。

在美国政府内部，国务院已经知会了财政部它将支持接纳意大利。贝克倾向于这个意见，但不确定白宫到时在这个问题上的立场。站在财政部的角度，加拿大和意大利加入之后，在让其他国家赞同指标体系的建议，以及建立更有力的政治机制以便协调经济政策这两方面，美国的影响力将得到提高。[②]在贝克到伦敦时，他让达曼打电话给白宫去了解最新的进展。贝克刚刚听说里根已经给了克拉克西一个或多或少积极的回应，他想确认这就是最后的答复。白宫给出的回复是“支持并最后决定”。贝克因此在伦敦会议上支持意大利加入。另一方面，劳森和联邦德国财政部部长格哈德·斯托尔滕贝格则坚持五国集团应保持原状。法国的态度实际上是模棱两可。密特朗很早就积极回应了克拉克西的请求，这限制了法国财政部部长皮埃尔·贝格伯的机动空间，使得他只能说这是“爱丽舍宫的问题”。一些与会者怀疑法国在玩两面三刀的把戏，表面上是支持意大利，私下里则力图阻拦。

日本大藏省的官员强烈反对意大利加入。但在五国集团会议期间，竹下登本人表达了支持意大利加入的态度，这让大场智满感到惊讶。竹下的考虑是，这个问题悬而未决将给东京峰会蒙上阴影，

① 作者采访。

② 根据里根政府一位官员的说法。

于是他改变了态度，明确支持意大利。再者，贝克对意大利的坚定支持对竹下的冲击很大，他因此判断调整官方立场是安全的。

尽管当时没有形成明确的解决方案，但五国集团的确有共识：关于是否要建立七国财政部部长集团的问题留待国家元首来决定，现有的五国集团保持不变。

关于这两个论坛之间的差异，最初的考虑是：第一，五国集团由财政部部长、副部长和央行行长组成，而七国集团将只有财政部部长和副部长；第二，五国集团将处理干预事务，而七国集团将执行多边监督。

但意大利对于仅仅获得外围组织的身份并不满意，要求在全世界最强大工业国家的核心集团里获得一席位置。东京峰会期间，随着第一天讨论的结束，会议的气氛越来越紧张。意大利代表威胁主办方日本说，除非当天晚上就七国集团的问题达成共识，否则克拉克西将不参加次日下午的会议。

这个问题主导了（1986年）5月5日上午与领导人会议同步召开的财政部部长会议。经过激烈的争论，加拿大不再坚持废止五国集团的立场，当意大利最终也接受了这个意见后，组成七国财政部部长集团的协议达成了。

五国集团和七国集团关于各自加强监督的角色也做出了约定。对于七国集团的具体条款如下：

> 同意组成一个包括意大利和加拿大的新七国财政部部长集团，这个集团在年度峰会之间的时段里更紧密且频繁地协作；

> 要求七国财政部部长利用指标体系至少每年一次集中评估他们各国的经济目标并发布预测……尤其要关注各指标之间的协调关系。[①]

关于继续存在的五国集团（尽管他们避免使用“五国集团”的表述，代之以“其货币组成特别提款权的国家”）：

> 在重申1983年威廉姆斯堡承诺（即在有帮助的情况下干预外汇市场）的同时，邀请财政部部长和央行行长进行多边监督。只要严重偏离预定方向，便尽最大努力就恰当的补救措施达成谅解，同时建议补救措施的重心是加强政策基本面。[②]

尽管这样表面上解决了七国集团的问题，但还是有一个疙瘩：峰会上的欧共体观察员反对这个方案。从一开始，欧共体便想参与这个酝酿中的财政部部长七国集团，并知会了其他国家。法国是唯一支持欧共体立场的成员国，当年的欧共体主席雅克·德洛尔恰好是法国人。欧共体派出了荷兰外交部部长汉斯·范·登·布鲁克（Hans Van den Broek）和比利时财政部部长维利·德克勒克（Willy DeClercq）到会。他们坚称欧共体应该被纳入新的七国集团，如果拒绝接纳欧共体，他们将改变立场不同意成立七国财政部部长集团。美国和日本强烈反对接纳欧共体，原因是这将把七国集团变成十五国集团。再者，鉴于欧共体的会议记录会自

① Text of “Tokyo Economic Declaration” reprinted in the *New York Times*, 7 May 1986.

② 同上。

动转发给葡萄牙和希腊，这将严重危及信息的安全性，妨碍对高度敏感的汇率问题的讨论（德国人没有明确反对欧共体委员会的参与）。[①]

在密特朗的支持下，德洛尔在下午的会议临近结束时再次提出欧共体加入的问题。美国、联邦德国和日本仍持坚定的反对立场。主持会议的中曾根简单而直接地回绝了欧共体的提议，“我的确抱歉”，会议结束。

欧共体的一再坚持源于比利时和荷兰的顾虑，如果意大利也成为七国财政部部长集团的成员，那它们在欧共体的相对地位就下降了。就在东京峰会前，荷兰大使理查德·费恩（Richard H. Fein）找到日本驻美国大使松永信雄（Nobuo Matsunaga），表达了这个顾虑，同时告诉后者荷兰不反对五国集团的存续，但反对创立一个七国集团。荷兰反对意大利加入七国集团经济峰会，重演了1975年法国反对意大利加入另外一个五国元首会议的经历。[②]

一定程度上，美方的新提议让五国集团各自首都的政经界感到惊讶，让那些联系紧密、以“货币黑帮”[③]（currency mafia）著称的金融精英们心神不宁。各国财政部的官员和央行行长们认为，

① Oba，Two focuses and accomplishments ant the Tokyo Summit, 22.

② Yoichi Funabashi, “Samitto No Shiso”（七国集团峰会的政治学），*Asahi Shimbun*，20 June 1980。

③ 根据大场智满的定义，“货币黑帮”有大小两个集团：小“黑帮”只有五个成员——财政部部长们的所有副手；大的集团包括财政部部长、央行行长和副职们，总数有五六十人。见对大场智满的采访，《经济学人》（日文版），1986年7月22日。

这是侵犯他们权力范围和独立性的企图。很多人相信这是公开政治秀的一部分。虽然贝克的提议让大多数与会者感到紧张，但都没有在日本引发的反应激烈，“贝克冲击”（Baker Shokku）成了独特的日本现象。

冲　击

正如第三章中提到的，在日本，外国政府尤其是美国政府任何意在对日本的经济政策产生重大影响的新提议，都被视为外压，并马上激起猜测：日本又被打压或迫害了。

日本的反应让美国政府感到吃惊，因为贝克的提议并不具有明显的革命性，它是基于二十国委员会的工作成果，而日本在20世纪70年代初就已经是二十国委员会成员。另外，在4月的准备阶段，贝克和达曼就将他们的想法向五国集团其他财政部部长和副部长做了认真说明。美国政府一位高级官员对他后来在东京体验到的“冲击”感到错愕不解：“峰会之前有磋商……我认为临时委员会议期间和经合组织会议期间的磋商并不少。”①

美国计划的细节，特别是强调政策协调自动性的初稿，让其他人特别是日本人感到不安。在（1986年）5月3日东京会晤时（刚好在峰会前），贝克把他的建议初稿给了竹下登。尽管大场智满已经在4月底知会了竹下登相关内容，但马尔福德还是对大场

① 作者采访。

智满强调说，“除了总统和贝克，只有里甘、舒尔茨、达曼和我本人知道这个内容”，因此提醒日本方面认真考虑提议，而且是由最高领导考虑。竹下登只向中曾根本人就这个提议做了汇报，后者在几个小时后同里根会晤。

两人会晤时，里根从口袋里拿出一张纸，开始念计划的框架，并请求中曾根支持。中曾根回答说“大方向”不错，但有些方面，特别是措辞是个问题，需要修改。最后他总结了他的保留意见，说：“我们都是主权国家。因此，我们应该记住不能干涉其他国家的国内事务。”

整个会谈让外务相安倍感到震惊，他对方案毫不知情。因为峰会“夏尔巴”、外务省副相手岛冷志（Reishi Teshima）没有得到任何通知，外务省因此完全被蒙在鼓里。作为主办国的“夏尔巴”，他应该从美国“夏尔巴”、助理国务卿艾伦·沃利斯那儿获得方案的相关信息，但贝克和舒尔茨都没有通知沃利斯。

第二天上午，在一个关于经济措施的内阁级别会议上，当大场智满向阁员们解释这个计划时，安倍认为他丢了面子，大发脾气。中曾根担心此事件导致关系不和，在会后给竹下登打电话说：“安倍是真生气了，你能做点儿什么吗？”

竹下登向安倍表达了歉意，解释说“他的嘴让贝克给堵住了”，同时大场智满向内阁秘书后藤田正晴打电话道歉。外务省副相而柳井正（Shinichi Yanai）和他的“夏尔巴”手岛冷志分别致电大藏省副相山口光秀和大场智满表达抗议。经济企划厅也向大藏省提出抗议。

其他机构尤其是通产省和日本银行猜测，新的机制可能触及它们的管辖范围。通产省花了一整天的时间，要想方设法找到一份贝克的建议文件，最终在当天晚上觅到一份意大利语的文本，但发现省内没有人能够翻译。而日本银行也毫不犹豫地向大藏省表达了其对货币政策独立性可能遭到削弱的担心。

基本上，有四方面的因素导致了“冲击”。首先是货币当局的极度忧虑，唯恐具有高度自动性的指标体系将迫使日本降低其庞大的贸易顺差，或进一步让日元升值。他们有充分的理由怀疑，这个体系可能会发展成一个把日元币值定在很高水平的目标区体系。有些人甚至认为，指标体系本身就是打着幌子的目标区。他们的担忧让其使出浑身解数反对这个更加严格的指标体系。大藏省一位高官当时评价说：“当你的顺差像眼下这么庞大，那么在目标区体系里，你就处于将日元升值到不合理高度的极度危险中。这对中曾根和竹下登来说就是政治自杀。”

第二个因素是大藏省垄断汇率管理的决心。大藏省官员担心，实施“加强监督”将导致决定币值因素的数量增加以及相关信息的散播，这是他们独家垄断汇率管理的代价。这种担心在预算和税务局尤其强烈。大藏省办公厅向大场智满不安地表达了担心：首先，这很容易引来其他机构的涉足；其次，大藏省最终将因对外国政府的承诺而被束手束脚。大场智满不得不安抚这些部门，他回复说：“它与此前五国集团的监督讨论内容没有太大差异，不必紧张。”这种担忧因外务省于峰会期间试图介入汇率管理和货币外交而加剧了。大藏省于是严格限制外务省的活动空间，防止其进一步涉足。大藏省和外务省之间这场控制汇率的势力范围之争在春季呈加剧之势。1986 年 4 月 8 日，大藏省没有让松永大使参加在华盛顿举行的贝克和竹下登的会晤，这是一次交手。另外一次发生在这次会晤之后不久，外务省会同美国国务院安排首相特使在旧金山秘密会晤白宫官员，讨论包括汇率政策在内的一系列议题。

其他经济部门，特别是通产省的猜疑构成了“冲击”的第三个原因。通产省的官员们担心，如果大藏省被允许垄断项目繁多的指标管理，那通产省的权力和影响将被削弱。通产省于是通过成功地安排通产相渡边美智雄和另一位自民党“新领袖”同里甘于 5 月 7 日在东京会面，实施了一次反击。渡边在会面时强调，美国政府增加同通产省的沟通以促进经济政策协调是必要的。根据当时的分析，通产省的做法更多是针对大藏省，而不是美国政府。[①]

最后，“冲击”源于达成共识的传统和决策过程面临的压力。对自下而上的日本思维而言，贝克建议里所明确的自上而下决策模式太陌生了，甚至令其不安。然而五国集团的政治关系，特别是贝克的外交手段，迫使日本做出改变。大场智满曾经指出，只有“外压”冲击才能够将基于共识的日本决策模式改变为多数决定原则。

---

① “Other agencies upset with MOF’s one-man show”, *Nihon Keizai Shimbun*, 8 May 1986。

七国集团指标体系的政治学

由贝克和达曼倡导的指标体系是一种政治努力，源于政治考虑，当然也面临着政治冲突。广义上讲，在这个经济相互依存的时代，更深层次的经济政策协调同名义上不断强调的国家主权之间存在着冲突。政策协调要有效果，就离不开规则和一定程度的自主性，这就挑战了传统上的政权权威，并给反映这种权威的决策过程造成压力。

在更努力地进行经济政策协调的过程中，官僚机构利益的冲突表现在三个层面：财政部部长（政治家）同他们的副职（官僚）之间的冲突；财政部同外交部之间的冲突；财政部同央行之间的冲突。财政部部长们同其副职之间的冲突在美国表现得最明显，在这里，一个更高级别的政治任命者力图在官僚体系内采用新的政治立场。特别是贝克和达曼，他们意识到官僚系统对新机制的抵制，认为他们的副手们在为保护自己的利益弱化新方案。这些猜疑的结果是，马尔福德同其他国家同行的谈判权力和信誉大打折扣。大场智满后来就对美国在五国集团会议及副部长级会议上的表现提出过抱怨：

> 五国集团会议有个惯例，每个国家只允许三个人出席：财政部部长、他的副职和央行行长。所以，当达曼坐下来时，就没有马尔福德的位置了，他只能待在旁边的房间里。这给其他与会国的副部长带来麻烦。是马尔福德同我们在五国集

团副部长级会议上讨论，但他却参加不了五国集团会议。这是美国财政部的权力平衡问题，所以也是无可奈何的事儿。但对我们来说有一点儿麻烦。[1]

大场智满的不满引起其他国家副部长们的共鸣，他们认为贝克只信任达曼且马尔福德得不到完整的信息。一位来自欧洲的副部长说："当被问及贝克的意图时，（马尔福德）说，'我不清楚'，对我们来说，这是个麻烦……大卫（马尔福德）非常不错，他的确认为自己在债务问题上首屈一指，但在汇率问题以及同美联储和白宫的关系这个政治网络中，达曼是关键人物，马尔福德属于外围。因此，马尔福德在副部长中间就显得没什么作用了。"[2]蒂特迈尔为此非常恼火，他跟同事说他要让斯托尔滕贝格直接跟贝克提这个问题。

在其他国家的副部长看来，贝克和达曼对待马尔福德的方式"有点儿粗鲁"[3]。广场会议召开时，中间返回会议室的达曼看到马尔福德坐在贝克旁边，他拍了拍马尔福德的肩膀示意他离开会场。在伦敦的五国集团峰会上，马尔福德没有被允许进入会场。贝克当时向劳森提出应该让马尔福德参加会议，但劳森根据他的副手杰夫里·利特勒的建议拒绝了贝克。卢浮宫会议时，尽管法国邀请他参加非正式的晚宴，但马尔福德再次一个人被安排在

① Tomomitsu Oba，"The political economy of currency diplomacy"，*Toyo keizai (Oriental Economist)*，22 May 1987.

② 作者采访。

③ 作者采访一位副部长。

隔壁的房间。这样，贝克和达曼利用每次机会直接向其他的财政部部长阐述他们的政治想法。贝克的“冷眼相待”不仅伤害了其他副部长的自尊心，也在谈判过程中制造了实实在在的麻烦。另外，其他副部长拒绝同马尔福德平起平坐的背后有着他们的担心：其位置有可能被外来者替代。蒂特迈尔和大场智满都表达了同样的顾虑，如果美国允许派其他官员，他们本国政府也会提出派其他代表。①

美国政府一位高级官员后来提到贝克和达曼对五国集团副部长会议的不安。“在他们看来，副部长们认为它（谈判进程）应该在副部长们中间展开，如果需要，财政部部长们也只是最低限度地参与。副部长们的观点是，财政部部长们只是在制造问题，他们自己能够成功地处理各国政府事务。”美国财政部内部都知道，达曼批评马尔福德同其外国同行“处理”事务的方式。他认为是马尔福德屈从于其他副部长的压力，弱化了已经取得共识的指标体系。达曼同时对马尔福德在准备阶段未能说服联邦德国接受参考范围的建议（也是卢浮宫协议的核心）感到失望。达曼本人于1987年1月1日在华盛顿同蒂特迈尔秘密会晤时取得了实质性突破，给他自己增强了信心。

同样，大藏相宫泽喜一也面临着来自官僚机构的抵制，特别是关于他的财政扩张计划。让宫泽在其首次大藏省简报会议上就感到沮丧的是，官员们援引日本经济的乐观预测，排除了补充预

① 作者采访一位副部长。

算的需要。同其前任竹下登不同，宫泽没有听从官僚们的意见，也没有依赖他们支持的意愿。他早已经基于他的财政扩张计划设计了一套政策方案。

在东京峰会期间，竹下登原本可以利用贝克的提议向大藏省的官僚们施压，就像宫泽后来做的那样，但竹下登作为典型的共识建立者，对他同中曾根和大藏省关系的可能恶化保持警惕。压制官僚们的任何尝试，无疑将疏远他同不懈地支持紧缩财政政策的大藏省的关系。

第二个冲突存在于财政部和外交部之间，这在日本表现得最突出。当涉及的议题同七国集团峰会的议程有关，特别是对峰会外交有强烈兴趣的中曾根本人全身心投入这些议程时，外务省参与的力度会加强。1987 年春，当外务省巧妙地利用外部压力突破常规参与制订新的财政刺激计划时，这一点就非常明显了。而用大场智满的话说，五国集团会议同七国集团峰会之间的关联，可能让大藏省“再一次转到地下”[①]。

最后是财政部部长们和央行之间持续存在并在“广场行动”期间公开化的矛盾，正如第二章提到的涉及货币政策协调时的情况。中央银行反对指标提议并不意外。即便是在指标提议的发起者美国国内，对于采用指标“体系”仍有迟疑。美联储认为那个颇具雄心的初稿“太复杂也过于机械”。一位高级官员说：“我的观点是……它会自己把自己困住。”[②]但即便是对提议进行了重大修

---

① Interview with Tomomitsu Oba, *Economisuto* (Economist) 22 July 1986.

② 作者采访。

改，还是有同样的意见，“他们并没有采用一个机制，只是采用了一个想法”。就德意志联邦银行来说，其官员同样认为在货币政策上应该有自己腾挪的空间。珀尔则直接抨击指标体系，抱怨说其让调整过程“机器人化了”[①]。

七国财政部部长集团的创立，将继续影响五国集团各国间及其内部的权力政治关系。意大利在卢浮宫会议上离开会场以示抗议的举动，就是个明显的例子。继超越英国之后，意大利的国民生产总值将力压法国的预期，会进一步加剧这种紧张关系。英国可能在未来加入欧洲货币体系，这至少会让英国和美国双边关系变得复杂，进而影响七国集团政治。荷兰和比利时这些国家坚持欧共体进入七国财长集团，同样是个待解的问题。联邦德国作为欧洲国家中的主导力量，有责任引导欧洲形成有凝聚力的战略。欧洲大陆内部激烈争辩的可能结果，会成为美国和日本间联合建立两国集团的推动力。

随着全球经济的依存度持续加强，各国面临的任务是解决国家主权和执行国内经济政策间的关系问题。东京峰会一个月后，贝克在一次演讲中提到，“东京安排并没有涉及任何主权让渡的问题，也不应该涉及”。他同时强调：“但如果体系要运行，参与国将出于自愿——诚然，是在其他参与国的关注之下——在制定本国经济政策时认真考虑外部的各种因素。对美国来说，这只是说明了一个事实——美国在制定国内政策时不重视外部因素的日子

① Karl Otto Pohl, “You can’t Robotize Policymaking”, *The International Economy* (Washington), October/November 1987:20~26.

早该结束了。”[①]

这个演讲中提到的重新定位美国经济政策，得到了五国集团其他成员的欢迎，他们仍然能够记起他们对里甘 1981 年宣称美国将不干预外汇市场的言论的不满。联邦德国财政部一位高级官员后来回忆起，波恩被迫接纳了指标机制，因为其被认为是有别于以往的政策，是不能错过的机会。“至少它能给我们一些自主权，（以此）来改变美国的政策。”[②]

不利的一面是，有人会指出指标机制是“一种国际版的《葛兰姆法案》”[③]，过程重于结果，同时给了政治家一个盾牌，可以用其转移进行必要调整的压力。从这个角度上，可以说美国避开了凡尔赛干预研究中那些关注美国财政赤字的建议。为大幅削减财政赤字，不知道贝克的指标计划会在多大程度上约束白宫和国会。无论如何，只要美国没有表现出接受规则约束的意愿，这项努力在政府和国会那儿就不会有什么效果。其他国家则继续怀疑美国会把不成比例的调整责任推到它们身上。

---

① James A. Baker III, Remarks at the National Foreign Trade Council, 11 June 1986.

② 作者采访。

③ C. Fred Bergsten, “Crisis and Reform of the International Monetary System”, Ernest Strurc Memorial Lecture, Johns Hopkins University(Washington), 13 November 1986.

第七章

从两国集团到三国集团

东京峰会没有满足日本出口业和政治家们的预期，威胁了中曾根政权的稳定。就在东京峰会闭幕前，东京市场上的日元/美元汇率突破了 165，日元正奔向战后新高点。日本媒体纷纷声讨中曾根“没有终止日元升值”。反对党及包括宫泽在内的那些代表中曾根反对派立场的政治家们，想着利用这次不利的舆论环境把中曾根赶下台。华盛顿在一边看热闹，对支持中曾根力量的突然瓦解感到非常惊讶，同时也在疑惑，是不是贝克在汇率调整上的动作太大、太快了。

积极的双边主义

1986 年 5 月 9 日，在一个电视访谈节目上，理查德·达曼被迫为他和贝克的策略进行辩护：

提问者：您对扼杀了中曾根康弘的政治生命没有感到不安吗？

达曼：我认为他是一位非常高效和勇敢的政治家，当然我不认为我们已经……

提问者：您知道日本的情况，他（中曾根）现在完蛋了，因为峰会在遏止日元升势方面没有作为，而且……

达曼：正如我说的，他是日本一位勇敢的领导人，力图为日本经济的未来指明方向，这可能同目前的模式有些不同。有悖于现状的举措，在任何情况下都必须面对一定程度的政治阻力。[①]

日元在 1986 年继续升值，日本出口商特别是产品需求面临大幅下滑的中小企业，对中曾根内阁施加的政治压力明显增加。美元在 1986 年 2 月到 3 月初全线下跌，市场最初把注意力放在日元上，逐月攀升的贸易顺差和油价下跌将尤其利于日本经济的观点，给了日元升值的理由。1 月底时美元兑日元收在了 191.4，2 月中上旬，美元持续下跌且跌破重要的心理位 180，并于 2 月 19 日跌到了七年半以来的低点 177.40。在日本大藏省明确表示正在制订放松资本外流管制的计划后，美元开始横盘，大藏省希望此举会增加日本机构投资者对美元的需求。[②]

1986 年 3 月 19 日，日元兑美元升到了战后的最高水平——

① “One on One”, with John Mclaughlin, 9 May 1986. transcript available from Federal Information Systems, 620 National Press Building, Washington, DC 20045.

② *Federal Reserve Bank of New York Quarterly Review* 11 (Summer 1986)：48.

174.3，此前的高点是1978年的175.5。作为应对，日本银行在纽约市场上进行干预，这是广场会议之后首次进行阻止日元升值的行动。日本货币当局此前也曾尝试说服美国财政部同他们一起干预市场。日本人期望沃尔克对美元快速下跌的持续警示能够有助于他们的呼吁，但美国财政部拒绝行动。

3月末，日元的进一步升值迫使大藏相竹下登打电话给贝克，请求联合干预以稳定汇率。贝克拒绝了竹下登，他的解释是，政府内部对这种“逆向”干预的反对意见还是很强烈。不过，美国财政部允许日本银行利用其在纽约联储的账户在纽约市场进行干预，同时承诺不公开反对这种单方面的干预。

实际上，日本的干预行动在华盛顿几乎没有获得支持。美国财政部主要考虑的是，如果汇率调整中止，国会里的保护主义力量将再度得势。财政部一位官员评论说：“日本的行动在政治上是适得其反。考虑到我们这里的保护主义问题，让美国在给定的水平开始干预是不可能的。”①

美国财政部还担心更多的计划受到威胁。与日本联合干预，可能阻碍利用经济指标体系提高经济政策系统性协调的努力，而贝克和达曼希望围绕着经济指标体系建立共识。政府一位高级官员后来对本国的做法发表评论说：“我们确实这么跟日本人说，‘听我说，不要让我们今天或明天，在这个或那个价位进行干预。我们来改善体系，我们来提升经济政策协调，那样我们才能够掌握

① 作者采访。

问题的实质’。”[①]

与此同时，那些支持浮动汇率体系的人从思想上抵制“钉住”汇率。在政府内部，负责经济和农业事务的助理国务卿艾伦·沃利斯就是其中之一。另一位是芝加哥大学的经济学家，他对日本的干预行为这样评价：“我怀疑日本干预的市场效果。外汇市场非常庞大，分析和经验都表明，政府（干预市场）事实上只是在浪费钱。”[②]一些企业界人士则继续支持美元下跌。代表美国蓝筹公司的游说团体“商业圆桌”在当时给白宫的一封信里就力促美元进一步贬值。

日本并没有减轻对里根政府的施压。4 月 8 日，贝克在华盛顿同竹下登会面。竹下登显然想把 180 作为美元兑日元的底线，他力促贝克“同意汇率稳定”。接着他向贝克解释他的名字“登”的反义，“登”的意思是升值，“因为日元升值了，所以我的名望就下来了”。他的请求是典型的撒娇式（amae）表达，一种日本文化和心理特点，意在以小兄弟的身份向大哥索求支持和同情。贝克回答说：“如果你推动日本的国内消费，我确信你的名望将再次上升。”这个回复与 3 月他同意汇率稳定时的态度几乎一样，但他拒绝就日元/美元汇率做出任何承诺。

同贝克一样，竹下登因为其在广场协议中的作用获得了称赞。但日元随后持续不断的升值，在政治上将这位大藏相逼进了墙角。依赖出口且拥有与其规模不相称的政治影响力的中小企业，开始

① 作者采访。

② *Asahi Shimbun*, 21 March 1986.

对竹下群起而攻。在竹下登漫长的政治生涯中，他第一次没有被邀请参加他的派系成员的政治竞选演说，这个选区正好在日本中部以瓷器出口闻名的多治见（Tajimi）。[①]

在竹下登没能成功地影响贝克之后，中曾根开始了说服里根接受将日元/美元汇率稳定在180左右的行动，他准备在即将进行的戴维营会晤上与里根谈及此事。

1986年3月底，中曾根秘密派出他的私人特使前往旧金山，同负责东亚事务的美国助理国务卿加斯顿·西古尔（Gaston Sigur）和国家安全委员会国际经济部主任史蒂夫·丹赞斯基（Steve Danzansky）会面，了解稳定汇率的可能性。丹赞斯基表示了反对，他提到副总统布什所遭遇的政治尴尬，正是其征收进口税去稳定国内暴跌的油价的言论造成的。他补充说，在目前的情况下通过联合干预稳定汇率的努力将招致同样的批评，只是这次的批评是来自美国出口领域。

很大程度上，中曾根策略的目的是绕过美国财政部，直接向国家安全和外交决策部门呼吁，期望从后两个部门获得更有利的回应。但在这个问题上，美国政府所有部门的立场都很坚定。

不过在4月13日同里根的会晤中，中曾根仍然重申了将日元/美元汇率稳定在当前水平的重要性，美方并没有阻止他。可以想象，里根的回答是：汇率问题应该由市场力量决定。在日本国内，日元的持续升值造成了东京峰会前的不安，日本首相在回国后再一

① Yoichi Funabashi, “Tokyo Economic Summit Looms as Key Test for Japanese Politicians”, Washington，20 April 1986.

次提出请求，他向美国总统发去了他的私人口信，解释说他眼前面临的越发艰难的“政治困境”正是由“强日元”造成的。

要说白宫对中曾根面临的政治局面漠不关心，那是不准确的，因为在会晤期间，美国总统就对中曾根表现出同情。在日本媒体于5月4日报道里根总统再次拒绝了中曾根联合干预的请求后，美国国务院开始出面给中曾根救场。5月5日，白宫安排国务院一位高级官员召开了一个吹风会，该官员否认了报道的说法，指出中曾根从没有提出这样的请求，两国在汇率问题上不存在对抗的问题。[①]

1986年5月，外汇市场上没有货币当局要实施任何具体干预措施的消息，日元继续毫无顾忌地上涨。美国官员“干预政策没有变化”的声明，将日元推高到了5月9日的161.25和5月12日的159.99，较一年前的低位升值38.5%。在5月13日对参议院金融委员会作证时，贝克本人努力为中曾根解围，他试图让市场相信，美元的贬值幅度已经完全超过了此前对日元的升值幅度。

这被理解为帮助中曾根的姿态，市场马上对此做出反应，日元的升值压力临时缓解。人们普遍猜测，美国财政部的举动与政治有关。尽管也有人认为贝克的证词与日本政治无关，但他的确是要帮助中曾根，虽然没有涉及日本人期望的联合干预行动。甚至连坚定的放任货币主义者斯普林科尔也开始提出一些想法，在政治上支持中曾根。美国政府一位资深官员后来承认，那是一次救助努力：

① *Asahi Shimbun*，5 May 1986.

中曾根就是在东京峰会之后遇到了麻烦。峰会之后的十天里……他的政治生命结束了。那是我们真正给予帮助的时候，这一点是有据可查的。[①]

关于“有据可查”，这位官员可能指的是中曾根给总统的个人感谢信，以及松永大使给贝克的电话，感谢他的证词。贝克和宫泽1986年9月旧金山秘密会晤时透露了更多的证据，贝克当时提醒宫泽，中曾根在选举前从美国政府得到的帮助，他进而表示，希望在美国中期选举前看到日本同样的支持回报。

而就在同一时间，贝克声势浩大的经济指标战略遭到了其他国家的暗中抵制。贝克一再强烈呼吁东京和波恩刺激国内经济，但并没有得到回应。显然，货币政策协调自3月以来没有任何进展。即便是一向慎言的美联储官员，也公开对日本和联邦德国同行表达不满，催促他们降低贴现率。整个夏天，没有一点儿积极的反馈。

为推动政策协调，贝克在8月对日本和联邦德国采取了更强硬的姿态，以免其指标计划完败于自己手中。贝克绕过五国集团和七国集团的多边模式，选择“更积极的双边主义”，先同日本形成双边协议，之后再同联邦德国，希望借此推动政策协调的进程。[②]

---

① 作者采访。

② “积极的双边主义”一词由《纽约时报》专栏作者Leonard Silk提出。参见 Leonard Silk, “The U.S. and the World Economy”, *Foreign Affairs* 65 (Spring 1986): 458~476。

日本牌

1986年9月6号，贝克同宫泽在旧金山会晤。在巴黎参加经合组织第三工作小组会议的马尔福德和行天丰雄，一起飞赴旧金山出席。这次安排始于贝克主动同宫泽接触，最后在国务卿乔治·舒尔茨的建议下举行会晤。

贝克此前电话通知美国驻日本大使迈克·曼斯菲尔德（Mike Mansfield）在9月1日安排几次私人会面，先是同宫泽，然后同中曾根。但在计划过程中，会见的消息不知为何被大藏省和外务省获得。大藏省的官员获悉宫泽秘而不宣会见计划后感到非常震惊。外务省则要求，应该安排贝克同外相仓成正（Tadashi Kuranari）见一面，他们的说法是，根据他们在美国获得的消息，贝克也想见仓成。大藏省不以为然。最终，泄密事件导致贝克和曼斯菲尔德取消了原定于9月1日的会见。

贝克随后又让曼斯菲尔德重新安排一次双方会面，这一次的地点是美国。根据日本方面的说法，如果行程需要，贝克甚至考虑飞到夏威夷，但大家都同意在旧金山。在给宫泽的口信里，美国政府强调了保密性，暗示除了贝克和曼斯菲尔德，只有里根、里甘和舒尔茨知道这次会晤。在保守秘密的强大压力下，宫泽最初考虑一人前往，但最后同意行天丰雄陪同参加。整个会议过程中，贝克和宫泽没有借助翻译，也没有留会议记录，会后也没有召开联合发布会。

在两个半小时的会谈中，贝克对日本和美国经济前景表达了担忧。他指出，日本应该显示出刺激国内需求的决心。他同时强调税收改革的重要性，并就美国国会刚刚起草的具有划时代意义的税收改革立法做了说明。关于日本的税收改革努力，贝克对日本计划施行新消费税的问题表示关注，询问这是否意味着给日本的出口部门提供激励。在意识到日本新税收体系对财政收入是中性的时，他希望日本政府能够启动减税，以更有力度地刺激经济增长。

尽管贝克没有涉及更具体的财政政策，但以 7 月后美联储已两次降低利率为由明确希望日本降低贴现率。宫泽回复说，在他计划实施的补充预算刺激下，预期日本 1986 财年国民生产总值增长率将略高于 3%，他个人对这项预算做出了坚定的承诺。另外，他保证新的消费税并不是为了促进出口，税率也不会太高，日本对绝大部分的大宗商品和产品都已经征收了一种消费税。不需要再就采取财政刺激措施的必要性说服宫泽，因为他本人已经在推动这些措施。他毫不犹豫地对贝克说，作为大藏相，他会更努力地推动。

对于美国政府在日本 7 月大选前给予中曾根的“帮助”，贝克坚持要争取一个迟来的对等补偿。据说贝克当时是这样讲的：“鉴于我们上一次帮助了你们，现在轮到你们帮助我们的大选了。我们马上要进行中期选举，希望你们现在帮助我们。”[①]贝克所指的“帮助”是他本人于 5 月 13 日在参议院金融委员会上的证词。

① 作者采访日本官员。

宫泽则坚持需要稳定日元/美元汇率。在奔赴旧金山之前，他同中曾根当面就此进行了讨论。除了要求宫泽要告诉贝克真正削减美国财政赤字以外，中曾根指示宫泽要把日元/美元汇率稳定在170左右——一个中曾根本人也无力完成的任务。[①]宫泽承担着很大的压力。他提出，日元的进一步升值将抑制日本国内消费，而美元贬值将限制资本从日本流向美国。

在会谈接近尾声时，宫泽提出，双方应该制定出下一步的工作步骤，在财政、货币和汇率等方面加强政策协调。宫泽和贝克于是指派行天丰雄和马尔福德就相关目标起草文件。

在1986年9月的五国集团和七国集团会议期间（适逢国际货币基金组织会议），当贝克的策略——财政政策和“口头打压”——面临攻击时，他的挫败感就表现了出来。某国财政部部长这样评论激动的贝克：“我不清楚贝克为什么变得那么易怒，一次又一次地提及同样的事情。我们都是政治人物，政治人物是习惯于被批评的。但他是律师，习惯于抗辩。这可能是他看上去无法忍受的原因。”另一位感到不解的与会者说：“天哪！正在波动的不是汇率市场，是贝克！”[②]

显然，因1985年广场协议带来并被来年5月的东京峰会推高的欢乐气氛，正在华盛顿散去。一年之后，美国的贸易逆差并没有随着美元贬值而缩小，而五国集团在5月东京峰会上信誓旦旦的政策协调，也仅仅停留在纸面上。在峰会期间，美国贸易代

---

① 作者采访中曾根康弘。

② 作者采访与会者。

表克莱顿·尤特（Clayton Yeutter）给贝克递交了一份贸易代表办公室经济学家准备的备忘录，其中提醒政府不要“过早地”期望“贸易逆差数据迅速改变，因为其他的大多数指数并没有恰当地反映贸易权重，而且没有考虑其他一些很重要的贸易伙伴国”①。在9月28日参加“本周大卫·布林克利”节目时，贝克被萨姆·唐纳森（Sam Donaldson）问及为什么他们没能成功说服日本和联邦德国降低贴现率。他回答说：“你可以说‘你失败了’等等诸如此类的话……事实的确是这样，他们近期没有降低利率，但那并不说明我们在这些问题上就不说、不谈、不见了。”②

在9月28日给国际货币基金组织临时委员会的一份声明里，贝克提醒其他国家要更积极地回应政策协调的要求：

> （指标）方案的成功，将取决于各国在制定国内经济政策时是否愿意更多地考虑外部因素……如果我们不能或不愿意共同有效地利用这些安排来支持和指导我们的努力，以便实现更快的增长、更小的失衡和更稳定的汇率，那么我们将不得不考虑其他灵活性不高的安排。越来越多的压力也要求我们这样做。③

---

① 作者采访一位美国政府官员。

② ABC News, “This Week with David Brinkley”, 28 September 1987. Transcript available from RLS Reporting Associates, 733 15th Street, NW, Suite 440, Washington, DC, 20005.

③ James A. Baker III, statement to the IMF Interim Committee, Washington, 28 September 1987.

对那些没有采取更多经济措施的美国贸易伙伴来说，这是一个模棱两可的警告。“其他灵活性不高的安排”，被恰当地理解为更严格目标区的委婉说法及美国决定在必要时推低美元的声明。

就是在关系高度紧张且公开指责不断增加这个大背景下，贝克和宫泽于 9 月 26 日五国集团会议召开的前几小时举行了一次简短会晤。五国集团的会议在美国财政部三楼会议室，两人的会晤在财政部部长办公室。宫泽此次到华盛顿是有备而来。日本政府已经在前一周宣布了一项 36000 亿日元（232 亿美元）的补充预算案。这个一揽子刺激措施有两个目的：首先，抵消过去一年中日元对美元升值带来的通货紧缩效应；其次，满足外国要求的更扩张性的政策，以便刺激进口、缩小日本贸易顺差。

与 1985 年 10 月时的计划相比，这项新刺激措施要多出 30 亿美元，从而使其成为当时东京实施过的最大规模刺激方案。其中相当大的部分（多达 65 亿美元）计划通过发行新建设债券的方式募集，这被视为中曾根减少政府借款承诺的让步。日本政府乐观地预期，1986 财年的真实经济增长将因此达到 4%，这是中曾根和宫泽在支持新方案时一再承诺的目标，而野村研究所则预期，一揽子计划对真实增长的贡献将只有 0.6%，1986 财年总的增长只会提高到 2.5%。[1]

尽管贝克称赞日本的举动是“迈向正确方向的一步”，但因为日本没有降低利率，美国财政部一些官员对一揽子计划的真实影

① *Japan Economic Institute Report*, No.35B (Washington), 26 September 1986, 2.

响持怀疑态度。

宫泽和贝克讨论的其他主要议题就是汇率。当宫泽在9月26日被领进部长办公室时，贝克说，“我们现在来看看汇率吧”，接着把宫泽带到数据机前。屏幕显示154.2，这意味着自他们上一次在旧金山会晤后，日元/美元汇率大致维持在152~154之间。尽管宫泽感觉日元仍然有点高，但这一走势鼓励双方在稳定汇率问题上走向默契，并推动开始于旧金山的政策协调努力，其中包括汇率稳定措施。

贝克–宫泽交易

1986年9月26日会晤后商定并由贝克和宫泽于10月31日宣布的联合声明，列示了两国政府正在和计划未来实施的一系列经济措施。但其真正的重点是美国政府对稳定汇率的公开承诺。宫泽在会晤时提出，汇率不稳定会危及经济的稳定增长，而行天丰雄则敦促将这样的声明写进公报里。另外，两国财长同意“主要工业国家目前的行动对拉动世界经济增长、减少失衡以及解决债务问题至关重要”。为此，两国均大致给出了加强政策协调的相关举措。

日本方面包括：第一，政府决定向国会提交一份补充预算，从而对日本经济“产生实质性刺激”；第二，政府计划尽快实施一项税收改革计划，包括降低个人和公司收入的边际税率，从而鼓励投资和商业活动；第三，日本银行决定将贴现率从3.5%降低到

3%，10 月 31 日生效。

美国方面同意的措施包括：按《葛兰姆法案修正案》的要求，承诺大幅且持续降低美国预算赤字；制订一项税收改革计划并抵制贸易保护主义压力。

到目前为止，看上去是贝克赢得了这一轮，因为他的承诺里没有任何新内容，不过他在汇率问题上让步了。公报指出，他们“都认为，汇率不稳定将威胁经济的稳定增长”，他们同时“表达了共识，即基于前述行动和承诺，日元和美元汇率自广场协议以来的调整，与目前的基本面大体一致”。尽管他们“重申他们在汇率问题上合作的意愿”——一个在市场不利走势情况下愿意干预的信号，但并没有提及稳定汇率的具体措施。[①]是在行天丰雄的要求下，这一含蓄的警告才被写进了公报。

最后，他们“呼吁其他主要工业国参与到推动全球增长、减少失衡和促进市场开放的努力中”。这一部分内容是在马尔福德的坚持下写进去的，显然是针对联邦德国。美国财政部一位高层官员在公报后不久这样说：“看最后一句话。那意味着美国和日本在前面引领，号召其他国家跟着我们。这是两国集团的开始。”美国只是在（公报发布的）几个小时前才知会其他主要工业国要加上这一句话。这位官员坦承：“你是在问他们是否感到不安吗？他们当然不安了。”[②]

---

① 贝克–宫泽公报文本，参见 *Treasury News*（华盛顿：美国财政部），1986 年 10 月 31 日，1~2。

② 作者采访。

实际上，公报的确像是两国集团诞生的标志。欧洲特别是联邦德国非常警惕。《金融时报》一篇题为“欧洲的孤立”的社论哀叹：“当他们（欧洲人，尤其是德国人）拒绝参与国际协调时，另外两个货币集团显然非常愿意将他们排除在外。”①

华盛顿同样有关于新两国集团的猜测。拉扎德兄弟公司（Lazard Freres & Company）高级合伙人费利克斯·罗哈亭（Felix Rohatyn）认为，这反映了“日本和美国之间的特殊关系，宣告了美英特殊关系的终结。毕竟，你每次只能跟一个舞伴跳舞”。他进一步指出：

> 周边这些国家和地区显然对这个国家感兴趣——日本、韩国、马来西亚，而且不要忘了中国……我相信同日本之间的特殊关系将是太平洋关系的关键。同时，大西洋联盟一定程度上被联邦德国不愿意承担（一份公平的）责任以及英国疲弱的经济所拖累。②

但“贝克－宫泽协议”并非牢不可破。新年来临之际，日元再度面临升值压力，但对汇率稳定有承诺的美国政府却听之任之，这一点就更明显了。事实上，美国财政部一位高级官员就承认其打心底里不支持公报。在公报发表后的记者吹风会上，他明确了自己的看法：“当前日元对美元汇率处于近期交易的低点。”他同时警告说：“这并不意味着某特定的汇率就是恰当的……不存在就

---

① *Financial Times*, 1 November 1986.

② Quoted in Hobart Rowen, *Washington Post*, 9 November 1986.

某一汇率水平采取特殊措施的承诺。”尤其值得注意的是，他坚称“美国在干预政策上没有任何改变”。虽然两国在当时都没有承认就参考汇率或范围达成过协议，但这一表态表明，美国财政部认为日元应该进一步升值到“可被称为最佳的水平”。

在公报发布日临近时，日元走弱，从153~154跌到了161~163，美国财政部起了疑心。马尔福德打电话质问行天丰雄，“日本是不是做了些改变汇率的事情”。他甚至暗示威胁说，“如果日本准备做什么的话”，就不会按计划发布公报。行天丰雄回应说，汇率波动与大藏省无关，同时坚持这时正是公布公报的好时机。得知马尔福德的态度后，宫泽很生气，他让行天丰雄转告马尔福德，如果美国取消公报的发布，他将不得不辞去大藏相的职务，因为取消发布的决定将可能给日本带来政治麻烦。行天丰雄很委婉地通知马尔福德说，宫泽非常不安，并再次强烈建议发布公报。

就是在这个背景下，双方根据马尔福德的要求对公报做了修改，加上了“大体上”（broadly）这个词，即“调整……大体上符合目前的基本面”，这显然是从支持双边汇率的全面承诺上的倒退。美国财政部一位高级官员后来解释了他是如何分析当时形势的：

> 我们连续几周地谈判，整个谈判过程中，汇率基本上是153~154的水平。而就在我们要发布公报的前几天，汇率变成了161……当时（9月26日）的汇率大约是154，那次会议

上，双方的共识非常明确，都愿意做点儿事情。[①]

为什么汇率恰恰在公报发布前如此剧烈地波动？该官员怀疑，大藏省此前已经将信息透露给了投资者，以便操纵日元/美元汇率。这一怀疑连同他对宫泽的反感，均获得了美国财政部其他官员的认同[②]。“宫泽当时犯了一个错误，因为他忘记了谈判时的汇率水平……他似乎在暗示汇率是不会再回到那个水平了。当出现剧烈波动时，他就十分狼狈了。你知道，他又回到我们这里了，非常快。”这位官员挖苦道。他指的是当宫泽意识到贝克实际上并没有帮他阻止日元继续升值时，于 1987 年 1 月匆忙造访华盛顿。

借用贝克助理的话说，即便贝克“意识到宫泽面临着国内政治困境，需要把目前的汇率炒得高于 9 月时的水平”，但财政部的官员们，尤其是马尔福德，却一定程度上感到被宫泽在日本的操纵给欺骗了。[③]考虑到面临的政治压力，宫泽当然强调美国政府为刺激日本国内消费而将汇率稳定在 160 左右的坚定承诺。前文已经提到，在宫泽赴旧金山谈判前，中曾根曾向他阐明让贝克承诺将汇率稳定在 170 左右的必要性。美国财政部一位高级官员后来评论说：“我清楚，170 对他们来说是一个重要的价位。但在我看来，那就像是白日做梦。行天丰雄可能谈及了 170，但要说让我们

---

① 作者采访。

② 财政部一位高级官员回忆：“我们猜测大藏省已经将其省内观点透露给了银行系统。”作者采访。

③ 作者采访。

考虑一些操作去实现 170 的价位，那根本没有可能。”[①]要让汇率稳定在那个水平附近，宫泽的压力之大可想而知。实际上，他们并没有就具体的汇率点位或范围达成共识。正如美国官员指出的那样：双方有一个道德承诺，即同意汇率不能破界。当然，“(关于汇率和范围)有口头讨论，美国也承诺帮忙”，但“那是暗示”且“并没有签署文件”。

站在日本人的角度，他们担心美国可以通过“口头打压”美元而轻易地放弃承诺。在旧金山会晤时，宫泽提醒贝克，(美方)很多的公开声明使得维系汇率稳定变得困难，同时也加剧了市场的不确定性。尽管宫泽巧妙地说出了这些话，但他直接请求美国少表态。

除了这个稳定汇率的弱机制，“协议”也是一个脆弱的成果，因为它是个一揽子交易，是日本为了汇率稳定而实施的等价交换式财政刺激措施。因此，如果美国认为财政刺激措施不足以支持美国一边的交易，协议就有失效的危险。而结果就是这样。

1987 年 1 月欧洲货币体系进行汇率调整之后，里根政府开始口头打压美元。汇率市场再一次陷入动荡，美元直线下跌。美国政府的不悦一方面来自联邦德国的抵触，但部分也因为日本没有全面兑现其刺激经济的承诺。财政部一位重量级官员谈及(日本因素)对美国承诺的影响时说：

你必须始终牢记，在那份协议里还有刺激国内经济的承

① 作者采访。

诺。显而易见，9月底提出并最终执行的补充预算案与承诺是差之千里了。因为预算案没有发挥贝克预期的作用，贝克一方的责任也就小多了。[①]

虽然1986年10月的公报稳定了当年11月和12月上半月的市场，但几个变化逆转了市场对美元的乐观判断。许多的市场参与者开始相信，美国国内需求正在减速，所有预示强劲的信号都将是临时的，在新的税法于年初生效前，交易机会发生了变化。美国贸易状况的转变越来越被视为改善1987年前景的希望。共和党在11月的选举中失去了参议院的多数席位，人们普遍认为政府抵制保护主义立法的努力将复杂化，要么就是美元进一步贬值。一些美国官员参与富有争议的“伊朗门”武器交易的事情曝光后，政治不确定性进一步增加。12月31日，美国11月贸易初步统计数据显示，贸易逆差高达192亿美元。鉴于美国贸易状况的恶化，市场将美国官员的各种声明理解为美国欢迎弱美元的观点。

1987年1月初，马克在市场认为美元走低的当口随之走高，欧洲货币体系内的紧张关系加剧，维系现有平价关系的干预增强了。欧洲货币体系内的各国货币陷入投机旋涡，直到1月10日那个周末召开财政部部长会议决定进行汇率调整前，体系内的汇率结构关系都是依靠干预在维系。

卖出美元、买进日元的交易也在加速。宫泽和澄田警告市场，日本央行将进场干预，避免美元进一步下跌，用宫泽的话就是

① 作者采访。

"不惜一切代价"。1987年1月13日，随着美元兑日元跌破158的水平，日本出口商匆忙卖出美元，日本投资机构和养老金则涌入市场做远期卖出以对冲美元敞口。美元兑日元当天放量下跌超过1%。《纽约时报》第二天报道说，一位匿名的美国政府官员希望美元进一步下跌，这触发了美元兑日元和马克的大量卖单。在最紧张的几个小时交易中，美元兑这两种货币的跌幅均超过3%。①

1月19日，美元兑日元跌到了战后的新低149.98。与日本银行近乎疯狂的干预行为形成鲜明对比的是，美国货币当局没有任何动作。近乎绝望的宫泽在1月21日匆忙赶到了大雪覆盖的华盛顿。

对宫泽来访的消息，华盛顿的即时反应很是消极。财政部一位官员回忆说："这发生得太快了。我想我们这边的确讨论了（他的访问）是否真的值得，但就在我们要深入探讨时，他离开了。""他为什么来？"财政部另一位官员在宫泽到达之后问道，"他（宫泽）本可以给贝克打电话的。"②这个高调的访问被认为是会让贝克感到尴尬，他可能被指责违背了联合干预以稳定汇率的承诺。

宫泽让各方认识到，此次访问是一场赌博。他当时面临着来自日本工商业界和政治界的巨大压力。他不能就眼前的新问题再去指责他的前任。1986年10月底达成的那个世人皆知的联合公报以及明确暗示160是商定的稳定点这一事实，使他目前的处境愈

① Peter T. Kilborn, *New York Times*, 14 January 1987.

② 作者采访。

发狼狈。而且，新一届国会会议召开在即，他作为大藏相面临着制定 1987 财年预算和新税收法案的艰巨任务，这是两项政治上招致争执的议项。为了让这两项提案能获得通过，他的首要任务就是终止日元升值。就在他飞赴华盛顿前，反对党传话过来，要求他告诉贝克信守为“日元/美元汇率做点事情”的承诺。

日本大藏相还必须向中曾根证明他的可信度。部分是因为将宫泽作为可能的继任者进行考验，中曾根在前一年夏天就让宫泽接任了大藏相的职务。宫泽的政治和心理压力都前所未有的沉重，因为他曾是那些批评中曾根政府日元外交不利的成员之一。出发之前，宫泽打电话给中曾根问他对此行的意见。中曾根回答说，“你必须去”。他接着训斥说：“你想要同美国保持良好的关系，就必须同华盛顿对话，你必须考虑国内政治和国会。因此在同华盛顿对话时，你必须得让人看到。你必须去。”①

1987 年 1 月 21 日在美国财政部会议室会晤之后，贝克和宫泽发表公告称，他们继续支持他们在 1986 年 10 月 31 日联合声明中的共识和约定。换句话说，就是重申了 1986 年 10 月的公报。

到宫泽突访华盛顿时，日元已经升值并脱离了 10 月公报时的水平。但在这份最新的声明中，他们重复了“日元/美元汇率大体上符合现在的基本面”，仅仅是增加了“最近的外汇市场出现了一些临时不稳定的情况”。没有坚守新汇率或范围的任何暗示。美国承认存在一些临时不稳定的情况，并不当然地意味着政府认为

① 中曾根接受作者采访。

市场混乱，而市场混乱原本会迫使美国财政部干预市场。事实上，如果（同以往的公报、声明）有区别的话，就是汇率“大体上符合基本面”的共识让美国的不干预政策合法化了。

宫泽本次访问的新汇率底线是150，他给出了各种理由支持这个点位：对日本经济增长的负面影响、日本的海外投资以及日本商界建立信心的需要。尽管贝克向宫泽保证，他同宫泽一样，也希望维持更加稳定的汇率关系，并将尽一切努力稳定汇率，但他再次拒绝对自动维护某个具体价位做出承诺。贝克的承诺同其去年10月的说法本质上是一样的。一位美国官员说：“都是同一个态度。两份双边协议中，没有一份承诺了具体的干预数量。”

一周后的1987年1月28日，“美国货币当局按照（1月21日公布的）联合声明的约定对日元进行了干预”①。在同日本货币当局的协同行动中，外汇交易室卖出日元买进5000万美元。尽管干预规模不大，但这是美国自广场会议上确定美元顶点以来的第一次“反向”干预——美国货币当局支撑美元低点的行动。财政部一位官员回忆说：“（因为这个）承诺，我们没有约定（要干预的）具体时间。我们认为，即便你什么都不说，但给市场一个小的信号很重要。他们知道谁在交易。”②

但在临时修补贝克和宫泽两人关系的背后，出现了一个严重的问题：信誉问题。美国一位政府官员说：

① *Federal Reserve Bulletin*, No.73(Washington)，May 1987，333.

② 作者采访。

> 我认为，我们在会晤时做的另外一件事，是我们让他（宫泽）知道了市场为什么这样运行。实际上，这是市场对日本失信的反应。一个原本就没有太多内容的补充（预算），刚做完没多久，他们就要从 1987 财年预算已经提出的措施中收回去更多……我不知道他们为什么要那么做……一定是大藏省里那些压制宫泽的官员。他们一定是瞒过了宫泽。①

尽管贝克和达曼从一开始就对宫泽有着不错的印象，但美国财政部里对他的执行能力有不少质疑。财政部一位官员回忆说："宫泽在旧金山给出的底线是，他控制着补充预算。他影响不了 1987 财年的预算……在我们发现补充预算并没有发挥其应有的刺激作用时，他的解释是我们要等待 1987 财年的预算，因为他到时有机会影响预算。"财政部另一位官员也表示，在听到宫泽在补充预算案上能有所作为但对 1987 财年预算无能为力时，也被搞糊涂了："他为什么能提前做某事却不能推后做？"

美国财政部一位官员在 1987 年 4 月的五国集团华盛顿会议后不久说："就他同贝克的政治关系而言，他的可信度正面临危机。因为现在是他全面负责。"②

太平洋的另一边同样存在着信任的鸿沟。就在美国财政部怀疑宫泽的信誉时，日本大藏省对贝克信誉的质疑也逐渐加大。大藏省一位官员抱怨说："他没有兑现在 10 月许下的诺言。我们怀

① 作者采访。

② 同上。

疑他的可靠性。”日本人和德国人一样，对美国政府的口头打压做法不满。1987 年年初，在美国媒体报道未具名官员明显的口头打压政策时，日本人感觉他们完全被忽视了。贝克否认自己是“信息来源”，并努力将言论的影响最小化，但这些都没有什么帮助。不过在日元–美元外交方面也有一些积极影响。如果没有 1986 年 10 月的联合公报，日本银行在 1987 年年初的大规模干预可能就会遭到美国货币当局的抵制，而如今是美国选择一起协调干预。在美国一边，贝克最大程度地利用了日本这张牌，尽最大努力向联邦德国施压，并将各国带向了卢浮宫会议。

“德国人的固执”

美国政府为什么要打日本牌？这一战略背后的动机和预期是什么？两国集团是战略操作还是战术操作？作为应对，日本如何出牌？联邦德国会怎么反应？两国集团最终在多大程度上以什么方式影响政策协调？对未来意味着什么？

基于不同的视角和政策考虑，华盛顿和东京对于两国集团有着各自不同的设想。正如在第一章里看到的，通过与贝克的两国集团对话提高其个人国际知名度，这是竹下登的目的。大藏省希望有一个两国集团会议，把欧洲排除在外。大藏省一位官员后来说：“只要这些欧洲人参加了这个会，他们就会马上指责我们，并要求我们做这个或做那个，他们很容易忘记他们不能对我们指手画脚。”不过，评论背后隐含着担心，即在同美元的汇率调整中，欧洲会要求日元对欧洲货币不恰当地高估。

站在美国人的角度，两国集团策略有很多的合理性。美国的决策者分析认为，如果先行应对欧洲，眼下的欧洲货币体系以及独立的联邦银行，会让他们的努力过程变得曲折。他们感觉日本一方会更容易应对。再者，两国财政部部长临时接触，可以绕过警惕的、小集团式的央行行长们，同时加速协调的步伐。日本银行一位官员就认为，它怀疑贝克的财政部的两国集团政策协调战略，尤其是夏天的“积极的双边主义”，意在绕过日本银行。

总的来说，贝克的财政部的两国集团策略，目的在于通过美、日两国联合施压，吸引联邦德国对政策协调动议更多的合作响应。美国财政部的战略目标，是要在美国、日本和联邦德国之间达成三方共识。财政部一位官员讲述了他们在1986年秋所实施战略的进展情况：

> 联邦德国不是很合作。当你分析汇率情况时，可以得出这样的结论：日元已经升破了其前期高点，且已经进入了新的区域。但分析马克却发现情况不同。马克当时汇率仍在2以上，联邦德国对2∶1的汇率水平有着巨大的心理障碍。此前的高点是1.69。日元以前的高点是175，现在是152。因此，这是表明姿态的实实在在的调整……同德国人相比，日本人在谈判的态度上明显更具建设性。我们因此考虑应该朝着那个方向努力。
>
> 白纸黑字的协议（10月的联合公报）非常清楚地证明了

脱离协调轨道、拖延协调的后果。美国将同参与各方合作，同时扩展双边接触。对其他各国来说，有了一个非常有益的教训，这个教训把大家聚到一起。[①]

的确，贝克和竹下登间的直接对话促成了广场协议，而美日间的两国集团倡议要早于欧洲包括联邦德国的倡议。美国和联邦德国之间的双边沟通特别是副部长级会谈随后大幅增加。联邦德国财政部副部长汉斯·蒂特迈尔在广场会议和卢浮宫会议的准备阶段发挥了关键作用。但对蒂特迈尔来说不走运的是，贝克更喜欢同东京的同行（广场会议准备期间的竹下登和卢浮宫会议前的宫泽喜一）接触，而不是那些在波恩的同行。不过，就此猜测更侧重对日关系并以此构建稳固的两国集团战略是美国的预谋，可能是不准确的。

实际上，美国更早的考虑是促成三国集团（G3）战略，作为东京峰会共识后更有力的后续行动，从而在三方基础上协调国际经济政策。美国财政部一位官员说："你要知道，起初并不只是美日双边协议。我们是要努力争取美国－日本－联邦德国三方共识，不过联邦德国当局不愿意参与谈判。在9月至12月，对需要以刺激经济增长换取汇率稳定的任何对话，他们都不愿意参与。"

沃尔克于1986年8月中在珀尔法兰克福的家中同其秘密会面，就是美国在美德之间直接双边接触的例子。副部长级别的其他接触也有过尝试，但都没有达成协议。贝克和斯托尔滕贝格在

① 作者采访。

五国集团和七国集团 9 月峰会上的交锋，导致双方越走越远。

而在德国人看来，美国人仍然太幼稚，无法理解联邦德国的特殊处境。与美国发布的预测相反，波恩和法兰克福对“联邦德国乐观的经济展望”（引自联邦银行一位高级官员）充满信心，因此并不理会美国对联邦德国没有努力刺激经济的指责。

德国人反对日本式的“合作”，这在某些方面便被不客气地贴上了“德国人的固执”的标签。霍巴特·罗文（Hobart Rowen）在其《华盛顿邮报》专栏里将德国人描述为“极度自满”[①]。但将德国人缺少合作精神仅仅归因于固执就有些牵强了。联邦德国有充足的理由抵制合作。

第一，也是最重要的，是日本和联邦德国在贸易结构上的差异，这一点联邦德国官员们自己已经多次指出。联邦德国仅仅约10%的出口品销到了美国，而日本出口商品中的 37%左右以美国市场为目的地。欧共体是联邦德国最大的出口市场，其中法国是联邦德国最大的贸易伙伴。[②]马克对美元的升值，虽然幅度很大，但对联邦德国出口商竞争力的影响没有对日本的相应影响那么大。在对抗美国施加的以某些刺激政策换取马克汇率稳定的压力方面，波恩表现出了一定的弹性，尽管联邦德国国内政治压力也很复杂。出口商支持采取经济刺激措施，而其他领域，比如银行业，则反

---

① Hobart Rowen, “Germany:Maddening Self-Content”, *Washington Post*, 7 May 1987.

② OECD, *Statistics of Foreign Trade, Series* A,1985-1986; IMF, *Direction of Trade Statistics Yearbook 1986*, Washington.

对美国要求再通胀的压力。这与强大的利益集团对日本政府施加的停止日元进一步升值这种传统单向压力相反（日本的这种情况在近几年也有了改变）。

第二，联邦德国必须时常考虑其政策对欧洲货币体系机制的衍生影响。起码直到 1986 年 9 月，欧洲货币体系成员国反对美国口头打压式的攻击。

1986 年 9 月 21 日，欧洲的财政部部长在苏格兰的格伦伊格尔斯召开会议，公开表示要“坚定立场，用一个声音同美国对话”[①]。本次会议由德国人发起，这也被视为是他们的胜利。作为对其他欧洲国家支持联邦德国态度的回报，联邦德国货币当局同意在界内干预的问题上采取更加灵活的立场，从而支持欧洲货币体系内的平价关系。在 9 月的最后一周和 10 月的第一周，联邦银行买进了“超过十亿美元”，这是联邦德国自广场会议之后采取的最大规模的逆向干预。[②]

贝克–宫泽 1986 年 10 月 31 日的公报，给欧洲平添了新困难，法国和联邦德国还就此讨论过。与考虑暂时稳定汇率的联邦德国正相反，法国在格伦伊格尔斯时提出汇率长期稳定，敦促德国人刺激经济，从而换取美国承诺的汇率稳定。“站在法国的角度，我们考虑的是我们将会被领上一条危险的道路。”一位法国官员后来说。但联邦德国起码在这个当口并不为所动。联邦银行的官员不接受法国的预设前提——中央银行应当利用货币政策稳定汇率，

① *New York Times*，22 September 1986.

② 联邦银行一位官员向作者提供的数据。

而且也这样理解格伦伊格尔斯协议。德国人进一步指出，美国人还没有最终决定美元策略："我感觉贝克和沃尔克在这个问题上仍存在分歧。沃尔克认为跌得已经够多的了，但贝克呢，他不这样想。"一位联邦德国官员将此作为当时迟疑的理由之一。

第三，在联邦德国看来，日元对美元的升值幅度与马克对美元的升值应该是不同的。这一点是欧洲各国的共识。它们都认为非美元货币对美元对等的升值是"不公平的"，它们给出的理由是，日本的贸易顺差和占领欧洲市场首先导致了失衡。

第四，波恩表达了对美日贸易争端产生的溢出效应影响汇率的不满，联邦德国认为这些争端造成了日元的升值和马克随后的升值。这一点与第三个原因有着密切联系。斯托尔滕贝格评论说，失衡问题本质上是美、日之间的问题，他有些轻蔑地提醒说，著名的两国集团应该是解决这个问题的恰当场合。[①]那么核心问题就是：鉴于真正的问题在太平洋之间而不在大西洋之间，那我们为什么必须承担不合理的责任和成本去解决美国的贸易失衡？这个观点更坚定了联邦德国的不情愿。

第五，联邦德国的领导人中间有一个根深蒂固的担忧，即美国建立三国集团的初始策略，可能动摇或缩小联邦德国目前享有的操作空间或影响力优势。离开了欧洲这个大的依托背景，联邦德国经济的规模和活力同美国和日本相比将大打折扣，那自然会限制联邦德国经济实力发挥作用。联邦德国已经发展成为一个真

① Press comference after a meeting of the IMF Interim Committee,10 April 1987.

正的欧洲大国，这一现实将波恩置于两难境地：联邦德国发现，在欧洲框架内提高的影响力使其在全球舞台上表现为一支欧洲力量；但与此同时，如果拘泥于欧洲，那么联邦德国不断提升的实力的潜在影响力就会受到制约。

即便有着美国积极的双边主义（联邦德国与日本也因此暗斗），但联邦德国和日本的确尝试寻找一个针对美国的共同防御立场，尽管这些努力只是偶尔有之。就在东京峰会之前的 1986 年 4 月间，适逢美元快速下跌，联邦银行和日本银行联手干预外汇市场，“可能意在稳定汇率，同时向美国传递信号，即贝克的指标建议不受欢迎”[①]。

另一个反映德、日对话的插曲发生在 1986 年 9 月 28 日基金组织临时委员会会议之后。根据一位日本官员的说法，斯托尔滕贝格同宫泽在华盛顿会晤并建议，如果第二天（即 9 月 29 日星期一）市场仍然混乱并引发投机者买进马克，那么双方应该视每天具体情况“按天”入场干预。次日市场交易意外的波澜不惊排除了两国干预的必要。卢浮宫会议之后，两国在联合干预上的合作也是有目共睹，当时是联邦银行卖出日元买进美元，日本银行卖出马克买进美元。第八章对此有详细记录。

但总体而言，日本和联邦德国的双边关系从来就没有非常密切，任何一方都没有去尝试加强的可能。公平地讲，珀尔和澄田之间联系不断，只要他们在国际清算银行和国际货币基金组织、

① “Japan and West Germany move to build coalition to stabilize the currencies”, *Nihon Keitai Shimbun*, 9 May 1986.

世界银行的会议上遇到，就会充分利用见面时间交流观点。不过两国财政部部长之间的关系并非如此。两国之间也没有重大的联合举动对美国施压，要求后者降低预算赤字。

双方缺乏紧密沟通，使得波恩要应对来自华盛顿的双边呼吁，以及最终类似贝克和宫泽间形成的双边安排。1986 年 12 月 14 日，在斯托尔滕贝格的家乡联邦德国北部的基尔举行的贝克–斯托尔滕贝格会晤，正是华盛顿不断施压的结果。他们讨论的议题广泛，其中包括两国国内微妙的政治局势。贝克强调了联邦德国稳定增长的重要性及大幅度减税的意义。斯托尔滕贝格没有对任何具体措施做出承诺，他就联邦德国税收改革和减税的政治影响做了分析。针对贝克的关切，斯托尔滕贝格给予了积极反应，这让他的美国客人们备受鼓舞。双方对“参考范围”问题坦率交换了看法，用一位联邦德国官员的话说就是，表示“对我们双方都有可能”。他们还讨论了政策协调的未来方向，同意总体框架：作为美国承诺稳定汇率的回报，联邦德国承诺刺激国内需求。

尽管基尔会晤的即时影响不大，但却可视为美德和解的转折点，尤其是在参考范围的问题上，为后面的卢浮宫协议奠定了基础。一位美国官员指出：

> 我认为在那次会晤之前，马尔福德一直在就目标范围体系问题同蒂特迈尔沟通，我们希望在副部长层面能取得进展。蒂特迈尔非常抵制。我们在午餐期间简要地讨论了一下实质内容……蒂特迈尔能够看到，斯托尔滕贝格当着我们的面要

比蒂特迈尔灵活得多，我想这对于它的讨论而言就足够了。[①]

基尔会晤的一个副产品，是蒂特迈尔于次月赴华盛顿同达曼秘密见面。他们继续了参考范围建议、税收计划以及货币政策等议题的探讨。所有这些议题上的分歧还是没有得到解决。不过，会晤让他们双方更有效地交流。美国政府一位高级官员后来回忆说："如果我们没有对话……那么对于我们没有必要承诺严格目标区这个问题，他们就不会有信心。"[②]德国人的确感受到美国人变得更随和了。基尔会晤及蒂特迈尔随后访问华盛顿，是"让美方展示出更多的理解和灵活性的决定性因素"[③]。贝克的财政部的积极双边主义最终使三国集团政策协调形成了框架。

走向三方体制？

在本书记录的广场会议到卢浮宫会议这个时段里，法国和英国被迫扮演着次要角色。意大利不断努力要成为核心五国的一员，这对英法两国构成了挑战。它们的货币政策举措被视为联邦银行欧洲货币体系政策的冷饭，两国的干预也仅仅是大海中的涟漪。诚然，劳森展现了令人敬畏的学识和老练，贝格伯和巴拉迪尔成熟政治家的气质也是有目共睹。但是，两国在国际货币外交领域叱咤风云的岁月（英国在20世纪40年代，法国在20世纪70年

① 作者采访。

② 同上。

③ 波恩一位官员同作者的谈话。

代）似乎是一去不复返了。

但要说法国和英国是被降格到边缘参与者的位置，那会引起误导。两国做出的承诺不管是积极的还是消极的，都会在相当大的程度上对经济政策协调的性质产生影响。毫无疑问，限于它们手头的政治和经济资源，其影响美国战略或美日安排的能力有限。同样值得关注的是，两国在某些场合影响着欧洲内部的约定安排，进而有助于决定政策协调的结果。

法国尤其会利用各种机会同联邦德国讨价还价，这在一定程度上促成了卢浮宫协议。法国人从一开始便认为"广场行动"是"过去十年在建立更加稳定和有秩序的国际货币体系方面以非常务实的方式取得进展的第一个机会"①。他们坚持这一看法。法国是目标区唯一的倡导者，认为目标区是一个理想模式，这让美国的"范围"想法显得更温和，这是下一章的内容。法国就建立目标区体系所需要的政治承诺而进行的各种分析，促使美国尝试采取更具雄心的措施对国际货币体系进行改革。这在达曼设计的目标区战略中尤其明显。第五章里提到，法国在"广场行动"中的另一个目标，是针对联邦德国的经济增长，在五国集团政策协调之外建立一个压力设计。法国坚持认为需要对联邦德国实施经济刺激措施，是美法两国利益趋同的另一个例子，这促使两国在1986年底给予联邦德国的压力不断增强。

1986年10月贝克–宫泽协议后不到三周，巴拉迪尔宣布法

① 作者采访法国财政部一位官员。

国愿意接受“参与”安排的邀请，刺激经济增长以换取汇率稳定，同时敦促欧洲货币体系内的其他伙伴也这样做。[①]法国的姿态无疑让美国感到高兴，美国财政部一位官员在卢浮宫会议后说：“我们现在唯一的同盟就是法国了，”接着半咧着嘴笑道，“奇怪的盟友（bedfellows），是吧？”这样一来，法国这张牌也到了美国财政部的手上。

与法国的明确策略不同，英国的行动是模棱两可的。信奉自由市场的劳森主导着英国货币政策。他从一开始就对管理经济政策的提法感到别扭，而且，就干预行动而言，他本人实际上并没有全心全意地给予承诺。欧洲一位官员说，对于“美国在广场会议上陡然反转立场”，劳森表现出了一些不满。而且，他要尽力在货币政策的国际安排同国内货币主义政策之间进行协调，撒切尔政府在思想上支持货币主义。最终，英国的产油国身份让其决策变得复杂。

英国加入欧洲货币体系的不确定性，给劳森的策略进一步蒙上了阴影。作为忠诚的保守党成员，他注意到“光荣孤立”的政治言论，而他越来越发现，只要英镑外交脱离了欧洲货币体系，他的选择空间就变窄了。正如一位英国高级官员指出的那样，英镑与美元脱钩了，同马克的联系正逐渐加强。[②]劳森“管理浮动”的主张被视为加入欧洲货币体系的热身。英国的立场发生了变化。

---

① C. Fred Bergsten, “Economic Imbalances and Politics”, *Foreign Affairs*, 65(Sprin 1987)：770~794.

② 作者采访。

一位法国与会者说：

> 我相信，从学术和意识形态的角度，劳森先生可能是集团中最不愿意选择这个（参考范围）方案的。他更倾向于持怀疑态度。不过英国态度有了变化，支持对汇率波动进行更加协调一致的管理，这符合卢浮宫协议的精神。实际上，英镑和欧洲其他货币之间的汇率稳定问题让他们感到紧张。[1]

法国和英国一定是意识到，美国的战略本质上是基于美国、日本和联邦德国三国之间的三边协调。事实上，在广场会议之前，马尔福德就已经考虑了美国、日本和联邦德国“三个核心国家”作为新策略中排他的参与者。只是到了后来他才勉强接受，把英国和法国排除在外在政治上是行不通的。在华盛顿同东京和波恩积极的双边主义外交之后，同巴黎和伦敦之间的沟通就只是走形式了。广场会议时，就法国承担同联邦德国同样力度的干预责任问题存在争论。德国人提出，欧洲的干预应该通过欧洲货币机制集中对待，这一看法是主流，法国担负了不少的干预责任。而英国是在卢浮宫会议后三个月的时间里进行了大规模的干预。英国的干预规模仅次于日本，意大利排第三。一位英国官员宣称：“我们是在扫货式地买进美元。”[2]对于法国和英国在（广场协议后）压低美元或是在后来卢浮宫会议提振美元的干预行动中的贡献，不论是贝克、竹下登还是后来的宫泽喜一，都不十分在意。

---

① 作者采访。

② 同上。

广场会议到卢浮宫会议期间，世界经济实力的均衡明显发生了变化，逐渐向日本、美国和联邦德国这三个主要参与者集中。就货币政策倡议和参考范围理念而言，这并不意味着法国和英国被降格为边缘成员，因为它们对“广场行动”的贡献的确很重要。另外，走向三方货币体制的努力，因为美国对两国战略的过度操控、日本无法有效利用其刚刚获得的金融实力以及联邦德国不愿意在欧洲货币体系内实施更彻底的货币一体化而受到限制。

第八章

卢浮宫会议

“先生们，让我们实话实说吧。”法国财政部部长爱德华·巴拉迪尔拉起帷幕说道。

在巴黎卢浮宫的晚宴台上，19个酒杯已经斟上了佛罗伦路易斯香槟。五国集团的财政部部长和央行行长闲聊着比目鱼奶油汤和法国财政部从酒窖里拿来的1982年普里尼–蒙哈谢。

时间是1987年2月21日晚上七点半刚过。晚宴时的讨论和第二天的会议，形成了卢浮宫协议，这是在十多年无规则的浮动汇率之后，五国集团实施稳定汇率体系的最重要尝试。

广场协议2.0

英国财政大臣尼格尔·劳森将这次会议总结为：“广场2.0（Plaza two）……我将这次会议视为广场会议的正统传承……当时

我们都同意美元应该下跌，现在我们都同意需要稳定。”[①]

在众所周知的卢浮宫协议里，财政部部长和央行行长们宣布，各国汇率“大体上处于符合经济基本面的范围内”。虽然不再公开支持目标区，但政策制定者们表示，为在“近期的水平附近”（around current levels）稳定汇率，他们准备干预。据劳森说，他们“就联合干预的环境条件进行了充分讨论”[②]。联邦德国和日本同意刺激国内需求，美国重申了削减庞大预算赤字的承诺。

尽管卢浮宫会议作为七国集团会议安排在 1987 年 2 月 22 日（星期日），但主要决定是五国集团财政部部长和央行行长于 21 日（星期六）在卢浮宫的德堂厅及随后的法国经济和财政部餐厅里做出的。

卢浮宫会议是美国财政部部长詹姆斯·贝克努力争取日本大藏相宫泽喜一和联邦德国财政部部长格哈德·斯托尔滕贝格用重大刺激措施换取美国同意稳定美元的结果。特别是 1986 年 10 月 31 日的贝克–宫泽协议，将美元维持在当时水平的承诺，开始了“刺激换稳定”模式。贝克和格哈德·斯托尔滕贝格于 1986 年 12 月在基尔的会晤，也是朝这个方向努力的。

贝克原本也考虑了同五国集团其他财政部部长在 1986 年 12 月开会的可能性，但五国集团副部长们甚至未能就议程达成共识，他的努力因此受挫。在 1987 年 1 月同贝克的会谈中，宫泽表示他已经做好准备在下一周的 1 月 27 日召开一次五国集团会议，但贝克

① *New York Times*, 23 February 1987.

② 同上。

感觉时间太早。因为希望尽快召开会议，宫泽又提议暂定在 2 月 7 日，贝克再次有保留地同意。会议最后确定在 2 月 21 日召开。

无疑，两人在宫泽 1 月访问华盛顿时重申的汇率稳定承诺，可能帮助形成了五国集团协议的基础。宫泽访问时的那种近乎绝望的状态让他在国内丢了气势。在日本，一些不友好的媒体报道将其访问说成是“乞求恩典之旅”，他需要向公众证明他同贝克之间的双边协议很有价值。意识到贝克利用双边外交作为战术手段向联邦德国施压，宫泽便知道了同美国之间的双边外交将会多危险。他感觉双边协议本身有违约的风险，因此认定美日协议必须马上转变成为五国集团和七国集团的一份正式协议。不过贝克警告宫泽不要仓促开会，而是建议应该“先行酝酿以便确保协议成功”。贝克特别希望从德国人那里获得对财政扩张计划的提前保证。在宫泽要主动将日本贴现率降低 0.5% 作为双方 1 月谈判成果的“标志”时，美方强烈建议将其留作五国集团的“礼物”，以便使得降息效果最大化。

经过一系列的电话沟通之后，五国集团的副部长们于 1 月 29 日在苏黎世召开了一次预备会，会议由法国财政部副部长丹尼尔·勒贝格召集，时间恰好在德国 1 月 25 日的选举之后。因为卢浮宫会议的参与者是七国集团，（五国集团的）副部长们又于 2 月 4 日（期间恰逢威尼斯峰会的“夏尔巴”会议召开）在罗马与意大利和加拿大两国副部长的代表碰头。

尽管五国集团副部长们仍然没能就一揽子的协调达成协议，但他们在苏黎世会议上还是尽量起草了公报。“事实上这是相当重要的一次会议”，一位欧洲的副部长说：“就是在这次会议上，最终在理念上形成了需要在目前水平附近稳定汇率的共识。”①

卢浮宫会议前，五国副部长在巴黎再次尝试解决他们之间的分歧，但到最后仍有两个关键问题悬而未决：如何在参考范围理念基础上妥协以稳定汇率；如何进行财政政策协调。另外，他们对于公报中描述参考范围原则的语言有不同意见：是应该使用“水平”（level）还是“范围”（range）。这种情况下，初稿在加了一个“在目前的（水平，范围）附近”的括号说明后，被交到了部长们那里，表明这个问题还没有解决。

面对这个僵局，特别是联邦德国拒绝就减税给出新的承诺，贝克几乎已经决定取消这次会议。美国财政部一位高级官员后来说：

> 部长（贝克）的确考虑过我们不该召开这次会议。当时的主要问题是日本和联邦德国有没有可能取得一些进展。还有一个非常重要的考虑，即在逐步推进的过程中，如果不召开这次会议，你必须掂量过程损失。②

就会议是否应该取消，美国财政部高层有过一次激烈的争论。负责国际事务的财政部部长助理大卫·马尔福德对市场情绪极其敏感，他提出不应该取消会议。他问道：“市场是要爆料还是要稳定？”在他看来，市场正在寻求稳定。“如果不开会，将会有非常

① 作者采访。

② 同上。

多的负面新闻报道、市场消息，所以必须认真分析市场要什么。”[1]

美元自 1987 年年初以来的直线下跌让在美国的那些外国投资者更加感到不安。贝克和宫泽 1 月发布的联合公报及美国随后联合干预制止美元进一步下跌，反映了美国财政部对流入美国的外国资本持续减少的担忧。“贝克现在注意到日元的不断升值正在让投资决策变得困难，而一段时间的稳定将有助于改善市场预期。”[2]随着卢浮宫会议的临近，对资本流入减少的担忧加剧了。

贝克可能考虑过，取消五国集团会议会增强他对日本和联邦德国的影响力。因为他已经通过 1 月的口头打压美元提升了他的影响力，再来一次没准儿还能发挥作用。但到了 1 月的最后一周，他肯定是意识到这种冒险外交的风险。财政部的口头打压政策造成了美元的快速下跌，利率已经开始上升，且沃尔克也没能控制住。另外，在 2 月的国债拍卖之前，美元必须稳定住。美国经常账户赤字融资的需要最终困住了贝克，迫使他赶赴卢浮宫。

到 2 月初，日本和联邦德国均认定需要稳定汇率。对联邦德国来说，欧洲货币体系内部 1 月初的汇率调整及影响，使得马克难以继续升值。在德国 1 月波澜不惊的大选之后、州选举到来之前，波恩政府“更加渴望稳定货币”[3]。

就在卢浮宫会议前几天，贝克终于从日本和联邦德国争取到了它们将采取更多经济刺激措施的承诺。在长时间的电话交流中，

---

① 美国政府一位高级官员接受作者采访。

② 美国财政部一位官员的评论。

③ 一位法国参会者接受作者采访。

斯托尔滕贝格向贝克保证联邦德国政府可以承诺增强减税力度，并计划于1988年生效。大约在同一时间，日本告诉美国，在1987财年的预算获得通过之后，自由民主党准备再提出财政刺激措施。

在通话的最后一分钟，巴拉迪尔同贝克和斯托尔滕贝格确认了稳定汇率措施中的共识部分。到五国集团开会时，“美国和法国之间有着广泛的共识”，据法国一位参会者说，关于参考范围（reference ranges）问题，法国“不需要去说服詹姆斯·贝克。因为他已经被说服了”。2月21日上午，贝克明确了其同宫泽和斯托尔滕贝格的几次双方会晤时做出的承诺。

在2月21日下午的五国集团会议上，财政部部长和央行行长们主要讨论了三个问题：利用经济指标协助评估五国集团内部政策调整的需要、起草公报以及明确五国集团的作用。

意大利反对将五国集团会议安排在七国集团会议之前召开，威胁不参加七国集团会议。结果，五国集团的财政部部长和央行行长不得不再度解释五国集团的性质和功能。尽管意大利人反对，但他们花了大约一小时的时间最终还是决定维持五国集团的机制。

虽然沃尔克抱怨说讨论意大利问题就是在浪费时间，[①]但法国人却把这件事看得很严肃。晚宴餐桌上，巴拉迪尔以他同意大利财政部部长乔瓦尼·戈里亚（Giovanni Goria）有约为由离席。接着巴拉迪尔同勒贝格和法兰西银行行长、国际货币基金组织前总裁德拉罗西埃到了戈里亚的宾馆与其会面，在那里他们劝戈里亚

① Peter T. Kilborn, “Can the Big Seven Learn to Waltz?”, *New York Times*, 31 May 1987.

参加次日召开的七国集团会议。戈里亚说很遗憾，他不能参加，因为他已经接到总理办公室不参会的指示。会面之后，戈里亚给巴拉迪尔留了一张便条说他本人将于次日早上六点离开巴黎。巴拉迪尔在上午向其他的与会者通报了戈里亚的行程。

公报的最终文本是在副部长们初稿的基础上完成的。在公报中，与会者同意大国间的贸易和经常账户失衡带来了严重的经济和政治风险。因此，“降低不可持续的严重贸易失衡是重中之重……在降低失衡的过程中，实现全球更均衡的增长将发挥核心作用”。

接着，各国承诺打击保护主义、应对发展中国家的债务问题。在阐述各国实现政策协调的承诺之后，各国同意进一步优化经济指标在多边监管中的使用。相应地，各国采用了七个“关键变量”：增长率、通胀率、经常账户、贸易差额、预算执行情况、货币条件以及汇率。副部长们要在威尼斯经济峰会之前完成监管机制的技术性细节工作。

最后，各国同意，广场协议以来的汇率调整将有助于继续减少外部失衡，而且，“考虑到政策承诺因素，汇率浮动范围大体上符合经济基本面”。

各国货币之间的汇率大幅波动，将危及增长和调整的前景。因此引发的担忧，促使卢浮宫会议与会者同意更紧密地合作，在目前水平附近维持汇率稳定。但在两个问题上，与会者的观点存在分歧，并重演了副部长们之间的争论。在“范围”和“水平”这两个词中间，法国和美国倾向于“范围”，而日本、联邦德国和英国则相反。显然，联邦德国、日本和英国对“范围”一词的反对，缘于它们不愿意接受参考机制的理念。“‘范围’这个词听上去有些系统性。”一位反对使用这个词汇的副部长说。联邦德国和英国对法国提出参考范围这个概念的方式尤其敏感。巴拉迪尔在餐桌上使用“边际”一词即引来了联邦德国人和英国人的激烈反驳，这种情况表明了他们反对任何与目标区有关的概念。联邦德国和英国都不想让法国借着卢浮宫会议这个场合宣布接受目标区的理念。联邦德国毫不动摇地坚持使用“水平”一词，最终联邦德国占了上风。

另外，日本人也不接受任何一个可能会包含“强日元”的“范围”。因为这个原因，他们倾向于“水平”这个词，以便获得更大的灵活性。“你不需要定义‘水平’，因为眼前就是。而说到‘范围’，你就必须明确它到底是什么意思了。”一位日本与会者后来解释说。

宫泽当时提出了“目前”（present）一词的使用问题。他去征求劳森的意见，劳森在公报起草过程中经常决定英语用法。宫泽说，“目前”暗示的时间区间太过具体，他想给出一个更模糊的表达方式。劳森于是建议使用“近期”（current），宫泽同意了。对于大多数与会者来说，“那根本就不是个实质性的问题”[①]。实际上，这个小小的语言调整是为了日本国内居民而进行的翻译处理。对宫泽来说，“目前”意指即期汇率，他认为日元的即期汇率太高了；

① 作者采访一位法国官员。

而“近期”暗示稍宽的时间跨度，这有助于更模糊地解释可能让人不舒服的汇率问题。在这一点上，宫泽是对的。[①]

“近期水平附近”

一位参加卢浮宫会议的日本官员在1987年秋天透露，在巴拉迪尔开始于餐桌前讨论具体数字时，他就感觉到“近期水平附近”这个词是个陷阱。巴拉迪尔向与会者建议，他们已经同意了公报表述语言，应该解决要使用的“范围”问题。急于采纳目标区的法国人，此前可能已经收到了美国对这一动议的暗中支持。每上一道菜，日本人的疑虑就加深一点儿。

在卢浮宫会议之前，表述问题就曾是副部长之间的争论焦点，但就此认为法国人的举动是在设置陷阱，那就有些牵强了。法国人只是利用这个场合提出他们自己的政治诉求。说来也奇怪，美国和法国官员发现他们在参考范围原则上持有几乎相同的立场。

巴拉迪尔的建议是这样的：第一，以前一天（2月20日星期五）的汇率（大致上，日元/美元为153.50，马克/美元为1.8250）作为基准汇率（baseline）；第二，允许汇率在基准水平两侧5%的范围内浮动；第三，在汇率偏离基准任何一侧的幅度首次达到2.5%时，货币当局应该就干预问题进行磋商。

根据巴拉迪尔的提议，5%的范围将把日元/美元汇率置于

① 日本代表团将近期（current）翻译成“tomenno”，暗指一个稍宽的时间跨度，而不是“genzaino”——通常的意思就是目前（present）。

146.19~161.17（基于国际货币基金组织的公式），马克/美元在1.7380~1.9262。协调磋商的低点线分别是149.75日元和1.7804马克，高点线分别是157.33日元和1.8706马克。根据联邦德国与会者的说法，贝克最初似乎支持法国的提议，但在斯托尔滕贝格和珀尔表示坚决反对使用具体数字后，他的观点好像改变了。珀尔说："我们先不做最后定论，看看市场的反应。"一位与会者回忆说，贝克这时对（法国的）提议变得谨慎，说他同意联邦德国的意见。"不要把我们搞得太刻板"，报道引述贝克的话说。劳森持类似的看法。"我们的体系不能自己设置一个目标让市场去攻击。"①

宫泽是最强烈反对具体数字的，他在讨论过程中没有说话。一位与会者回忆，日本人在会上主要是旁观者。宫泽的沉默一定让巴拉迪尔感到不安，他意识到，宫泽如果不支持参考范围，他主持的会议将无法取得成功。巴拉迪尔问宫泽准备怎么做并催促他发言。宫泽拒绝接受153.50作为日元/美元的基准汇率，那会使得干预起点在149.75以上，这是一个不可接受的点位，因为这几乎突破了150。宫泽说："对日本来说，150的价位在政治上非常重要。我们目前需要的是汇率稳定，如果汇率稳定，那么日本产业界就会感到放心，但即便是150也太高了。"他建议日元/美元低于150时就应该开始干预。

就在日本大藏相接着提出日元/美元范围应该确定在150~170时，巴拉迪尔马上宣称日元应该至少再升值5%以上。其他欧洲与

① 作者采访一位法国与会者。

会者表示同意。在日本和其他与会者的争吵过后，讨论回到干预策略和具体范围上。每个与会者都表达了看法，其中一位与会者回忆起了其中的一些观点：

（斯托尔滕贝格）想让珀尔决定真实汇率和干预问题的讨论。他反对巴拉迪尔建议的严格体系，因为那会走向目标区。

（劳森）也表态反对设立明确的范围，附和着餐桌旁反对巴拉迪尔的多数声音。

（贝克）想要“范围”，我认为他只是认为明确的范围会有帮助。但进入实质性讨论时，保罗·沃尔克接过了话题。到了操作模式讨论阶段，沃尔克实际参与的就更多了。

（沃尔克）是真的同意有可操作性的区域理念。但你会发现，他的问题是不准备对干预做出承诺。我猜测在讨论中常常保持沉默的贝克和沃尔克是在等着看结果如何产生、是否可接受，（他们）不会催促会议进度。[①]

讨论一次又一次地陷进了巴拉迪尔的提议里。最后有与会者问道：“有没有谁能给我说明一下，我们到底在讨论什么？”德拉罗西埃代表主席巴拉迪尔发言。他以一个“完美的笛卡儿解释者”的方式，“解释了每个人的发言，并做了总结”，一位仰慕他的与会者说。他就像是依然在任的基金组织总裁，理清了已经进行过的讨论。他说他们已经决定从近期的汇率——日元/美元 153.50，

① 作者采访。

马克/美元 1.8250——展开操作。为了建立框架，起初先试用套算汇率，以后就不用了。至于规则，他们决定在中心汇率两侧设置边界（margin），边界之内不一定需要干预，但可以用作一个战术考虑。这些边界之外的区间（band）则要考虑进行干预。干预不需要受任何严格的规则约束，各国没有进行干预的义务，干预的规模也不会做具体约定。“我们不是必须要进行干预，但基本上，如果汇率处于边界之外的任何一个区域内，我们就要尽量让汇率向着中心汇率回归。”德拉罗西埃的表现，在一些人看来精彩无比，对另一些人来说则是“太法国味了”。

这时理查德·达曼加入了进来。这位美国副财长就讨论的主要问题谈了自己的理解。他强调了自动性机制以外的磋商和合作。在他看来，各国要保证将汇率维持在（中心汇率）上下 2.5% 的范围内；涨跌超过 2.5% 的偏离标志着要进行干预。涨跌达到 5% 则需要加强合作努力，突破 5% 的话，则只能进行政策调整和汇率调整的磋商。①

德拉罗西埃已经在餐桌上用他的解释能力基本上阐明了建议，而达曼的讲解看上去就像是在“捞点儿什么”，一位欧洲与会者回忆说。达曼认为德拉罗西埃的解释太僵化，无法在政治上适应每位听众，同时有必要告诉日本真实的目标是（在中心汇率基础上）涨跌 2.5%，而且也有必要让法国人和他自己相信，涨跌 5% 现在是合法的了（这更重要）。但这需要小心把握，不要让德国人以为

① 作者采访。

这是一个全新或是约束得太死板的体系。因此，达曼的举动本质上是基于政治考虑：通过重述，他想让这个提议对每个与会者而言都更易于接受。

德国人继续反对。珀尔拒绝讨论具体的数字，态度非常鲜明。尽管他说他赞同德拉罗西埃那种实际上部分是百分数、部分是数值的解释，但他坚称不会受制于公式。他补充说，在操作过程中，他会用这个公式作为不错的工作基础，但具体操作要由央行官员们每天基于即期汇率来确定，他不会被捆住手脚。逐渐地，“大家发觉，珀尔的言辞似乎同其他人相当不同，但实际上没有什么本质区别”。①

德拉罗西埃和达曼的解释，并没有能让宫泽改变立场。他的底线是 150，在 1 月同贝克的会谈时竭力坚持的数字。宫泽再次强调他在国内面临的政治困境，高至 145 的上限、低至 160~165 的下限是无法接受的。不过其他国家的与会者不想接受他给出的数字。联邦德国的立场是，汇率安排应该反映市场情绪，武断地设置一个汇率基准将扰乱市场。尽管贝克在一个月之前曾承诺在 150 左右守住日元/美元汇率，但他现在插话建议 140 的上限，这个水平甚至超出了 5%的波动区间。

在卢浮宫晚宴快要结束时，德拉罗西埃和达曼共同就联合建议形成了最终版本：同意两个确定的中间价：马克/美元为 1.8250，日元/美元为 153.50；（中间价基础上）涨跌 2.5%作为在

① 一位与会者接受作者采访。

自愿基础上实施共同干预的第一道防线，涨跌到5%时则必须进行政策调整磋商；波动幅度在2.5%~5%之间时，应该加大干预力度。在1987年4月的五国集团华盛顿会议之前，所有这些协议都是临时的，应该严格保密。

巴拉迪尔接着插话。他说除了一项例外，其他的都完全可以接受。他希望就法郎在协议里的地位进行讨论，提出应该根据马克兑美元的汇率水平设立法郎兑美元的中心汇率。劳森接着说，同英镑应有的水平相比，他认为（近期）英镑的汇率略低了一点儿，原因是油价下跌。他因此想稍微调整一下操作区间，让英镑的中间价比近期的水平高一点儿。[①]他很谨慎，没有明确具体的点位，其他的与会者也没有反对。劳森要做的，恰好是宫泽想做却没有做成的——调整此前已被认可的中间价水平，不同的是，劳森希望中间价能高一些，而宫泽则希望低一些。正如一位与会者所说的那样，宫泽“没能协调好‘在近期水平附近’这个表述同不对称之间的关系，他不走运。尼格尔·劳森则幸运得手了”。原因很简单。一位欧洲的副部长说：“英镑不是他们主要关注的对象。马克/美元和日元/美元的中间价是吉姆·贝克感兴趣的，也是宫泽关心的。”[②]

---

① 此处指1英镑兑更多的美元。英镑同美元的汇率标价方式，与其他货币同美元的汇率标价方式不同。——译者注

② 作者采访。

干预的政治学

在解决了参考范围问题后，财政部部长们和央行行长们并没有停止讨论，而是以类似于广场会议的形式探究起干预的方式问题。美国提出在下一次五国集团会议前建立并维持40亿美元规模的“应急干预基金”。“美国人开始就他们要承诺花多少钱的问题动脑子了。”一位欧洲的与会者回忆说。宫泽倾向于大规模干预。欧洲人则再次提出，干预的规模不是问题，对市场的影响才是。一位欧洲官员提醒宫泽，市场运行就像宇宙里的一个黑洞，会吞噬所有的干预储备。40亿美元的总量协议达成的比较顺利，干预的额度又是在美国、日本和欧洲之间大致按各自1/3的比例分配。干预期限是直到1987年4月初的下一次五国集团会议。

接下来的讨论重点是维系美元底线所需的干预规模。宫泽自己表达了需要防守日元上限的关切。他没有承诺去维系上限，因为他感觉已经太高了。其他与会者对此做了记录，决定不久之后讨论是否调整日元/美元汇率上限，但日元在3月中旬之后的快速升值，又让进一步的讨论化为泡影。

不过，卢浮宫会议之后的五周时间内，美元兑日元相对稳定，对马克和（英镑之外）其他欧洲货币则表现强势。显然，公报声明给了外汇市场信心，利率比较高的美元和英镑面临升值压力。在2月和3月初，美元对马克升值，而英镑则对主要货币升值。

1987年3月11日，美元兑马克升到了1.8745，因为卢浮宫会议上马克/美元的高点线是1.8706，这迫使美国货币当局卖出3000

万美元买进马克。这是美国货币当局首次表明其在兑现维护这个范围的承诺。货币交易商认为干预的规模远超其实际投入的数量，并将其视为大国央行眼下将按照卢浮宫协议的约定实施干预，从而在近期水平维持美元汇率的信号。意识到要避免追高美元带来的损失，早已预期美元无论如何都将长期走低的市场参与者撤下了美元买单。[①]

过了3月中旬，贸易问题打击了投资者对美元的信心，美元开始下跌。市场认为日本在削减贸易顺差方面几乎没什么进展，而日本政府又陷入税收改革争论，其在巴黎做出的刺激国内需求的承诺似乎处于停滞状态。3月23日，美元跌破150日元关口，引发了止损交易，并导致日本投资机构、保险公司和企业沉重的美元卖压。因为违反半导体协议，美国于3月27日对价值3亿美元的日本产品实施制裁，这在美国引发了对保护主义的担心，美元进一步承压。

贸易问题特别是保护主义，是市场担忧美元的主要因素。美国对日本保护半导体市场的举措进行报复之后，众议院于4月29日通过了《格普哈特未决贸易法案修正案》，禁止从被认定为对美国有“过度贸易逆差”的国家进口。这导致了全球货币市场大规模的美元抛盘。

在日本，坚守150日元的汇率是一项政治任务。面对来自大藏省的强大压力，日本银行在1987年春创纪录地大量买进美

① *Federal Reserve Bank of New York Quarterly, Review* 12 (Spring 1987)：6.

元。日本没有透露具体的干预数据，但据估计，在1987年的第一季度，日本银行的操作规模总计达160亿美元。美国货币当局也注意到美元跌破了150日元。在3月23日到4月6日之间，纽约联储的公开市场交易室每天都买进美元卖出日元，总计约30亿美元。这一操作得到日本银行和其他欧洲国家中央银行的配合。到3月底，美元维持在147日元左右。

市场开始密切关注4月在华盛顿召开的七国集团会议，希望获得财政部部长们承诺汇率稳定的信号。此次会议召开时间同世界银行–国际货币基金组织的年会接近。

在华盛顿会议上，宫泽再一次被孤立。尽管当时有着上述的联合干预，但日元已经在基准汇率的基础上升值了7%（因此是超出了5%的区间）。他一度希望就日元/美元汇率回到卢浮宫会议时的基准水平赢得共识，但欧洲还是反对。欧洲的代表们声称，日元就应该比马克升值得更多。另外，他们还警告称，“如果他们要（按宫泽的建议）那么做的话”，他们“将完全失信于市场，并将在让日元贬值的过程中耗费掉巨额资金，最终将一事无成”①。

宫泽被迫接受贝克的建议，将日元对美元的基准汇率重新设置在前一天晚上的水平。4月6日的日元/美元汇率是146，升跌2.5%的区间为142.43~149.65，升跌5%的区间为139.04~153.30。其他与会者以此向宫泽保证，150仍大体上处于范围之内。

① 作者采访一位欧洲与会者。

贝克在会上表达了对美元下跌的关注，表现出“在一系列五国集团会议上从未有过的警惕”[①]。与此同时，他批评联邦德国在卢浮宫会议之后参与干预太少，称美国不应该承担额外的责任，因为美国货币当局并没有大量的日元和马克头寸可以用于卖出操作。[②]他同时提出，欧洲应该承诺干预从而维护日元/美元汇率范围，并建议将干预规模提高到150亿美元，三个主要经济体仍然各占1/3，直到“干预基金”用完。

七国集团最后重申稳定美元的承诺，日本保证在4月底提出5万亿日元（340亿美元）的“紧急”刺激计划。但在当时，日本的计划也只是自民党的建议而已。联邦德国没有新的刺激措施，因为斯托尔滕贝格断言德国已经达到了“潜在增长的极限”[③]。美国的承诺则仍然是努力降低预算赤字。

贝克认为会议“相当成功”，日本计划中的方案“很有意义”[④]。不过对市场来说，4月的七国集团会议似乎没有任何实质性的新政策动议。加上4月14日公布的小幅改善的贸易数据让人失望，市场情绪对美元仍然是看跌。七国集团会议公报“显然没有任何支持美元的具体重大行动”，汉华信托的副总裁兼高级公司交易员詹姆斯·维克（James Vick）说，没有行动就表明这些国家

① 作者采访一位与会者。

② 不过，美国货币当局有些时候也会持有马克。比如，据一位汇率专家讲，斯普林克尔在1983年让美国储备了20亿~30亿的马克。

③ *Wall Street Journal*, 9 April 1987。

④ *New York Times*，9 April 1987。

"似乎接受了美元近期的水平及其下跌趋势"[①]。他说对了。在 4 月的会议上，七国集团只是同意新的汇率"在最近的水平附近"，而没有调整宏观经济政策。

会议结束两天之后，美元兑日元跌到了 144.2。因为在随后的几天里持续下跌，美国同日本银行和欧洲几国央行配合共同进行市场操作。4 月 7 日—17 日的 9 个工作日里，美国用三天时间卖出日元买进了 5.32 亿美元。

会议刚刚结束，美国官员就开始公开警告美元下跌所带来的危险。过去一直担心美元会自由落体般下跌的沃尔克，在 4 月 17 日提醒参议院银行业附属委员会说："美元继续大幅下跌将带来负面影响。"他补充说："我们现在需要的不是继续贬值，而是国内外行动起来实施支持增长和调整所需要的其他措施，尤其是美国要削减赤字，其他国家要刺激增长。"[②]如今，沃尔克和贝克两人都密切关注美元可能不受节制地下跌了。

鉴于美元在整个 4 月都在不断下跌，而今的贝克准备要"口头支持"（talk it up）美元。在 4 月 15 日给日本协会的演讲中，他对美元下跌的风险发出警告：

> 让我来明确一点：对我们希望其他国家高增长的目标来说，美元对其他非美元主要货币的进一步下跌肯定会带来适得其反的结果。因此，我们正准备继续紧密合作，全力以赴

① *Wall Street Journal*，10 April 1987.

② *New York Times*，8 April 1987.

地维持汇率稳定。[①]

到4月的最后一个星期，因为日本似乎无法通过一份扩张性预算且美日贸易谈判止步不前，美元再次面临强大的卖出压力。

在这样的背景下，美元跌破140日元，在4月27日触及40年来的低点137.25日元/美元。相对欧洲货币，美元兑马克跌破1.80，曾一度达到1.771马克/美元的水平。自2月到4月底，在贸易加权的基础上，美元对所有十国集团货币下跌了3.875%。[②]

美国此间总的干预情况是，买进了40.636亿美元，卖出了3000万美元。根据纽约联储的数据，为支持2月在巴黎和4月七国集团华盛顿会议上达成的协议，日本银行、联邦银行和其他欧洲国家中央银行期间买进的美元规模“惊人”[③]。广场会议之后的干预规模比商定的规模少一半，而卢浮宫会议后的干预规模则超过了广场会议。

虽然有如此大规模真金白银的操作，但在日本人看来美国货币当局并没有全力以赴地支持美元，这让他们感到困扰。4月底，日本首相中曾根康弘在华盛顿向里根和贝克暗示，他对美国稳定汇率的努力不够感到不满。贝克当即回击称，自1月以来，美国的干预规模已经超过了50亿美元，按美国的标准，这个额度之大已经是非同寻常了。

---

① James A. Baker III remarks at the Annual Dinner of the Japan Society, 15 April 1987，New York.

② *Federal Reserve Bank of New York Quarterly Review* 12 (Spring 1987):7.

③ 同上。

大藏省一些官员对联邦德国的干预规模甚至低于法国、英国和意大利感到不快——卢浮宫会议之后的三个月里，只有区区的7.5亿美元[①]。联邦银行干预规模不大，是因为其担心推高美元的大规模干预将增加联邦德国的外汇储备从而导致流动性过剩。与日元不同，马克在4月底的水平与卢浮宫会议期间的水平几乎相同。

在联邦德国真的决定进行干预时，却发现其外汇储备中没有足够的日元可以在外汇市场上卖出。联邦德国以往的干预通常是买卖其主要的储备货币美元。联邦银行因此同意向日本银行卖出特别提款权（SDRs）买进日元，再把日元在市场上卖出。日本银行同联邦银行之间的交易属于货币互换协议的一部分，于4月13日布鲁塞尔国际清算银行会议上达成，由日本银行向欧洲各中央银行提供日元作为“战争基金”[②]。德国人的解释表明是德国人发起了这项交易。“我们干预是因为我们（在日本银行）的日本朋友认为我们参与市场是有作用的，”一位联邦银行的官员后来说，“我们向他们提出了这个方案。”[③]

对于日本人来说，干预表达了联邦德国人的善意，同时也让日本人意识到，除了美国和日本，其他国家也可以对汇率稳定做出贡献。作为回报，在联邦德国货币于4月底面临升值压力时，日本银行和美联储来在东京市场上接连卖出马克。[④]

---

① 联邦银行一位官员于1987年6月中旬给作者提供了7.5亿美元这个数字。

② *Asahi Shimbun*，28 April 1987.

③ 作者采访。

④ *Asahi Shimbun*，27 April 1987.

应该注意到，并不是所有中央银行的干预都意在捍卫卢浮宫协议。尤其是一些欧洲国家，利用本国货币相对马克或美元强势，或对这两种货币同时强势的时机，通过买进美元来补充官方外汇储备。[①]一位联邦银行的官员后来在 1987 年 6 月对这种美元“抢购风”发表评论说：“它们想买美元来增加储备。那是主动自愿的行为。英国买进的金额超过 100 亿美元，日本 150 亿美元，甚至连瑞典都买进了 30 亿美元，法国和意大利也买了，它们喜欢美元。”[②]有报道称各国中央银行在 1987 年买进了大约 1400 亿美元的美元资产。[③]

实施财政政策

卢浮宫会议上的财政部部长和央行行长们强烈地意识到，美元继续下跌将带来不利后果。为了稳定汇率，也为了纠正外部失衡，他们最终宣布迫切需要财政政策协调。波恩政府同意减税并没有对联邦德国的经济增长产生明显效果，而美国政府也没能大幅削减预算赤字。不过，卢浮宫协议最终促使日本调整财政政策以刺激其国内需求。

在美国的贸易逆差于 1987 年年初仍不见明显改善时，报纸上

---

① *Federal Reserve Bank of New York Quarterly Review* 12 (Spring 1987)：8.

② 作者采访。

③ Pierre Languetin, President of the Swiss National Bank, statement reprinted in the Journal of Commerce, 22 February 1988.

开始出现批评财政部部长贝克的文章。人们原本期望急剧下跌的美元能够扭转美国贸易数字走势，但结果并不如意。股市和债市快速下跌。国内外对贝克那种曾一度压倒性的信任，开始消退了。

在利用汇率调整应对贸易逆差一年半之后，如今的贝克开始给贸易公式的需求方施加更大的压力。联邦德国和日本需要内部扩张以消化更多的世界出口商品，两国的贸易顺差不可持续。在1月末的国会听证中，贝克看上去是对美国的贸易伙伴失去了耐心。他说："我们现在唯一的要求，是世界其他工业大国根据全球反通胀的成果，尽其所能，财政政策也好，货币政策也好，让其经济尽可能快地增长。"①

美国对日本和联邦德国财政政策的失望情绪在1987年初加剧了。美国财政部一位高级官员在1986年12月底说，日本和联邦德国在刺激其国内需求方面缺少作为，特别是日本预算中"缺少增长要素"，美国政府对此感到失望。②同其他官员一样，这位官员暗示，除非这两个国家刺激其经济，否则美元还得下跌，这让本已波动的市场更加不稳定。

日本

美国财政部部长对日本1987财年的财政预算尤其感到不满，该预算中的政府开支仅仅提高了7700万美元，达到3381亿美

① James A. Baker III statement to the Joint Economic Committee, US Congress, 30 January 1987.

② *Asahi Shimbun*, 23 December 1986, evening edition.

元（1美元＝160日元），按名义价值计算只比1986财年增长了0.02%，是32年里增长幅度最小的一次。宫泽很清楚，预算案可能会招致美国的激烈批评，但因为方案是在他被委任为大藏相之前的1986年夏天起草完成的，因此他也只能支持。

宫泽随即试图通过国会推动一份补充预算，这当然不是一项简单的任务。首先，他必须非常慎重，以免不经意间引得反对党借机要求彻底修改1987财年预算初稿。反对党可能提出，鉴于补充预算在预算季这么早的时间里就提出来了，那就有足够的时间来制定一份全新的预算案。其次，他在大藏省里面临强烈的反对，这些反对意见坚定地支持削减预算赤字。反对意见也来自中曾根本人，他主要的经济纲领就是基于巩固财政——一份纠正预算赤字失控的应急计划。日本主要的商业游说组织经团联，宫泽也指望不上太多，因为中曾根–大藏省联盟已经拉拢了该组织中大部分的重量级成员。1986年秋，宫泽努力推动国会通过一项总额3.6万亿日元的补充预算。这一次遭遇的抵制更不好对付。

贝克不仅对日本“可怜的”预算不满——首期的补充预算对经济几乎没有拉动作用，对中曾根内阁减税计划的侧重点同样不满。作为日本税收领域16年来的大动作，税收改革计划在1986年10月获得了自民党税收体制委员会的同意。计划包括针对个人和公司减税。两年内，应税收入级距数目由目前的15个减少到6个，所有级距的边际税率将调低两档。为弥补因为减税带来的收入下降，税收体制委员会同意征收5%的消费税（包括服务业在内），1988年1月起执行。

日本政府强调，税收改革计划将给经济增添活力，但美国政府则持怀疑态度。美国政府对消费税特别不满，认为其将阻碍国内经济增长、制约消费。在“强日元”已经降低出口部门增长的情况下，日本需要去提振消费。对于美国政府的大部分官员来说，消费税看上去是抵消了降低所得税带来的刺激效应，税收改革计划的效果因此打了折扣。根据美国财政部一位高级官员的说法，财政部内部预估，税收计划给日本带来的增长占GNP的比重不足0.1%，该官员称之为“可怜的”数字。[①]他提醒说，根据日本当下的情况，日元可能还得继续升值。

宫泽在卢浮宫会议上解释说，反对党和一些自民党成员都强烈反对消费税，他认为消费税条款甚至可能无法在春天获得国会通过。一位与会者说，他也希望不能通过，同时问宫泽，如果不能通过会出现什么情况。宫泽回应说，这种情况下，政府将被迫发行政府债券以弥补收入的减少。另一位与会者评论说，这种做法更好一些，同时敦促宫泽批评那些发表了“不像财长言论”的外国同行们。

宫泽是一位凯恩斯主义者，他通常并不掩饰自己对日本紧缩预算和中曾根–大藏省联盟财政政策的批评。宫泽事实上是将国外的压力同国内的扩张主义者结合，来推动他的刺激计划。在协议后一个月，日元开始快速升值，宫泽面对着强烈的批评，但他仍努力在4月五国集团华盛顿会议上承诺了一项5万亿日元的财政

① *Asahi Shimbun*, 23 December 1986.

刺激计划。尽管这个计划直到春季快结束时才获得通过，但其在一定程度上正是缘于卢浮宫协议中的日方承诺："在国会通过 1987 财年预算后，将根据当时的经济情况，推出一份综合性的经济方案，以便刺激国内需求。"这一计划后来在威尼斯峰会上提高到 6 万亿日元。

联邦德国

联邦德国的税收问题牵涉到基民盟–基社盟和自由民主党的联盟政治。1985 年 6 月，科尔政府已经颁布了税收法案，在 1986 年降低个人所得税 109 亿马克、1988 年降低 85 亿马克，同时制定了一个在 1990 年减税 440 亿马克的计划。因为科尔政府希望将政府减少的收入从 440 亿的降低到 250 亿马克，其计划通过堵住税收漏洞、提高部分消费税并减少州补贴的方式增加 190 亿马克收入。

随着 1987 年 1 月 25 日大选的临近，税收问题严重影响了执政联盟内部的沟通。到他们达成共识时，德国已经拿不出能够刺激需求的有力措施了。正如一位德国官员后来说的那样："在我们对其他国家承诺之前，我们需要一个多数票。我们不希望像中曾根或宫泽那样先承诺却又无法兑现。"[①]

借助美国要求更大力度减税的压力，自由民主党为进一步的改革加紧游说，特别是对高收入者（当时的税率是 56%）和自由民主党的坚定支持者小业主减税。前经济部部长、自由民主党经

① 作者采访。

济发言人奥托·兰布斯多夫（Otto Lambsdorff）呼吁在1987年实施大规模减税。而且，自由民主党同时质疑科尔政府对1987年国民生产总值增长2.5%的预测，敦促更多的经济刺激政策［一位波恩官员后来就自由民主党对预测的批评表达了不满："我要说的是，在联邦德国政府内部，是自由民主党主席马丁·班格曼（Martin Bangemann）领导的经济部负责经济预测。"］，为弥补建议中的减税导致的收入缺口，自由民主党列出了可以取消的价值210亿马克的补贴名单。

在谁应该受益于减税的问题上，基督教民主联盟内存在分歧。该党的"社会翼"反对对高收入阶层减税，而是呼吁更多的免税。因担心支持降低最高税率会削弱工薪阶层选民对他们的支持（1月25日的选举中已经显示在下降），基民盟劳动部部长诺伯特·布鲁姆（Norbert Blum）和总书记海纳·盖斯勒（Heiner Geissler）公开反对降低高税率。基民盟内更保守的派别则反对减税，因为他们认为这将增加政府赤字，导致更高的通胀水平。长期以来，财政部部长斯托尔滕贝格一直将支持税收改革同平衡预算结合。基民盟在巴伐利亚的姐妹党基社盟，则对威胁要取消农业补贴的税收改革不信任。

要进行税收改革，政府不仅需要在联邦议院（议会下院）获得多数支持，还要在联邦参议院（议会上院）获得多数支持。联邦参议院不会顾忌党派控制问题，可能阻碍减税，因为减税标志着州收入的减少。反对对高收入者减税的社会民主党在五个州拥有多数当选议席。[①]基民盟控制的南方环斯图加特和巴登–符腾堡的高科技带区域，强烈反对税改中的降低补贴条款。因为这个问题的敏感性，科尔政府考虑，推迟到1987年夏五个州选举之后再决定如何提高收入弥补减税亏空。

1987年1月25日的下院选举加强了自由民主党推动实施减税和税改的力量。虽然基民盟–基社盟仍然维持控制地位，但其投票权从1983年的48.8%降低到44.3%，而自由民主党的投票权则从7.0%提高到9.1%。结果是，自由民主党和其他支持提前减税和税改的派别发现，它们在选举后的政府内部博弈中有了新的影响力。这是1987年联邦德国税收政治的背景。在选举结束四周之后的卢浮宫会议上，斯托尔滕贝格同意将1990年52亿马克的减税计划“提前”到1988年。几天之后，执政联盟同意了一项于1990年生效的综合性税收改革方案。

减税措施后来被证明太过温和。根据经合组织的数据，1987年联邦德国经济增长率是让人失望的1.7%。1987年10月的股市暴跌推动了刺激经济的政策，但预算赤字增加也加剧了政治压力。联邦德国制定财政政策过程的缓慢及渐进特点，持续困扰着美国和其他国家。在卢浮宫会议上，当斯托尔滕贝格试图向各国保证联邦德国经济将在4月开始发力时——“在因寒冷天气造成冬季缓慢增长之后”——他便马上遭到贝克和劳森一系列尖锐问题的

① 到1986年年底，巴伐利亚、巴登–符腾堡、莱茵兰–普法尔茨、下萨克森和石勒苏益格–荷尔斯泰因几个州基本上由基民盟控制，社会民主党单独或联合控制其他州。

攻击。对经济增长乏力的担心，造成了卢浮宫会议之后整个政策协调的不稳定。

卢浮宫协议之外

到卢浮宫会议时，美国人和法国人逐渐意识到，他们的利益和目标越来越趋于一致。美国财政部一位官员甚至用“法美联盟”这样的词汇来描述这种局势。的确，贝克和达曼并没有明确讨论他的参考范围概念。他们谨慎地避免造成正在贩卖目标区想法的印象。

从广场会议到卢浮宫会议的所有五国集团会议上，只要法国人提及“目标区”，贝克都是不置可否。比如，针对法国在广场会议上提出的目标区建议，贝克仅仅表示这个想法“不现实”。当巴拉迪尔在 1986 年 9 月的五国集团会议期间提及这个话题时，他重申了自己的反对立场。甚至在卢浮宫会议上，在美国人要“捞点儿什么”时，他们仍然是小心翼翼地出着牌，听而不语。他们避免用意识形态语言来界定成果，尽管他们自 1985 年 4 月（广场会议几个月前）就基于参考范围原则悄悄地研究汇率稳定计划了。

1985 年 4 月的五国集团华盛顿会议，贝克和达曼第一次以正式成员身份参加，这是后来影响美国“广场行动”的一次学习经历。一位与会者回忆了美国策略的诞生过程：

> 这些家伙都很虚伪……这里的所有人都完全反对目标

> （区）。当然法国人例外。他们想用具体的数字，我的意思是非常具体的目标，具体到小数点！因此我马上就明白了，要做的事情不是在思想层面去讨论这个问题，而只是提出一个可行的、有不同特点的操作体系，同时不断地讲我们并没有什么目标区体系，但我们以后可以重新提出。①

尤其是达曼，从一开始就被目标区概念所吸引。1985 年 5 月被邀请参加在华盛顿的国际经济研究所（弗雷德·伯格斯滕和约翰·威廉姆森这些目标区支持者的大本营）的一个小型午餐会时，他对目标区的强烈兴趣让其他与会者感到吃惊。不过，按照达曼的观点，他们的目标区概念太过狭窄。他说："如果配合以更灵活的政治机制和更多的政策变量，我的确认为有更大的机会实现它（目标区）。它不仅仅是个汇率问题。"他甚至表示他们的野心还不够大，"我认为如果能从（我说的）这里开始而不是从你们考虑的角度出发，你们推进得会更快"。

他知道，如果美国的供给学派们将其理解为走向金本位，他们会很乐意支持；他希望，如果研究所里的自由派专家们也倾向于目标区汇率稳定机制，那么美国财政部将能从左右两派获得足够的支持来推动它。达曼对自己的雄心秘而不宣，而美国官方则仍然对目标区持反对态度。

法国人是最早察觉到美国立场的微妙变化的。一位卢浮宫会议的法国与会者，回忆起国际货币基金–世界银行首尔会议（广

---

① 美国财政部官员接受作者采访。

场会议两周后）期间的一个插曲，显示美国支持限定的汇率范围。在五国集团的一次讨论中，法国财政部部长皮埃尔·贝格伯递给坐在旁边的贝克一张便条，上面写着：广场协议看上去是一个参考区域（reference zone）协议。贝克看了便条草草回复：不是参考区域，是参考范围。在得知美国正考虑某种参考体系后，法国人倍受鼓舞，也敢于进一步向前推进他们的想法，尽管法国人不得不猜测贝克为什么要把“区域”和“范围”分得如此清晰。[①]

法国国库主任丹尼尔·勒贝格曾在1985年年末详细阐释了目标区体系，预期其可以影响美国的政策制定者。在名为“改革国际货币体系”的建议中，他首先强调，法国建议的首要目标是恢复汇率在经济政策制定过程中应有的重要地位。他注意到近期关于汇率稳定的舆论环境变化，“同几个月前相比，这个建议在今天就没那么有挑衅性了”。

勒贝格提出，大国也应该就欧洲货币体系内部汇率间的“恰当水平”进行“坦诚沟通”。他就实现“最大国家”间的汇率稳定提出了一个渐进方式。首先，在汇率大幅偏离设定范围的最初始阶段分析形势。这些“范围”最初应该保密，只能在以后的某个时间才可以公开。接下来，开始启动那些用来维系参考区域的更严格措施。这个渐进过程需要持续足够长的时间，之后应该将机

① 一位里根政府的官员后来这样解释了贝克的意图：“‘目标区’在德国人、英国人和日本人中名声不好，在美国也存在这方面的问题。关于目标区的建议也是五花八门，有一些建议太过死板。就是那些死板的目标区建议招致了大多数人的反对……如果不用这个词，你还有可能说服人们，即非常灵活和宽泛的‘范围’（如果你想用这个词的话）将不同于‘区域’。这样你有可能赢得更多的支持。”

制制度化。他表示，这样做的目的不是要建立一个过度僵化的体系，“范围”的设定可以时常修改。

勒贝格提出的临时性参考区域是中心价格两侧5%~10%，在这个区域内，“十有八九，许多理论测算将给出汇率价格……一些好的经验也应该有助于确定初始区域”①。他进而强调，主要问题并不是货币当局能否有效引导或应对市场波动。“那不是主要问题。过去几年的教训是，缺少轴心点，市场无法正常运行，而这正是参考区域可以提供的。”他认为市场波动和高利率也是不稳定因素，可以围绕参考区域通过“改善协调”加以控制。②

1986年2月的国际货币会议上，勒贝格私下里同美国财政部副部长助理查尔斯·达拉拉（Charles Dallara）交换了看法③。美国财政部的官僚反对目标区，而达拉拉是法国人认为的“强硬派”。让勒贝格吃惊的是，达拉拉看上去接受法国人的建议，但他认为法国人应该做好准备，接受一个更实用的目标区体系。

这次会议很偶然地出现了一个有趣的副产品。联合主办会议的法国国际经济研究中心主任让·米歇尔·沙尔潘（Jean Michel Charpin）向勒贝格建议，法国应该换掉目标区这个词，因为这在法语里有军国主义的含义，听起来也太刺耳。在勒贝格的建议下，

① Daniel Lebegue, “Reforming the International Monetary System”, *Economie Prospective Internationale* (Paris: Centre d’Etudes Prospectives et d’Informations Internationales),24 November 1985.

② 同上。

③ 1986年2月6—8日关于国际货币体系问题的国际货币会议上一位与会者的说法。

法国财政部很快决定放弃使用该词，代之以没那么好斗的表达方式：参考区域。一位法国与会者在卢浮宫会议上再次坦承："我们是非常谨慎，不使用挑衅性的语言。"

在达拉拉和财政部其他官员的支持下，达曼断定，作为第一步，一个可调节且仍然基于基本面而不是干预的目标区，是合理且可能的。在给贝克的一份秘密备忘录里，达曼尝试性地提出了"中心价格两侧大约10%~15%的区间（band）"的建议，同时指出这并不是分析得出的数字。写于1985年4月的达曼备忘录，还包括一个指标机制、政策协调和干预策略，简而言之，就是贝克的财政部从广场会议到卢浮宫会议所有新政策动议的要点精髓。

美国经济顾问委员会主席斯普林克尔怀疑，"广场行动"某种程度上演变成了目标区体系，贝克则对这种说法直接予以否认。正如我们在第三章中看到的关于美国国内政治的讨论，国务卿乔治·舒尔茨既不支持干预行动，也不支持任何固定汇率的想法。贝克和达曼从未公开为汇率区域、范围或任何类似的体系背书。不过，将东京峰会上抛出的指标体系视为伪装的目标区体系的怀疑在增加。但广场会议和"东京峰会"之后贝克上升的声望，加上沃尔克对他的支持，事实上平息了那些更意识形态化的"杂音"。

同贝克一样，沃尔克也从未支持过目标区体系，特别是他担任美联储主席之后，但他的一位密友证实，"他也从不是浮动汇率的狂热粉丝"。在1978年11月9日于英国的著名演讲中，沃尔克清晰地表达了他关于国际货币体制的理念，而就在演讲前几天，卡特政府刚刚宣布了一项美元拯救计划。尽管时任纽约联储主席的沃尔克在演讲中强调，“自由浮动汇率没有实现更独立的国内货币或其他政策的承诺，会让国内经济管理变得更复杂”，但他基本上支持“在浮动体系的大框架下开展工作的务实选择”①。

在他看来，“在涉及多个主权国家的不确定世界里，浮动汇率有两个最大的优点：它既不需要明确的国际协定，也不需要严格的维护汇率承诺”。对那些大国来说，这些优点可能仍有决定性意义。但他提醒说：“不能否认的事实是，如果听之任之，市场汇率在某一时点的波动将非常巨大，会给升值国和贬值国的增长和稳定都带来破坏。”但他并不赞同一个新的汇率体系。相反他认为：

> 应当采取本质上更注重平稳的共同应急计划。几个大国之间更清晰地理解哪些极端波动是可以相互容忍的、哪些是应该坚决抵制的，这在我看来更有利于国内政策的制定，也可以给国际市场带来更稳定的基础。

我们面前毕竟有这样的例子，即便是美国这个最大的国家也发现，在其国内政策因汇率极端波动而受到冲击时也得小心，很久之前的英国也经历过这个教训。同时，意识到极端波动将被抵制并逆转走势，这将有助于稳定市场预期，从而在第一时间减少这些极端波动造成的风险。

---

① Paul A. Volcker, “The Political Economy of the Dollar” , The Fred Hirsch Lectures, sponsored by the Fred Hirsch Memorial committee, Warwich University(Coventry, England), 9 November 1978. Reprinted in the *Federal Reserve Board of New York Quarterly Review* 3 (Winter 1978-1979):1~12.

沃尔克“平稳的共同应急计划”以及“在‘抵制’其他波动时‘容忍’一些波动”的表述，可能被达曼直白地理解为目标区建议，只是沃尔克没有直接这样说。要建立参考范围机制，贝克和达曼指望着沃尔克敏感的实务直觉，并同他结盟。当然，明确支持目标区的立场，可能在政府和官僚体系内招来无数的反对者。美联储内部对于目标区体系就有怀疑，原因是其在“不断增加的政治干预可能性”面前会非常脆弱。①1987年晚些时候，随着股市的暴跌，反对者马上跳出来指责贝克，要求废止卢浮宫协议。②11月19日，斯普林克尔利用作为经合组织经济政策委员会主席的机会批评了卢浮宫协议，他在要透露给媒体的会谈总结中加进了一句预先声明：“一段时间以来，将汇率维持在不符合经济基本面水平的努力给我们带来了麻烦。”他同时批评了“固定”汇率的想法。他的这个举动当即遭到日本经济企划厅副长官高雄赤羽（Takao Akabane）的批评，后者指出，透露斯普林克尔的预先声明将给市场造成一个印象——经济政策委员会将支持放弃卢浮宫协议。斯普林克尔随即作罢。③

这项任务面临的国际困难甚至更多。联邦德国人和日本人对在他们看来相当模糊的美国政策越来越紧张。在美国有意将汇率作为一系列经济指标的关键变量时，他们再度认为指标体系是

① 作者采访美联储一位高级官员。

② 具体例子可参见 William Niskanen, “A Lower Dollar vs. Recession”, *New York Times*，1987年10月27日。

③ 作者采访日本代表团一位成员。

“披着羊皮”的目标区体系。这个担心在日本官员中间尤其强烈。不过，他们希望稳定汇率，首先是希望停止日元的进一步升值。到卢浮宫会议时，他们几乎要屈从于支持范围机制或任何一种能终止日元升值的机制。这个时候，思想上对目标区的反感已经不是最重要的了。在联邦德国，联邦银行对目标区的抵制最强烈，那里的官员们怀疑其实用性和有效性。他们认为政府没有权力通过设置汇率来干预货币政策的制定。联邦银行的官员更忠诚于市场机制，而不是政治家。

对新国际货币体制的初始探索，是勒贝格、达曼和沃尔克在“广场行动”期间有意识地提出理念并尝试的。但他们的关注点和视角却大有不同。勒贝格的想法是法国关于目标区的主流正统代表；达曼的策略反映了美国作为债务国稳定美元的政治需要：这两国的想法是政策协调战略的支柱；沃尔克的实用主义则决定了“平稳的共同应急计划”的需要。这些观点的思想交汇共同促成了卢浮宫协议。毫无疑问，1987 年年初的经济因素：美元的快速下跌和攀升的利率决定性地促使贝克达成一个稳定汇率协议，并迫使他同沃尔克一样担忧起美元的未来。由此，卢浮宫协议是临时的政治压力产物，且首先是美国的政治需要。因为其临时性，卢浮宫协议的内在弱点就不可避免了。

概念框架

分析卢浮宫会议上商定的范围体系的概念框架，可以得出七个结论：一、讨论的范围（range）没有被公开；二、套算汇率的中间价是基于会议前一天的汇率做出的：日元/美元是153.50，马克/美元是1.8250；三、边界和（边界之外的）区间的宽度；四、边界和区间是以对美元的双边名义汇率确定，而不是真实有效汇率；五、这个安排是临时性的——“直到有进一步的通知”；六、干预是以磋商为基础，而不是强制性的；七、没有明确重设范围同预定政策之间的关系。①

保密和可信度

卢浮宫会议特别是五国集团星期六的讨论，是自1985年9月广场会议以来保密程度最高的。日本大藏相宫泽喜一请求那些外国同行们保守会议秘密，警告说如果内容泄露将招致难堪的政治后果。

财政部部长和央行行长们都非常谨慎，没有透露会议上讨论的数字。毫无疑问，他们考虑到了这些信息可能造成的爆炸性影响。他们担心，市场的即时反应对这些脆弱承诺带来的考验可能大到无法承受。鉴于他们的最初努力本质上是在寻找一个新机制，他们的顾虑是合理的。保密的事实恰好说明了这一操作的实验性以及与会者的承诺本质上是有条件的。

保密，加上工作晚餐会议上达成政治共识这种非常不正式的

---

① 关于目标区的政策含义，参见John Williamson and Marcus H. Miller, *Targets and Indicators: A blueprint for the International Coordination of Economic Policy*, *Policy Analyses in International Economics* 22（华盛顿，国际经济研究所，1987年9月）。

方式，导致各成员国对协议的理解五花八门。美国和法国官员均相信，这个体系一旦建立了一段时间，相关细节就可以作为渐进制度化过程的一部分而公开。在1987年9月的国际货币基金–世界银行会议期间，劳森透露了相关安排的核心实质，这让联邦德国和日本大为震惊，后两国怀疑劳森是在充当贝克的喉舌，也是在为进入欧洲货币体系做准备。①但保密有一个缺点。“记住，那只是晚餐对话。”一位有意淡化协议重要性的与会者这样评论说。另一位与会者说：“如果晚餐对话应该产生一份协议的话，那一定是达曼的总结发言。起码没有人质疑他的发言。但如果要问是不是真的达成了共识，又没有人去推动这个决定。”但其他与会者仍然认为，他们已经就概念框架和确定的范围达成了共识。

对承诺严肃性看法上的差异，在1987年秋的五国集团华盛顿会议上表现了出来。劳森当时提出如果调整币值的时机出现，中心汇率的调整应该限制在已有的范围之内。这看上去是要努力形成范围机制。但联邦德国不支持将卢浮宫体系如此制度化。②一位联邦德国与会者回忆说：“我在会上听到他的话后都惊呆了。”他抱怨说：“劳森制造了一个错误的印象，即整个过程过多地关注了汇率问题。”

基准汇率

将即期汇率确定为参考范围的基准汇率是否是最佳选择存在

① *Financial Times*, 2 October 1987.

② 同上。

争议。“在美国同其贸易伙伴间的外部失衡如此巨大的情况下，现行汇率并不能代表任何基本均衡汇率”，这样的质疑很合理。任何重要的汇率调整因此都不被允许。实际上，一些经济学家的确提出，中心汇率选择的不恰当注定要动摇卢浮宫协议。

但另一个重要的问题是，在卢浮宫会议上商定的水平以下确定美元的基准汇率，在政治上是否可接受。尤其是日本人是不会同意接受更高的日元汇率，联邦德国人同样也会投反对票。除此以外，这个临时程序使得他们不可能找到更能服众的“均衡汇率”。要避免无休止的讨论，他们别无选择，只能采用现行的汇率水平。

如果成员国认为，基准汇率将由即期汇率决定，它们将有可能会在下一次五国集团会议前操纵汇率，希望相对于其他成员国而言，本国的汇率更有利。当美国官员开始在（1987 年）1 月初口头打压美元时，其他国家政府纷纷质疑美国政府的真实意图。贝克–宫泽协议前，美国财政部对日本大藏省“操纵”日元/美元汇率的调查说明，基准汇率是可以被操纵的。这一关键问题涉及美国对基准汇率和范围的承诺。美国政府单方面贬值美元进而在其需要的时候重设基准汇率的预期，让其贸易伙伴感到不安。当美国在 10 月股市暴跌后再次让美元下跌时，日本大藏省一位愤怒的高级官员评论说：“这不是重设基准汇率，那就是贬值。美国作为一个债务国，只要其债务人身份不变，只会不断地让美元贬值。”这个评论有说服力。美国在卢浮宫会议上被迫达成的汇率稳定协议的事实，并不一定阻止其进一步贬值美元。实际上，10 月股市暴跌之后单方面贬值美元，加深了其贸易伙伴对美国信守卢浮宫协议诚意的担忧。对美国来说，稳定美元的需要和不断增加的贬值诱惑，是需要不断面对的两难选择。

边界和区间

另一个重要的关注点是边界和区间的宽度。与布雷顿森林体系和欧洲货币体系的安排相比，5%的涨跌范围当然不能称之为窄幅。但可以注意到，巴拉迪尔以及德拉罗西埃和达曼各自为边界和区间提及的2.5%和5%的范围，只是勒贝格建议文件中的一半。这一设计比达曼给贝克备忘录里的建议（5%和7.5%）也要窄。当勒贝格有一次将这些更窄幅的数字放在桌子上时，五国集团的副部长之间就开始传播了，尽管并没有就其进行实质性的探讨。更窄幅的边界和区间将更像是固定汇率体系，当然它非常好地迎合了法国的立场和策略。一位法国与会者后来承认，巴拉迪尔就是因为这个原因才使用了窄幅范围。这显然是让这个新安排像法国式目标区的政治操作。到卢浮宫会议的那个晚宴时，法国人对他们可以推销这个参考范围的想法信心满满。如果能够接受更窄的范围，那对他们来说结果就非常完美了。

这种安排，一方面缺少弹性，另一方面很可能失去可信度。因为总体而言，区间越窄，越需要经常调整。协议的发起者们当然意识到，将汇率维持在如此狭小区间的可能性微乎其微。他们清楚，将来这个区间是要重新调整的，当然仍然是秘密地调整。如果不是协议中有规则约束，他们是不会接受如此窄幅的区间的。

也是因为这一点，他们同意协议在下一次五国集团会议前有效，有效期仅仅不足两个月，他们预期这样一个狭窄区间在这个时间段可以维持住。换句话说，区间的狭窄也反映了协议的临时本质。

窄区间的另一个原因同政治有关。正如一位美国与会者所解释的，日本人会认为更宽的波动区间是不可接受的，因为如果中心汇率确定为153.50的话，更宽的区间将会提高日元汇率的升值上限。宫泽毫不退让地坚持150（的上限）是政治因素使然。面对着日本国内要求停止日元升值的压力，宫泽压倒一切的目标就是捍卫一位日本官员所称的“150日元的马其诺防线”。他担心更宽的区间将迫使日本接受更高的日元边界、更大的波动范围。不过，在缺少重点政策调整的情况下，窄幅的边界和区间显然是无效的。

双边名义汇率

在卢浮宫会议的准备阶段，副部长们曾考虑过以有效汇率来确定各货币之间的汇率关系。一位法国与会者在工作晚宴时也曾提及过，但当即被视为“不可操作”而放弃。一位与会者解释说：“从实务操作者的角度，汇率必须且只能以名义价值确定。我们不是要去追溯历史表现，而是要为当下和未来的行动寻找一些实用指引。”

套算汇率确定得“很全面”——以美元兑其他所有四种货币的双边汇率来确定，尽管这个机制本质上基于两个汇率：日元和马克。

临时性安排

与会者基本同意在下一次五国集团会议之前，即“在六周的基础上”沿用这个区间，部分是因为其要在认定区间合理之前，看看日本和联邦德国如何实施他们承诺的财政政策。其他与会者均完全接受贝克所强调的协议的临时性特点。

广场会议以来，在临时安排的基础上，政策协调正逐步成为趋势。大多数人谨慎地希望，这个过程能够制度化。他们都非常认同，第一步是在尚处于探讨阶段的范围概念基础上逐渐形成制度化的协议。另外，鉴于联邦德国强烈反对更严格的范围机制，政治上唯一可行的选择也就是临时性的安排了。

非强制性干预

拥有庞大外汇储备且倾向于非冲销干预的日本人，希望干预的承诺更有约束力，而德国人则极度反感将其手脚同强制性的机制捆绑在一起。德国人的警惕基于联邦银行担忧要在货币政策的控制上做出妥协，同时也基于其反对欧洲货币体系内部的界内干预。珀尔一再强调，干预不应该是强制性的，在沃尔克的支持下，他的提议成了主导。

互动机制或“磋商沟通”

“卢浮宫机制”所有的内在不足中，最致命的是没有能够在汇率调整同国内财政、货币政策调整之间建立互动机制。卢浮宫会议的与会者责成副部长们在威尼斯峰会前进一步具体化指标机制。

不过，多亏了日本和联邦德国的反对，指标体系没有将汇率调整同宏观经济政策调整相结合。因为其他国家仍然认为美国还有口头打压美元的动机，这制约了其他国家对宏观政策调整做出更坚定的承诺。美国政府一位高级官员解释称，他们之所以在 1987 年春重设日元/美元汇率区间，是因为“市场认为日本不会实现其基本面的调整，日本已经丧失了信誉”[①]。1987 年 4 月的华盛顿会议后不久，日本大藏省一位高级官员无奈地评论说，他不能理解的是，对日本改善基本面的预期为什么在仅仅一个月内的时间里就发生了改变，尤其是在日本的财政刺激计划很可能有效果的情况下。“当得知华盛顿重新调整了日元/美元汇率的基准时，我相当震惊，差点儿从椅子上摔下来。宫泽一定比在卢浮宫时还震惊。”[②]

尽管当年晚些时候有报道说，贝克 1987 年 10 月 19 日同联邦德国货币官员在法兰克福会晤时要求重设马克/美元基准汇率，但当时并没有进行。到 1987 年 12 月七国财政部部长联合宣布美元进一步贬值将产生负面效果，才实现真正重设。（一位联邦德国官员当时强调说，12 月的“重设”应被视为“接受当前汇率”，而不是重设。“总而言之，那是我们必须接受的。但并不意味着那是一份协议。”[③]）

协议的临时性特点，使得美国单方面重设基准汇率的行为成为可能，同时也破坏了这个机制。卢浮宫会议上，各国同意在汇

① 作者采访。

② 同上。

③ 同上。

率达到5%的波动区间时将就政策调整进行磋商，但并没有就如何磋商明确可操作的措施。巴拉迪尔后来说："卢浮宫协议是一个好协议，但从没有被完整执行。谁执行什么、如何执行、执行到什么程度，都没有深入地探讨，也没有决定。"①

除了诸多的技术困难，还有一项重要的政治问题：谁赢了以及以谁为代价？尽管法国人想保持低调，但不可否认的是，卢浮宫会议是雅克·希拉克（Jacques Chirac）的得力干将巴拉迪尔的一次成功的政治秀。当然，虽然没有人说他们的提议看上去像是目标区，但法国人没有浪费任何一次这样描述它的机会。其他的与会者，尤其是联邦德国和英国，对这一想法非常敏感，同时拒绝接受这一协议作为新体系。另外，一位欧洲与会者说："我们不希望法国宣称那是一场外交胜利。"②

在被问及卢浮宫协议失败的原因时，一位美联储官员的回答是，"贝克手里没有足够的筹码"。他指的是财政政策协调的失败，以及贝克无法就总统和国会未来的行动做任何承诺。无法协调财政政策从一开始就给"广场行动"投下了阴影。对卢浮宫协议同样如此。尽管日本最终实施了财政政策调整，但美国和联邦德国并没有跟进。贝克削减美国预算赤字的承诺也没有带来任何新的财政政策。债券市场的不安导致价格在卢浮宫会议两个月后开始下跌。到1987年秋，日本的机构投资者恐慌出逃，他们购买美国国债的意愿下降，股市暴跌。对美国预算赤字不断增加的担忧，

① 作者采访。

② 同上。

又制约了货币政策。

同样重要的是，卢浮宫协议中没有相应的货币政策维护“范围机制”。在公报中，只有日本表示其央行将降低贴现率。联邦德国只是保证“货币政策在维持价格稳定的同时，旨在改善经济持续增长的条件”。美国货币政策将“符合经济可持续、无通胀的扩张要求”——一个熟悉的不作为和无方向的同义词。“看看卢浮宫公报，你永远也找不到‘货币政策协调’，永远！”欧洲的一位中央银行官员说：“没有任何迹象表明，他们打算协调货币政策，以获得他们称之为目标的相对稳定的汇率。”[①]美联储一位官员认同这一分析：“我们在卢浮宫会议上没有就改变货币政策做任何承诺。我们在4—5月的危机时期开始认真考虑捍卫美元的问题，但不是在卢浮宫会议上。”[②]

在卢浮宫会议上，珀尔甚至比在广场会议时更坚定地坚持，货币政策操作，尤其是就干预的战术范围进行的日间磋商，应该交由中央银行负责。德拉罗西埃甚至是劳森都支持珀尔。贝克的态度是，美国贸易伙伴的利率应该低于美国的利率，各中央银行应该通过货币政策合作和联合干预来维系议定的范围。值得注意的是，沃尔克在交流过程中保持沉默。沃尔克“明显是不想动摇美国的立场”[③]。

正如以往的五国集团会议，卢浮宫会议上，央行官员们没有讨论他们将如何利用货币政策支持已做出的承诺。相应地，他们

① 作者采访。

② 同上。

③ 作者采访一位与会者。

也没有明确在需要时如何执行货币政策，以便在约定的范围内维系汇率。这被留给4月底美国和日本货币当局临时的短期利率操作来解决，部分是为便于向日本投资者拍卖美国国债。但那是一次短命的操作。日本银行在美联储于1987年9月提高其贴现率之后也提高了利率，从而抵消了前述操作。卢浮宫会议之后一直担心干预操作将可能引爆通胀的联邦银行，早已经转向紧缩的货币政策。货币政策协调在实施“范围机制”时的缺位，使得卢浮宫协议在市场攻击（最终的动荡极点是10月的股市暴跌）面前显得脆弱不堪。里根政府一位官员后来这样批评联邦银行的货币政策：

> 德国人有一段时间利用它（货币政策维护汇率稳定），接着他们开始提高利率，这对维系汇率范围来说是起反作用的，除非美国提高利率并保持住利差。美国和日本在卢浮宫会议之后非常成功地协调了货币政策。但联邦银行因为国内因素决定开始提高利率。我们需要让它们知道，这是有悖于卢浮宫会议精神的，美国不准备跟随它们的行动，因为那样做将可能给美国带来衰退风险。[①]

在1987年12月的七国集团公告之前，巴拉迪尔一直坚持汇率稳定有赖于更坚定的货币政策协调，但七国集团找不到一个可接受的协调方案。卢浮宫会议的“范围协议”就成了财政和货币政策协调不作为的牺牲品。

---

① 作者采访。

第九章

教训

到 1987 年年末，一度高调的广场会议国际政策协调在五国集团各国遭到了严厉的批评。10 月的股市暴跌暴露了政策协调过程中结构上的潜在不足。面对着崩盘的股市，里根政府明显无视卢浮宫协议的精神，降低了利率并再度让美元下跌。“危机让美国政府感到异常震惊，在股市崩盘后的两周里，根本就不在乎卢浮宫协议了。”一位五国集团会议的常客说。[①]经济顾问委员会前主席马丁·费尔德斯坦宣称，美国应该“明确但友好地放弃国际政策协调这一政策”[②]。

但对另外一些人来说，股市崩盘恰好有力证明了需要政策协调以便解决危机根源——国家间不可持续的外部失衡和汇率过度波动。《华尔街日报》提出，“国际金融领导人应该开始考虑汲取

① 作者采访。

② *Wall Street Journal*，9 November 1987.

危机教训，努力打造一个更持久的汇率体制”①。

有些广场会议的与会者从“广场行动”的经验中总结出一些教训。美国财政部部长詹姆斯·贝克说：

> 主要工业国家间仍然存在经济政策协调的空间，这要持续地投入时间、精力和工作……你不可能每一次都能成功地取得最佳的宏观经济政策效果，但这不代表应该停止努力……教训是，要坚持（政策协调），不断地去推动。②

广场会议时的日本大藏相竹下登得到的教训是：“第一，现在很清楚，不能仅仅借助于汇率调整来纠正外部失衡；第二，不能仅仅依靠日本的努力（来纠正）；美国必须兑现自己的承诺。”③美联储前主席保罗·沃尔克给出的教训则很简单：“谈得很多，但行动太少。”④

一些政策制定者则坦承，他们必须尊重市场的力量。美国财政部负责国际事务的部长助理大卫·马尔福德说：“市场判断的影响远远超过很多政治人物和经济学家的想象。”自广场会议起就感觉到政策协调先天不足的市场，将其判断传递到了黑色星期一。

---

① Editorial, *Wall Street Journal*, 20 October 1987. See also：*Resolving the Global Economic Crisis: After Wall Street. A Statement by 33 Economists from 13 Countries*, Special Report 6(Washington：Institute for International Economics, December 1987）.

② 作者采访詹姆斯·贝克。

③ 作者采访竹下登。

④ 作者参访保罗·沃尔克。

在马尔福德看来，市场的信号是清晰的：

> 主要贸易国家的经济政策协调必须持续强化，各国内部、各国之间应该加速进行必要的调整。世界的注意力更集中在源自广场协议、“东京峰会”和卢浮宫协议的协调过程，这一点非常清晰，也是前所未有的。[①]

尽管对更全面的政策协调充满期待，但通向这一目标的道路却障碍重重。“广场行动”过程已经见证了货币政策要“不协调”非常容易，卢浮宫协议的指标机制和参考范围也经历了严峻考验。这两个机制是否可行仍要留待以后观察。

财政部部长和央行行长这些直接的操盘手们走马灯一样的交替。这样一来，未来的美国政府可能再次诉诸造成“世界麻烦”的单方面手段，恰如尼克松、卡特和里根在他们各自任期之初的做法。

美国作为世界最大债务国这个越发不利的处境，可能使得广场会议到卢浮宫会议期间精心编织的各种安排变得脆弱。日本和联邦德国两国内部不断增长的民族主义和反美情绪（部分是对美国保护主义的反应），可能延缓甚至终止这一刚刚起步的努力。如果金融市场再来一次暴跌或是全球衰退，那五国集团成员都将陷入混乱，迄今为止的成就与西西弗斯的努力没什么两样。尽管协调过程中有各种障碍，但仍是势在必行。

① David C. Mulford, Remarks at the Asia/Pacific Capital Markets Conference, San Francisco, 17 November 1987.

自20世纪70年代初布雷顿森林体系崩溃以来，世界经济发生了翻天覆地的变化。这个变化如此剧烈，以至于任何国家（尽管其可能很伟大）都无法忽视其国内政策对世界经济及因此给本国利益带来的巨大影响。各国由此必须更加巧妙地协调政策，从而保证其经济安全和公民的福利。为经济安全进行的经济政策协调，必须同政治议程中的国家安全问题一视同仁。一方面是“已经改变了的世界经济”[①]，另一方面是不容侵犯的主权神话，这两者之间的鸿沟必须进一步缩小，政治家以及普罗大众将因此被迫重新审视那些同国际责任不匹配和不一致的政策。最发达工业大国之间的经济政策协调痛苦但却必须，各国须据此着手应对处理。之所以痛苦，是因为政策制定者将不能再诉诸“在一国发展资本主义”的套路，也不能再指责“外部性”了。仅仅将责任都归罪于市场将于事无补。各国都必须“为国家良好行为和实现全球目标制定一套非常稳健的规则”。[②]

作为未来政策协调策略成败的可能范例，应该重点研究始于广场会议的经济政策协调。毕竟，在工业国家间改革国际经济决策的过程中，“广场行动”是自布雷顿森林体系崩溃以来（除1978年波恩峰会简短的政策协议以外）第一次重要的冒险尝试。它也是针对浮动汇率“无体系”混乱状态的第一个极为重要的回应，是

① Peter F. Drucker, “The Changed World Economy”, *Foreign Affairs* 64(Spring 1986)：768~791.

② Stephen Marris, “Managing the World Economy:Economics, Institutions, and Politics”, Professor Dr. Gaston Eyskens Lecture, Katholiecke Universitiet (Leuven, Belgium), November 1986，8~30.

寻找更稳定国际货币体系①的一次探索。另外，通过七国集团峰会和五国集团相结合的框架，将国家元首、财政部部长和央行行长们召集在一起，从而将最高当局的政治意图和影响力加入到经济政策协调机制当中，“广场行动”实现了对国内经济政策加强国际监督的努力。未来逐渐增强的协调将必然依托20世纪80年代后半期的经验和教训，特别是1985年9月的广场会议到1987年2月的卢浮宫会议期间的五国集团战略。

毫无疑问，此间的成果没有达到那些更积极的政策协调支持者的预期。“广场行动”的批评者指出了很多的不足，主要有五项。批评者最频繁提及的是所谓的“政策协调‘就是个公关宣传’”。按照这个观点，“广场行动”与以前的那些努力差不多，而自20世纪70年代初以来就存在的五国集团实际上并没有什么新意。说广场会议在政策协调方面翻开了新的一页会造成误导，因为它没有创新也没有实质性内容。第二个批评是，“广场行动”的唯一目的就是争取时间。根据这一观点，其仅有的成功就是拖延了美国国会里的保护主义力量，除此之外没有任何成果。第三个批评是，“广场行动”基本上是美国政府掩盖“里根奇迹”失败的一次努力。国际协调被用于掩饰执政上的失败，在五国之间推卸外部失衡的责任。第四个批评是，“通往地狱之路是铺满善意的”。换句

---

① 关于“无体系”（nonsystem）一词参见 John Williamson，“The Benefits and Costs of an International Monetary Nonsystem”, in *Reflections on Jamaica*, by Edward M. Bernstein et al., Essays in International Finance, no. 115, Princeton University，April 1976。

话说，尽管财政部部长和央行行长们的初衷是好的，但“广场行动”真正带来的后果却比没有动作更糟，原因在于制定了一些不利的政策。最后，一些批评者断言，广场会议本身是可有可无的，我们根本就不需要它，美元早已经开始贬值了，因此不需要再推一把。如果它有什么影响的话，就是起了反作用。

认为五国集团“广场行动”是宣传噱头的观点，一定程度上被参与者自身的行动坐实。政治家们倾向于就政策公告大肆宣传，而财政部和中央银行的职业官僚们则不愿意成为公众焦点，因此拒绝公开政策制定过程。如果听说五国集团广场会议产生了重大影响，一些职业官僚会感到耻辱，因为他们此前已经花了大量时间参与五国集团的政策协调。德意志联邦银行行长卡尔·奥拓·珀尔就强调了这一点：“不依托那些著名的机构和组织，也会有有效的经济和货币合作，这在 1985 年纽约广场饭店的会议很久之前就是这样。而今广场饭店似乎变成了合作的同义词了。”[①]珀尔并没有隐藏他对秘密的“图书馆集团”——当下五国集团的前身（由乔治·舒尔茨、赫尔穆特·施密特和德斯坦于 1973 年在白宫发起）——“美好旧时光”近乎怀旧般的留恋。珀尔说：“回想起来，在我看来，那些会议的非正式特点……非常有利于集团内部坦诚交换意见，也因此有利于提高工作效率。”保罗·沃尔克与他这位同行一样，对于发布公报及对所有五国集团会议都有过高预期的心态感到不自在。就在卢浮宫会议前的 1987 年 2 月 19 日国会听

① Karl Otto Pohl, “You Can’t Robotize Policymaking”, *The International Economy* (Washington), October/November 1987:20~26.

证会上，沃尔克解释说：

> 我认为我们不必召开紧急会议……我不想看到那些会议最近那种兴师动众的样子……我认为那种“没有一系列具体决定就不开会”的想法是个大错误。[①]

他的这个看法在财政部副部长中产生强烈共鸣，他们此前习惯于主导会议、把握节奏。不过，从广场会议到卢浮宫会议期间，贝克和达曼带头将五国集团变成了一个政治性论坛。但这并不表明这一做法就“仅仅是广告宣传”。实际上，如果其发挥的作用被认可，广场会议到卢浮宫会议期间关于公开性的批评就消失了。宣传可以被用于实现这些目标。前述过程中，公告给了市场强烈的信号，同时相当于向美国公民保证，政府确实在为贸易问题“做事情”。

这不只是公关宣传的问题，更是一个在制度安排时角力政治动机的问题。只要涉及改变政治规则、调整制度流程，问题的焦点就是权威再分配过程中谁赢谁输。宣传曝光提高了对改变的关注，可能增加机构内部和机构之间的紧张关系。另外，尽管对公关宣传的强调似乎掩盖了实质，并让宣传本身成为焦点，但千万不能忽视最初推动进程的政治和经济目标。

所有五国政府此间有一个共同利益诉求：抵制美国国会里的保护主义势力，也就是在“争取时间”。不可否认，因高估的美元

---

① Paul A.Volcker, testimony before the US Senate Banking Committee, 19 February 1987.

和快速增长的美国贸易逆差而加剧的保护主义压力无处不在，应对这一压力是广场会议发起干预行动的主要动因。因此，维护自由贸易不应该仅仅看作是争取时间的战术，其自身就是目标。另外，因缓解贸易争端需要而达成的协议，带来了货币政策上的更多合作。从这个角度讲，“广场行动”在很大程度上是一次成功的战役。但它后续衍生的内容就更多了：货币政策协调、一个指标机制和一个参考范围方法。

贝克当然意在争取时间，因为大选正在临近。政府一位前高级官员评论说：

> 吉姆·贝克是杰出的政治家，政治家是只关注连任竞选不关注政策的。贝克是在为下一次的国会选举争取时间。到1987年春为止，他的确赢得了时间。广场协议就发挥了这个作用。①

尽管贝克优先考虑国内政治事务，但大量的证据表明“广场行动”不只是一个争取时间的策略。至少从美国的角度，它是一次对抗国会里的保护主义的行动（短期策略）、通过刺激日本和联邦德国的国内需求维持世界经济增长的行动（中期策略）、缓解美国的偿债负担的行动（长期战略）。

对政策协调的另一个更严厉批评，是强调里根政府眼下的难题——预算赤字，一个持续困扰五国集团的问题。根据这一观点，

① 作者采访。

政策协调不是这个关键问题的解决方案，但五国集团各国“掩盖”了问题，让人感觉需要处理的是其他问题。

批评家们进一步指出：美国政府和所有与会者都知道，美国的政策或者“非政策问题”是严重国际失衡的根源。但美国却不断敦促联邦德国和日本刺激其本国经济，去解决实质上是一个美国问题的问题。在认识到失衡首先缘于美国后，贝克用于向联邦德国和日本施压的“积极的双边主义”，在那两个国家招致了不满甚至怨恨。另一方面，尽管政策协调的方法各异，但的确产生了积极的成果。美国的预算赤字最终在1987财年降低了700亿美元。考虑到里根在预算和财政政策上的坚持，美元的贬值政策与其说是掩饰，不如说是务实，而且对那些寻求解决失衡问题的人来说，可能是唯一可用的工具。从贝克和达曼的努力中可以明显看到，他们将美元贬值仅仅看作是政策改革的第一步。

与前述批评密切相关的说法是，尽管与会者的意愿原本可能是好的，但最终却演变成不利的政策。从这个角度批评“广场行动”的合理性和有效性，涉及了包括货币政策、财政政策和汇率政策的一系列问题。与会者是否选择了恰当的政策组合来实现他们的合理目标要留待未来分析。但必须注意到，政策制定只能通过国内和国际的政治程序来完成。如何实现这个过程，将决定具体决策的方式以及接下来如何选择“恰当的政策组合”。

最后，“五国集团广场行动实际上可有可无”的观点，是在质疑政策协调支持者们的重要前提。“可有可无”的判断并没有终结于广场会议，对于卢浮宫会议，此类看法同样存在，可能会被表述为“如果不需要广场协议，那可能也不需要卢浮宫协议”，一位欧洲的中央银行家就是这样认为的。[①]马丁·菲尔德斯坦就断言，政策协调没什么大用处，“我认为广场会议没发生什么事。因此从我的角度判断，整件事就是一个错误”。[②]在发表于《外交事务》的一篇文章里，他详细阐明了自己的看法：

> 尽管关于那次五国集团会议（指广场协议）说了很多，也写了很多，但我相信关于其在贬值美元过程中的重要性被严重夸大了。无疑，它的确引发了日本货币政策的临时拐点；日本政府为了提升日元汇率提高了国内利率，以便预先阻止对美国国会中正在升温的反日保护主义立法的支持。但对联邦德国和五国集团其他国家而言，广场会议实质上是可有可无的，甚至连日本的货币政策调整也很快被放弃了。[③]

五国集团的一些官员表达了同样的观点。一位德国高级官员就非常直白：

> 要把“广场行动”视为技术性设计，实际上可以说财政部部长和央行行长们早就有了“广场行动”。美元正在逐步走低。不需要广场协议做戏。[④]

---

① 作者采访。

② 作者采访马丁·菲尔德斯坦。

③ Martin Feldstein, “Correcting the Trade Deficit” , *Foreign Affairs* 65 (Spring 1987): 799.

④ 作者采访。

另一位欧洲官员则用牛仔做隐喻，这也很合理，因为只要财政部的头儿是个强势的家伙（不管是那个康纳利还是这个贝克，碰巧都来自得克萨斯）：

> 在不需要的时候，牛仔是不会带上枪也不会射击的，因为他知道那会引起踩踏……牛群正朝正确的方向移动。贝克把牛仔们召集到宾馆开会并开了枪（还有一些日本的爆竹）。[①]

是否需要“广场行动”来让“牛群朝正确的方向移动”是有争议的。但如果没有汇率政策协调来实现汇率调整，“踩踏”可能就发生了。起码有一些与会者，主要是央行官员们，在广场会议上支持这项操作措施。他们认为，因为美元已经处于下跌通道，宣布这项有计划的干预可能预防危险的自由落体式下跌，甚或是免除干预的必要，因为市场将肯定会对公告做出反应。珀尔在广场会议上建议与会者，如果美元下跌得太快或幅度太大的话，应该做好进行反向干预的准备。他的态度正反映了这种判断。他们那种让美元下跌“可控”且“有序”的期盼，在秘密的“无纸化内容”和广场会议后的公报中都可以看到。绝大多数的与会者，包括一位惯于发表批评意见的联邦银行官员，现在也认为美元此时的下跌是平稳的。

像费尔德斯坦这样的一些批评者，喜欢在事后预测市场方向。但美国政府一位高级官员就提出疑问，这些批评家能否在1985年

---

① 作者采访。

夏天就预测到美元的走势。正如第一章里记录的那样，美元在仲夏时有一次反弹，甚至在广场会议之后，美元的上行压力常常是消解了共同干预的效果且并没有轻易减弱。

总之，公平地讲，对于“广场行动”的所有批评涉及一些零碎的事实，但都无伤大雅。尽管其尝试利用美国财政部一位高级官员所称的“金融市场和媒体市场”将公告效应最大化，但“广场行动”不是简单的整容术。它也不只是一次争取时间的努力，即便应对国会里的保护主义势力需要时间，避免因五国集团各国增长和国内需求乏力导致的世界衰退可能也需要时间。

某种程度上，“广场行动”是美国政府避免尴尬地宣布“里根经济学”失败的方式。但贝克–达曼团队承认预算赤字的严重性，同时公开承诺削减赤字。而且，美国在其全球经济体系主导地位下降的情况下，要求其贸易伙伴承担调整责任是完全合理和必要的。因此，对他们来说，必须寻找新的能促进更广泛协调的政治方式。

最后，政策协调要取得成功，必须有政治和市场两方面的结合。无论市场力量有多么强大，市场自身是无法决定结果的。

政策协调的标准

关于政策协调的所有重要评估，都必须考虑经济相互依存度日益增加过程中，宏大的历史和政治背景、经历浮动汇率后对新国际货币体制的探索以及美国霸权衰落导致的世界经济结构变化。而且，考虑到主要经济大国需要继续进行政策协调，“政策协调的目标应该是什么，以及如何去实现这些目标？”就成了突出的问题。但在探究细节之前，有必要明确政策协调的概念。什么构成了政策协调？政策协调同政策合作、政策磋商以及政策趋同又有什么区别？

根据美联储前理事亨利·沃利奇（Henry Wallich）的说法，“合作”包括一系列的安排，在这些安排中，协调在一端，磋商在另一端。磋商涉及的承诺程度比较低，通常仅以信息交流为标志，而协调要求在政府层面更多的承诺，通常发生在政策制定者对国际压力及他们政策的影响更敏感的情况下。趋同描述了各国政策和经济表现越来越接近的过程。应该注意到，有效的政策协调可能导致趋同，也可能导致不了。[①]

可以从协调的主旨和过程两个方面，得出评价“广场行动”的标准。政策协调的主旨应该根据三个标准来评估：一、是否促进了非通胀状态下的增长及可持续的经常账户平衡；二、是否开放并实行自由贸易；三、是否加强了联合管理。关于政策协调的主旨，可以说“广场行动”没有解决三个拖延问题：削减美国预算赤字上的拖延、日本在开放市场方面的拖延，以及联邦德国和日本在刺激国内需求方面的拖延。但自1987年中开始，这三项拖延已经被部分纠正。美国预算赤字在1987年降低了700亿美元；

① Michael Artis and Sylvia Ostry, I*nternational Economic Policy Coordination*, Chatham House Papers, no.30 (London: Royal Institute for International Affairs, 1986) 21.

日本的国内经济开始扩张，制成品进口开始加速增加，外部失衡因此明显改善。不过，要判断美国的外部失衡是否已经改善到可持续发展的程度，还为时尚早。关于世界贸易体系的自由化问题，应该指出，“广场行动”成功地遏制了美国的保护主义力量。现在人们寄予希望的是，日本“内生增长”的新方向及作为“超级进口大国”对振兴世界贸易体系发挥更重要的作用。联邦德国国内需求扩张缓慢且缺少推动更开放贸易体系的有力举措，仍然是个不利因素。不过，尽管在经济政策调整中有一些制约，但美国同其贸易伙伴之间的联合管理仍得以维系。

“广场行动”的过程可以依据四个标准来分析：一、在分析型议题上是否取得了广泛共识，或者处理这些议题是否有更实用的手段（思想）；二、政策协调是否对市场产生了系统性的影响、带来了更有效的管理（市场）；三、是否在所涉及或对国际协调过程感兴趣的国内合法团体间加强了共识，或是在机构和利益群体中提高了促进跨国合作的认可度（政治）；四、协调过程发展成为可信赖体制的程度（体系）。①

理念：分析框架

在分析性议题上取得共识的重要性，因为经济环境和合作意愿而不同。自20世纪80年代早期以来，对理论的各种新解释可谓百花齐放，坚持供给侧和货币主义政策的保守政府的出现就是

① 作者感激兰德尔·亨宁（C. Randall Henning）在研究开发国际经济政策协调过程分析标准方面的洞悉和贡献。

证明，这部分是为了应对如滞涨和利率大起大落这种前所未有的经济环境。

凯恩斯主义的衰落以及对挑战性理论缺乏普遍认同，使得政策制定者在一个理论基础上进行对话更加困难。最激烈的争论缘于对汇率决定因素理解上的理论分歧。争论波及范围之广让理查德·库珀这样的国际经济学者相信，“在确定决定汇率的分析或理论框架并重建新理论共识之前，不可能决定各货币之间的汇率水平，也无法决定这些汇率如何实现”。库珀甚至指出：“经济学家们目前的建设性建议模糊、混乱，这是政策有效协调最重要实际上也是决定性的障碍。”[1]

单纯的汇率政策协议并不是经济政策或运行趋同的充分条件。国内货币和财政政策将产生跨国效应，而国内经济政策制定也免不了争论。比如，“需求管理”要求调整财政和货币政策，而货币主义者提出，在中长期内，需求管理对如失业率和收入这些真实变量并不会产生明显影响。有些人甚至认为，即便是在短期内，对这些指标变量的影响也不大。因此，政府应该放弃相机抉择的财政政策，只盯住价格稳定就可以。

货币主义有限的手段并没有达到其支持者的预期。在经过一段时间的试错之后，中央银行家们发现，仅仅严格拘泥于固定的货币供应量目标，并不能降低通胀预期，也抑制不了通货膨胀。他们还逐渐意识到，如果没有汇率的稳定，货币供应量目标无法

① Richard Cooper(1985), quoted in Robert Gilpin, *The Political Economy of International Relations* (Princiton, NJ: Princeton University Press, 1987), 161.

实现增长和物价稳定的基本目标，特别是在目前这种对货币需求变化更加不确定且更不易预测的环境中。

同货币政策上出现的共识（或者更准确地说，针对货币政策不能做什么的共识）相反，对财政政策的看法则存在分歧。在我们研究的三个国家中，关于财政政策的政治争论目前有三个思想流派，可以划分为凯恩斯主义财政政策、中性财政政策和反凯恩斯财政政策。毫无疑问，关于财政政策的各种观点之间的分歧非常大，这使得即便是计划中的宏观经济政策协调也难以实现。①

但不应夸大分析或思想框架上的差异对合作的阻碍程度。经济信条间的分歧经常掩盖了利益冲突，而在利益冲突解决之后，那些分歧往往就消失了。

经济信条间的分歧也有可能在掩盖了利益冲突的同时促成合作。比如，对美国以外的大多数五国集团政策制定者来说，不同的理论立场并没有妨碍他们得出美国预算赤字是问题根源的结论。国际共识既不是国际协调的必要条件也不是充分条件。事实上，美国需要降低预算赤字的共识，是协调的一个非充分条件。抛开共识问题，思想观念会是政策协调过程中的关键决定因素，这在美国的汇率和财政政策制定过程中即有体现。

市场：系统效应

在政策协调涉及的变量因素中，汇率可能最清晰地反映了国

① 关于货币和财政政策的不同观点，参见Marris，“Managing the World Economy”，47~52。

际市场对经济基本面的判断。政策协调以管理市场力量为假设前提。这样，政策协调是自由浮动汇率机制对立面的判断，首先就在市场上面临着汇率稳定性和可持续性的检验。保罗·沃尔克点出了市场和政策之间这种微妙的关系：

> 如果……市场开始相信汇率稳定本身并不是一项重要的政策目标，那么出现汇率滚雪球般地加大波动幅度且同近期的国际收支前景和国内物价走势远远不符的情况，我们就不该感到惊讶。这个时候，自由浮动的汇率，而不是货币当局对国内货币或其他政策的承诺，将使得国内经济管理变得极为复杂。①

为了保证在市场上取得理想的效果，同时也为了管理市场趋势，财政政策、货币政策和汇率政策必须相互配合并有效协调。

可以说，国际政策协调的范围和程度在现实中是有限的，因为其受制于国内政策制定过程。通常认为，就单个国家而言，其政策对本国经济的影响要远大于对其他国家经济的潜在影响。因此，在考虑国际经济的需要之前，政策制定者会先行考虑对本国经济有利的方面。②

---

① Paul A. Volcker, "The Political Economy of the Dollar" , the Fred Hirsch Lectures, sponsored by the Fred Hirsch Memorial Committee, Warwick University (Coventry, England),9 November 1978, *Reprinted in Federal Reserve Bank of New York Quarterly Review* 3，(Winter 1978-1979)：7.

② F. E. Eydlandand E. C. Prescott, "Rules Rather than Discretion:The Inconsistency of Optimal Plans" , *Journal of Political Economy* 85(1977):473~491.

不过，各国经济间的相互依存度逐渐提高，可能放大了政策在国家间的交叉影响，以及对本国经济的反作用。比如，日本大藏省理论家黑田春彦（Haruhiko Kuroda）就因为强调政策的交叉影响认同政策协调的价值。[①]

要总体上实现正和结果，就要认识到一国政策将对其他国家的经济产生影响。比如，减少美国贸易逆差最有效的途径，可能是在美国引发一次衰退；类似地，任由高通胀发展可能带来预算赤字的降低。显然，这些举措长远而言对美国是否有益并不是唯一的考虑，因为这类政策一定会对世界经济产生负面影响。

尽管那些描述军事平衡的类似措辞被拿来表述国家之间经济力量的变化，但同本质上是零和博弈的军事战略决策相比，制定国际经济政策还是有更多腾挪空间的。密切交织的经济利益和条条通往罗马的途径，让各国共同造就了一体化的世界经济，这增加了正和结果的可能性。

简而言之，货币政策、财政政策或汇率政策的国际协调，对各国经济走向应该有可预期的效果，而且必须在政策间协调一致，以便产生总体的正和效果。这非常重要。

政治：联系、压力和创建联盟

要求成员国“在国际合作过程中强化国内的合理利益，与此

---

① Haruhiko Kuroda, “Keizai Kyocho Seisaku No kanosei Ni Tsuite” (政策协调的可能性), *Financial review* (Tokyo: financial and monetary research Institute, Ministry of Finance), March 1987.

同时，在国内政治过程中强调国际视野”[①]。这类微妙的外交关系要求操作者高超的管理技巧，必须充分利用所有能够推动这一目标的政治诱因。协调经济政策的所有尝试，都要求触发因素要足够强大，压制住一国单方面采取行动的诱因。制约因素同样需要足够强大，使得违约成本看上去要高于从协调上获得的好处。

动员国内力量支持国际合作、对政策调整适时制造可控的压力以及为政策协调创建国际联盟，是三项非常重要的工作。“广场行动”的筹划者就提前注意到建立联系、制造压力的必要性。贝克强调：“如果体系发挥作用，参与者在制定其国内经济政策时将主动考虑外部因素。”[②]任何单一国家能够将其经济政策同其他国家政策进行协调的程度，无疑依赖于该国评估其国内经济政策对其他国家影响的能力或意愿。指标机制实际上意在让这个（评估）过程便利化，并将其制度化。

实施政策协调的一个选择是借助于国家间创建的联盟。如果一国的国内计划是一项更宏大的国际协调努力的一部分，该国政府会让这个计划更有利于国内政治利益，有些时候的确如此。而且，各国政府历史上还利用国际因素转移大众对国内政治的注意力。这有政治和经济两方面的考虑。比如，1936 年 9 月 26 日的三国协议（Tripartite Monetary Agreement）就被法国人民阵线用来转移对法郎贬值的注意力。通过强调国际货币稳定，人民阵线政府

---

① Marris, “Managing the World Economy” , 106.

② James A. Baker III remarks before the National Foreign Trade Council, 11 June 1986.

"掩盖了在实现经济复苏和维持法郎稳定上的失败"[①]。

体系：信心、机制和体制

政策协调必须基于制度化且被其参与者认为可信赖的工作程序。另外，应该支持将最初的临时安排逐步发展成为国际体制。

哈佛大学教授罗伯特·普特南（Robert D. Putnam）这样定义经济政策协调：

> 一项调整各国政策从而减少一国或多国政策对其他国家福利带来负面影响（或加强正面影响）、各国政策因此不同于那些原本仅仅立足本国或自给自足式决策的政策。[②]

这种类型的合作同新现实主义学派的基本信条矛盾，该学派将国际舞台视为霍布斯式的无政府状态，舞台上的各国寻求提升本国的权力和威望：公共品供应不足，公害却供应过剩，充斥着大量的搭便车者。[③]基于这样的假设，政策制定者迫于持续的压力而食言或违背承诺。理论上，主动背离承诺可以区别于非主动的做法，尽管在现实中有时难以区分。国际政治经济领域两种背信

---

① Charles P. Kindleberger, *A Financial History of Western Europe* (London: Allen and Unwin,1984), 397.

② Robert D. Putnam, "Domestic Politics, International Economics, and Western summitry,1975-1986,or International Cooperation and the Logic of Two-Level Games", paper presented at the Annual Meeting of the American Political Science Association, Washington，28~31 August 1986.

③ Bruno S. Frey, *International Political Economics* (New York: Basil Blackwell,1984)，Chap 7.

弃义的差异，“取决于承诺的公开性和严肃性、可证实性、缔约方之间的交往频率、它们在其他交易上的价值以及其他参与者的数量”[①]。互信是所有可信赖过程的关键。首先，背信的可能性及性质取决于成员特点及各成员之间的信任程度；其次，依赖于组织结构对有效执行机制产生的制约；再次，取决于责任分担；最后，依赖于各成员国对协议严肃性和约束力的判断。

为避免背信，必须设计某种机制解决“谈判成本……还有监督所有达成协议的费用”问题。[②]谈判过程会产生费用，这些费用通常会根据不平等的国家关系和国内机构间关系不成比例地分摊。经济决策导致的外部性，造成每个国家都有强烈的“搭其他国家便车”并在谈判立场上做手脚的动机。免费搭便车者或占便宜的搭便车者，会在不承担相应行动责任的情况下受益于其他国家政策的溢出效应。

一个相当原始的规范方式是通过同伴压力（peer pressure），利用各国希望维持一定声望的事实实施相应的监督。在参与者人数不多且有共同利益的情况下，同伴压力效果最好。通常，一个小集团的参与者间更容易达成共识，还因为“多数”可以更有效地对“少数”施压——少数可能只是一个参与者。

五国集团已经发展成为同伴压力发挥重要作用的论坛。在五国集团内，有限的参与者数量使得没有人能够免于其他与会者针对个人的直接批评，这给每个成员国都增加了压力。而另一方面，

① Putnam，“Domestic Politics”，15.

② Artis and Ostiary, *International Economic Policy* Coordination.

每个国家的机构设置又通过增加背信的可能性而可能制约协调努力。因此，任何可信的机制都必须将均衡的责任分担同各成员的真诚承诺相结合。

协调要持久有效，就必须积累临时协调过程中产生的积极效果并转化成为持久结构。与布雷顿森林固定汇率制这种正常的体系相比，在浮动汇率协议造成的这种“无体系”中，协调协议的规范形式是不同的。“法律和秩序”的破坏（这在布雷顿森林体系崩溃之后的国际货币体系和关贸总协定下充斥着争吵和特例的国际贸易体系中很明显）让背信的诱因成倍地增加了。20 世纪 70 年代后期的“肮脏浮动”和 80 年代的“自愿”约束协议就是两个例子。

五国集团和七国集团运行的过程代替了正式的规则约束体制。在这种情况下，如果参与者必须持续管理政策协调程序，那么成本通常要比由一个打击背信的永久监督体系明确并执行规则时要高。

只有努力成功建立了一个稳定的国际经济体制，才能使得政策协调长期有效。协调要想成功，过程中必须要有愿景，且要将为该国际经济体制搭建结构作为目标方向。当然，要保持稳定，任何新的体制都应该反映经济和政治力量平衡的变化。

从广场会议到卢浮宫会议：一个批判性评价

根据上述的标准，我来分析“广场行动”作为一个政策协调模式的可能性和局限。

意识形态

关于财政和汇率政策的观点千差万别。广场会议标志着里根政府改变了此前对市场的不干预立场，但在打破财政政策僵局方面却几乎没有任何作为。对于财政政策影响的不同判断贯穿于整个“广场行动”期间。

日本著名经济学家吉富胜（Masaru Yoshitomi）认为：

> 就财政政策而言，只有美国的行动才可以有效影响本国的经常项目赤字，即便是日本和联邦德国联合扩张财政政策，对美国外部账户的影响也是微乎其微的。这种不对称源于美国经济庞大的体量、美国进口的高收入弹性以及美国和日本（及联邦德国）之间的进口在商品和区域结构上的差异。[①]

吉富胜的分析，显然很大程度上同大藏省的分析相同，与美国财政部的不同。

国家之间以及各国不同机构间分析财政政策的理论框架——凯恩斯主义、中性和反凯恩斯主义——存在冲突，这严重制约了调整的努力。

广场会议召开得很仓促，这使得与会者没有足够的时间从理

---

① Masayu Yoshitomi, “Growth Gaps, Exchange Rates and Asymmetry: Is It Possible to Unwind Current-Account Imbalances Without Fiscal Expansion in Japan?” in *Janpan and the United States Today: Exchange Rates, macroeconomic Policies, and Financial Market Innovations*, ed. Hugh T. Patrick and Ryuichiro Tachi (New York: Center on Japanese Economy and Business, Columbia University Graduate School of Business ,1986), 24.

论角度深入分析他们所倡导的那些举措。干预计划的很多内容是在会议前几周内由副部长们讨论的，但并没有充分分析同汇率有关的货币政策的作用。比如，他们没有时间讨论干预应该是冲销的还是非冲销的。另外，他们也没有分析美元贬值对流入美国资本的潜在影响，甚至也没有涉及降低失衡的量化目标。贝克只是认为，美元的下跌将很快减小美国的贸易逆差，尽管时间上会因为J形曲线效应而有一些推后。

分析框架的差异问题同各国的观念立场紧密相连。不应该低估意识形态在经济政策协调过程中的影响。美国花了将近五年的时间，才从里根经济学的禁锢中解放出来，至少一定程度上是这样。在斯普林克尔离开之后，贝克之所以没有选一位经济学家担任财政部副部长，其中一个原因可能就是他反感理念方面的争论，尽管他的确也是为了避免这一人选同他的副手理查德·达曼竞争。

美国在广场会议时有意掩饰了其政策的变化。广场公告中没有提及干预的事情，因为干预可能被理解为彻底脱离此前的政策。公报写道，“在主要的非美元货币进一步有序升值是有帮助的时，我们准备更密切地合作支持这一趋势”，此处的关键字眼是“更密切地合作”，它变成了联合干预的同义词。

描述卢浮宫会议真实构想的困难在于公报语言的不精准，意识形态方面的问题也没有很好地处理。通过避免使用高度意识形态化的语言，与会者能够找到共同点。比如，卢浮宫会议上的五国集团与会者，就不使用目标区（target zone）的表述，甚至参考区（reference zone）这个词也不用，因为他们都清楚，同特殊意识形态框架的任何联系，都将威胁到共识的前景。正如前面章节里提到的，即便是法国目标区的铁杆支持者也是小心翼翼，在卢浮宫会议的对话中没有使用意识形态语言。

这样一来，尽管代表着启动，但卢浮宫协议还是被视为有名无实。大卫·马尔福德在国会做证说，尽管政府没有直接说反对建立目标区，但却“避免了建立一个目标区体系”[①]。一位美国政府官员解释说：“我以为我们能在卢浮宫会议时搭建一个体系——非常希望我们可以。但我们没有，我很失望……我们原本可以就体系达成共识，不只是行为变化，还有言辞表述上的变化，人们不再耻于说：看，这就是新体系，我们以它为傲。”[②]

财政政策也是高度意识形态化的话题。在整个过程中，对美国提出的两国对财政刺激做出具体承诺的要求，日本和联邦德国一直反对。日本和联邦德国巧妙地暗示了它们在20世纪70年代末“火车头战略”上噩梦般的经历，从而使得它们反对改变财政政策的做法显得合理。两国还利用里根政府反对民主党“大规模政府刺激投资”（pump-priming）财政政策的言论来应对美国的压力。

在经合组织1987年4月的会议上，日本通产省一位官员的发言，表明了消除意识形态所面临的挑战。在被问及日本政府宣布

① David C. Mulford, testimony before the Subcommittee on International Finance and Monetary Policy, US Senate Committee on Banking, Housing, and Urban Affairs, 26 March 1987.

② 作者采访。

刺激国内需求的同时又承诺继续财政紧缩这两者之间的明显矛盾时，田村元回答说："我们不会挥动财政紧缩的旗帜，也不会放下旗帜。不会。我们也不会下半旗，因为那意味着死亡。我们要做的只是让旗帜绕着旗杆支点晃动一阵子。"[①]

"广场行动"的成果之一是在存在意识形态障碍的情况下达成共识。通过用更中立化的语言表述特定意识形态，与会者能够进行务实的谈判。

市场

白宫一位官员在 1987 年 10 月市场暴跌两个月之后承认，他已经认识到"市场每时每刻都在评估政策协调的表现，我们每天都要面对市场的测试。市场如今要求得太多了"。政策协调是政策制定者通过汇率、利率或是失业率这些指标措施管理市场的一项努力。尽管大多数的与会者视美元自广场会议开始的下跌为"基本平稳有序"（起码到卢浮宫会议时还这样认为），但认为市场比三年前被管理得更好则为时尚早。

只要市场认为政策协调陷于停滞或没有协调，汇率市场就会出现最激烈的反应。以下几个时段就是这种情况：1986 年 1 月和 2 月，因为贝克和沃尔克之间的分歧导致了货币和汇率政策的不协调；1986 年 5 月和 6 月，因为不协调的货币政策；1987 年 1 月和 2 月，因为联邦德国反对刺激本国经济及美国单方面"口头打压

① 作者采访田村元。

（美元）”政策；1987年的11月和12月，因为市场崩溃且市场预期卢浮宫协议将被放弃。

事实上，政策协调的脆弱性几乎在“广场行动”之初就显露无遗。一方面，是联合干预的闪电行动掩盖了财政政策的不作为。这一行动成了阻碍财政政策调整的借口，尤其是在日本。大藏省的官员预期，干预行动使得汇率更为外国人所接受，财政刺激政策面临的国内外压力便转移了。对他们来说，这是一个两害相权取其轻的选择。另一方面，可以通过其他政策的不作为或不协调来降低汇率调整的影响。在美国，降低预算赤字的紧迫感一定程度上也因为汇率调整而降低。实际上，财政政策的不作为破坏了广场协议。

政治

在“广场行动”期间，为将国际因素纳入国内政治程序，同时为国际合作建立国内民意基础，各国有意识地做出了多种努力。最重要的联动是成员国共同努力对抗保护主义压力，尤其是美国国会的保护主义压力。

联动

贝克将其对国会里的保护主义的担忧传递给了五国集团的其他国家。事实上，贝克和达曼最初考虑在美国劳动节前召开广场会议，那也正是国会召开的时间。他们想让政策协调的影响最大化，从而阻止美国的保护主义势力。这样确定召开广场会议的时间，就是为了给国会传递明确的信号，其在很大程度上是一次成功的行动。

从广场会议到卢浮宫会议的整个过程中，货币政策的制定者被迫对政治因素极度敏感。作为协调过程的一部分，政治家们从央行行长们那里基本获得了他们想要的低利率。当条件允许时，政治家们就政策进行国际协调时很少拖后腿。在这方面，考虑到其他与会国的政治动机，那将“广场行动”作为“里根经济学”失败借口的分析就更合理了。

在美国，可以说“广场行动”给里根政府提供了一个方便的挡箭牌。政府没有承认美国错误的政策导致了强美元，反而通过率先提出纠正经济失衡的动议而展现出一个积极、强大的形象。广场公报里没有直接提及美元贬值，因为那非常显眼，会暗示美国在国际上的地位走弱。相反，政策协调是要实现“主要的非美元货币相对美元进一步有序升值”，这意味着是非美元货币需要进行调整。正如美国财政部一位官员后来证实的那样：“从没有国家愿意说本国的货币将要贬值，那是一种直接的口头打压。一国政府不会做出暗示弱势的声明，它总是把目光投向那些需要升值的国家。”[①]在日本，大藏省的官僚寻求通过干预调整日元/美元汇率。首先，这是出于对失衡的汇率关系最终将导致美国保护主义势力报复的担心；其次，这是出于对汇率调整将转移美国要求日本实施扩张型财政政策的希望。联邦德国官员想要实现美元“软

① 作者采访。

着陆”，从而维系欧洲货币体系内部的平价关系。法国人将政策协调视为推动其目标区概念的机会，而且，更重要的是，可以利用国际压力提高德国的增长前景。这样，“掩盖”战术惠及所有参与国。

压力

站在美国贸易伙伴国的角度，第一任期时的里根政府在经济政策制定时是“争吵不合作”。当美国最终主动表现出愿意合作的姿态时，宣称放弃其单边主义倾向，已经不足以吸引贸易伙伴国回到谈判桌上。鉴于过往的交往记录，美国政府必须向那些国家提供一些政治担保，确保协调将带来互惠性和对称性的收益，或至少有一些好处。事实上，贸易伙伴国有理由相信，“协调”是通过扭转局势并给美国产生单边收益而重申美国实力的一次努力。

这些考虑因素是指标体系争论时的核心，因为这看上去将有助于处于贸易逆差的国家，即美国，同时将调整责任给了贸易顺差国家，即联邦德国和日本。不过，考虑到可以通过该机制对美国的政策制定者共同施压从而阻止其未来单边主义的可能性，联邦德国的决策者至少是重新考虑了指标建议。波恩财政部的一位官员透露，“自主权”是波恩支持指标体系想法的底线。因此，指标机制的潜在价值在于能够在逆差和顺差国家间更公正地分配调整压力。

关键的问题是，国际协调的潜在价值实现过吗？再直白一些，外国压力在多大程度上让美国的政策制定向着考虑国际影响的方向倾斜？特别是在财政政策制定方面？

美国的政策制定者认为外国压力的影响不大，正如其中一位官员所言：“（外国压力）对美国来说并不重要……尽管我们认为这种压力也不是一件坏事。”[①]

关于大幅削减预算赤字的财政政策，贝克没能在国内政策程序中强调国际因素。尽管参议员帕克伍德总体上称赞了贝克的努力，但他回忆不起贝克曾出于外部考虑对削减预算赤字直接施压。[②]相反，贝克是急不可耐地在国际论坛上利用指标机制强调美国国内利益，比如，要求日本和联邦德国更快增长来帮助美国摆脱困境。美国最终接受了其贸易伙伴财政政策变化极其缓慢的现实。一位政府高级官员因此得出了一个有益的教训：

> 我们可以天天呼吁改变美国储蓄率的重要性，但在我们的文化里，那不会很快改变。公共储蓄率可以改变，但美国的私人储蓄率不会很快改变，正如日本不会那么快地改变一样。同时，在联邦德国也不会改变得那么快。德国人也不会一夜之间停止对通胀率的担心。这些都不是一日之功。[③]

联盟构建

同1978年波恩峰会的“火车头战略”相比，“广场行动”期间，美国同日本、联邦德国两国为支持财政扩张主义而构建跨国

① 作者采访美国政府官员。
② 作者采访。
③ 同上。

联盟的做法相当有限。[①]联邦德国和日本诸多机构和利益团体有同贝克的财政部建立联盟的动机，比如为了敦促财政政策发生更深远的变化。一个例证是，田村元在 1987 年 4 月经合组织部长级会议间隙同贝克会谈，就是传统的财政扩张主义者通产省施压大藏省的精心安排。贝克和田村之间的非正式利益结盟，强化了各自的地位，尤其是对田村提议的财政刺激措施（即春季的 6 万亿日元刺激计划），提高了日本国内的可信度。

另一个构建跨国联盟的例子是在 1986 年 7 月底时，美国财政部和美联储当时敦促日本银行降低贴现率，以配合美联储的降息行动。大藏省临时拒绝向中央银行提供干预储备，迫使后者降低贴现率。通过这种操作，他们预期市场将进一步推高日元，并促使阻止干预的日本银行降低利率。

这一类的联盟构建在日本和联邦德国的利益相关方之间没有出现过。这种不对称的格局，一方面缘于波恩峰会上那次负面的经历，同时也因为波恩和东京推测，共同对华盛顿施压只会导致华盛顿针对两国分别实施报复。在 1987 年威尼斯峰会上，中曾根就其联盟之所以无法迫使美国削减预算赤字（参见前言）对里根的解释，总体表明美国的那些贸易伙伴国不愿意对美国施压。总的来说，从广场会议到卢浮宫会议期间的联盟策略，是间或出现

① 关于 1978 年波恩峰会建立的跨国联盟，参见 Robert D. Putnam and C. Randall Henning, *The Bonn Summit of 1878:How Does International Economic Policy Coordination Actually Work?* Brookings Discussion Papers in International Economics, no. 53（Washington: Brookings Institution, October 1986）。

并发挥作用，但并没有形成持久的国家联盟。

体系

美国财政部负责国际事务的部长助理大卫·马尔福德这样评价政策协调：

> 自 1985 年广场协议达成以来，主要工业国家间的经济政策协调已经成为国际舞台上一股不断增长的力量。去年的东京峰会给出了正式的框架，经过随后一年的讨论和谈判，于 6 月的威尼斯峰会上被重申作为一项工作程序。七个峰会国家都同意经济政策协调的新安排，其中包括使用经济指标及就我们各自的经济政策和汇率进行常规磋商。①

在美国财政部看来，指标机制和卢浮宫协议是经济政策协调“工作程序”的两个组成部分。“广场行动”隐含了一些设计者们（首先是美国）的一个假设，即这次行动是将宏观经济政策和汇率政策协调过程制度化的努力。然而这个所谓的“程序”却充斥着沟通不畅、误解、猜疑以及主动或非主动的背信。要评估这个过程的效力，需从信心、机制和体制三个角度分析体系的标准。

信心

无法或不愿意维护承诺的汇率范围、“口头打压”和“口头支

---

① David Mulford, “US-Japan Relations: The View from the Treasury”, address at the Japan Society, New York, 16 July 1987.

持”战术以及干预政策的临时性，常常制约着建立信心的过程。

在此期间的大部分时间里，里根政府的口头打压战术，给其他国家尤其是日本和联邦德国带来了非常不利的影响。贝克在1986年希望美元进一步下跌的公开表态，以及一位高级官员在1987年暗示美元将进一步贬值，都是这一手段的典型代表。贝克后来承认，至少在1986年春季以前，他曾故意“口头打压”（美元）。[①]政府一位高级官员后来在谈及1987年10月的股市崩盘时批评了贝克的口头打压操纵做法：

> 他惹麻烦之处就是公开使用那个（美元贬值）工具。因为它助长了市场的失控，市场说：“等一等。如果他用它（美元贬值）作为工具而我们认为它不会发挥作用，那美元就会跌个没完。如果他不用它作为工具但实际上只是希望美元走低，市场也不会稳定。如果他不清楚如何在前两项中做出选择，他就是不理解他自己的体系和自己的职责，那么我们就面临信心问题，这还会推动美元下跌。”[②]

口头打压政治学的单边主义本质，招致日本和联邦德国的反对。美国没有就非正式地支持美元贬值同这两个国家事先沟通。宫泽和斯托尔滕贝格曾就公开表态的巨大影响提醒过贝克。但贝

① 贝克在1987年1月30日告诉联合经济委员会：“我们最后一次口头打压美元，是去年这个时候的听证期间在这里说的。如果你往回查阅记录，你会发现我们有一年多的时间没有说我们愿意看到美元继续有序、缓步下跌了。因此我不会再说那些话了。”

② 作者采访。

克厉声回击了宫泽，这似乎与宫泽对日本公众做的所有保证（即他同贝克在 1986 年 10 月同意将汇率稳定在当时水平）相矛盾。不仅日本质疑美国政府稳定汇率这个“道义”承诺的严肃性，整个欧洲同样持怀疑态度。

另一方面，就像在第七章里提到的，美国货币当局也有充分的理由质疑日本的承诺。1986 年 10 月的公报前，日元兑美元突然跌到 162~163，这加深了美国财政部对日本大藏省在操纵汇率的怀疑，同时勾起了对大藏省于 20 世纪 70 年代中期实施“肮脏浮动”抑制日元升值的记忆。美国财政部同时对日本尝试将公报协议描绘成“美国明确承诺要把日元/美元汇率维持在 160 水平”感到不满，再者就是反对日本口头支持美元的做法。

另外，仔细考察可以发现，日本 1986 年的补充预算案和 1987 财年增加的政府开支，并没有什么实质性措施。马尔福德因此提醒日本：“不幸的结果是日本在外界的信誉下降以及‘抨击日本’行为的上升，这些抨击甚至来自那些持同情意见的观察者们，他们推断，（对日本）持续的威胁和施压是获得必要结果的唯一途径。”①

1986 年 10 月联合公报及 1987 年 1 月的重申所代表的双边交易，缺少维持稳定日元和美元关系所需要的规则约束。这个缺点连同积极双边主义中的操纵性目标一旦被察觉，就打破了两国集团可能经济共治的所有设想，并促使宫泽在五国集团层面发声。

实际上，即使卢浮宫协议已经通过明确工作规则消除了国家

① David C. Mulford,“US-Japan Relations”.

之间的部分猜疑和误解，但五国集团在六个星期之后改变规则的决定，还是让日本官员怀疑协议对抗市场力量的能力。在1987年4月的五国集团会议上，虽然宫泽一再争辩坚持维护卢浮宫会议上商定的参考范围，但仍然重新设置了日元/美元中心汇率。事实上，重置只是确认了市场早已出现的结果。宫泽于是被迫为重置“支付”更多的财政刺激。

机制

“广场行动”将机制建设元素纳入了协调过程。广场会议上，财政部部长将央行行长们拉进协调过程的努力，为共同磋商创造了一个通路。1986年5月的东京峰会设立了七国财政部部长论坛，以便将最高政治领导人的政治意愿、权威同政策协调相结合。卢浮宫会议上的参考范围概念，被用于“围绕近期水平”稳定汇率。

有几个因素降低了建立机制的进度。首先，俱乐部的成员身份问题。这涉及国际政治问题。其次，对于建立新机制，国内政治和机构反对力量很大。再次，机制中调整责任的分派及统合带来了棘手的问题。最后，各国对于所采用机制的承诺程度不同。

身份

从一开始，五国集团的“广场行动”就是由俱乐部兼容并包的政治动力所推动。两国集团（美国和日本）、三国集团（美国、日本和联邦德国）甚至是一国集团（美国自身）的一系列操作，在政策协调过程中影响着参与国的行为。在这些关系紧密的俱乐部中，没有哪个国家希望被冷落。尽管“广场行动”之后，美国的行事风格仍像是其一国就能决定游戏规则，比如，在1986年夏独自降低贴现率并单方面贬值美元，但单边的手段已经难以发挥大的作用。

贝克的财政部实施两国集团策略，目的是诱使联邦德国跟随配合。日本对此表示欢迎，因为这满足了其在国际舞台上更重要存在感的强烈渴望。最终，作为两国集团对联邦德国非直接压力的结果，最初由两国集团达成的交易——刺激政策换取汇率稳定——成为卢浮宫协议的基础。

另一方面，政治上的重新组合同样有负面效应。两国集团作为日本牌的时间很短，实际上完全由美国人控制并用来向日本人提要求，而这些要求明显有悖于1986年10月贝克稳定汇率的承诺。

与此同时，在积极的双边主义压力下，日本和联邦德国之间出现了角力甚至是怀疑。对美日合谋的印象阻碍了联邦德国实施政策协调（斯托尔滕贝格说，高调的两国集团是纠正失衡的恰当选择，第七章里有记录）。这使得欧洲要求日元升值幅度要不同于欧洲货币的呼声越发强烈。

联邦德国不愿意挑战两国集团也出于地缘政治的考虑。联邦德国因为其在欧洲共同体内部的领导身份而提升了地位，如果没有这个背景，其谈判地位就低得多了。

自1986年年中以来，五国集团就开始关注亚洲新兴工业国家（NICs）的问题。在卢浮宫协议及随后的公告里，新兴工业国家被视为抵制外部失衡调整的元凶。由于不满于调整步伐的缓慢，五国集团成员国需要找到外部替罪羊，尽管新兴工业国家确实对这个俱乐部构成挑战。

五国集团似乎是促进政策调整的合适论坛。但它有两个在货币政策的诸多方面（尤其是各国汇率问题上）形成竞争的机构：财政部和中央银行。

国家之间政治和机构设置上的差异，让政策协调变得复杂（见第三、四、五章）。日本和联邦德国没有掩饰它们对美国政府兑现承诺（特别是其减少预算赤字的承诺）的怀疑，因为大家都清楚，预算立法是国会而不是行政部门的权限。正是这个原因，《葛兰姆法案修正案》获得了其他国家的积极回应，因为美国的预算问题看上去要取得进展了。

从美联储同行政部门（白宫和财政部部长）之间的关系角度，“广场行动”可以看作是行政部门将中央银行的货币政策同政策协调动议更紧密联系的一次努力，这在广场会议时的“无纸面记录”中可以清晰地看到（见第一章）。但矛盾的是，共识的出现阻止了政府部门利用美国那个传统的政治做法——将美联储作为替罪羊。[①]里根政府的第一个任期内，“抨击美联储”几乎成为常态，但在其第二个任期内就消失了。在被问及新一届政府同美联储的关系时，贝克回答说：

① 关于“美联储作为替罪羊”的政治理论，参见Edward J.Kane, “Politics and Fed Policy making: The More Things Change the More They Remain The same”, in *Central Bankers, Bureaucratic Incentives, and Monetary Policy*, ed. E. Froedge Toma and M. Toma (The Netherlands: Martinus Nijhoff, Kluwer Academic Publishers, 1987),chap.10。

这应该是一条双向车道。如果美联储有权利批评财政政策，而政府部门在经过私下且合作性的努力后美联储仍有不同意见，那么政府部门应该有相应的权利批评货币政策。但不应该将此自动地标签为抨击美联储。①

不再抨击美联储是贝克和沃尔克之间的一种休战。贝克承认其“广场行动”的成功需要沃尔克的支持。

在联邦德国，去中心化的决策机构和联邦银行毫无争议的独立性，增加了政策协调的制约因素。尽管不只是德国中央银行拒绝将货币政策屈从于外部因素，但联邦银行无疑是最强烈坚持其货币政策独立性的。不过，如果需要，波恩和法兰克福的官员们，还是通过解决成员国面临的马克汇率调整和降低利率压力，来展示他们保持欧洲货币体系平稳运行的承诺。

在日本，结构性的弱势领导力，自下而上的决策体系、国内主义者凌驾于国际主义者之上、自民党的派阀政治、组织化的官僚地盘争夺战以及无效的首相府，均严重拖累了政策协调的步伐。不过，一些组合因素（外国压力、通产省和外务省的游说、宫泽的政治安排以及中曾根的峰会策略），使得日本能够推出6万亿日元的刺激政策。

① Tom Redburn, “U.S. Moves to Slow Rise of the Dollar”, *Los Angeles Times*, 16 February 1986.

责任分担

在机制建立过程中，最关键的冲突是如何在顺差国和逆差国之间分派调整责任。指标体系的核心问题也在于此。因为有过20世纪70年代初期的“沃尔克”计划经验，根据东京峰会上的最新方案，美国试图利用指标机制将调整的责任从逆差国家转移到顺差国家，这与布雷顿森林体系的做法正好相反。“如果你迫使逆差国家承担主要责任，通货紧缩趋势就会内嵌进体系”的言论，再次由美国提了出来。

干预行动同样也存在相当大的争论，很大程度上缘于美国和联邦德国之间在责任分担上的互相猜忌。一方都认为另一方的干预力度不足。德国官员坚持认为美元的跌势在1985年年初就已经开始，而不是因为广场会议，联邦银行则早已经承担了不当比例的责任。美国和日本均认为广场协议是调整的起点，两国都不接受联邦德国的说法，即因为联邦银行在保持欧洲货币体系内汇率稳定时发挥独特作用，所以欧洲货币体系国家的干预有着本质上的不同。但有一些人将干预称作责任分担，则是用词不当，因为其货币当局有时能在干预过程中取得收益。一位五国集团会议的欧洲常客评论说：“说分担责任，你是什么意思？如果操作有效，我们都能从干预中赚到钱。”作为干预行动的一部分，广场会议之后，美国之外一些央行进场卖出美元的确赚到了钱。因此，干预并不是像一些人声称的那样必定是零和游戏。总之，作为所有政策协调机制可行性关键的责任分担并没有出现过。

承诺

“广场行动”产生了两个重要的国际协定：广场会议上的“无纸面记录”和卢浮宫会议上的参考范围方案。但两种情况下，成员国之间的承诺程度却是不同的。美国公开认定其为完整协议，而联邦德国就没有那么明确。第一章和第八章里提到，考虑到相关谈判过程中的非正式性和不规范方式，将这些内容视为国际协议存在困难。德国官员断言，他们不会将自己束缚于任何义务中，而日本当局则相信相同的承诺更具有约束力。相对于广场会议或卢浮宫会议之后干预行动的影响，联邦德国更重视“给市场‘发信号’和市场走势”的价值。一些与会者甚至在广场会议期间质疑“无纸面记录”的合法性。正如一位日本人后来承认的那样，因为德国人的反对，他个人并不确定干预协议到底有多大的约束力（见第一章）。此前已经提及，缺乏正式形式同样也是卢浮宫协议过程的特点。在这一方面，“广场行动”同此前五国集团协议的临时程序没有本质区别。就像大场智满说的那样：“在没有机构记忆的环境中，要基于时间跨度建立付出–索取式关系是非常困难的。因为你不仅‘索取’不回你的付出，而且一旦你付出了，你可能是以下次付出的更多而告终。”[①]操作的规则足够宽松，以便让所有的与会者酌情解读。另外，协议安排的隐秘性使得核查变得几乎不可能，各国的信誉因此变得可疑。这个时候，市场就只能猜测了。

---

① Tomomitsu Oba, “Political economy of currency diplomacy”, *Toyo keizai* (Oriental Economist), 22 May 1987, 12.

体制

分析“广场行动”的重点是其对建立国际体制的意义。最核心的问题是，卢浮宫协议是否会发展成为一个新的国际货币体制，抑或它是否会自己崩塌。作为全球最大经济体，美国有着全球最大的债务，同时依赖大规模的外国资本流入，这种前所未有的形势，将迫使美国在未来几年对美元汇率的稳定更为敏感。

货币甚至是财政政策的制定将更敏感于汇率因素。浮动汇率制无体系的失败以及欧洲货币体系意料之外的存续，将鼓励那些支持卢浮宫协议的努力。而且，此前官员圈子中间很多浮动汇率追随者，已经悄悄转变了他们的立场。美联储的一位理事就是他们中的一员，他透露自己变成了一个“肮脏、肮脏的浮动者”，听上去像是对他从“纯粹的浮动者”[①]的转变仍怀有负罪感。

两步走的战略构想（即先降低失衡，再建立体制）逐渐在“广场行动”的参与者中获得了支持。不管动机如何，尼格尔·劳森令人惊讶地转向管理浮动哲学最具有戏剧性。但立场的微妙变化早已经在五国集团的货币当局中进行了。一位日本与会者说，可能是别无所择，只能在试错的基础上在一段时间内施行灵活且可变动的参考范围体系。[②]

甚至一位常常持怀疑态度的联邦德国官员也认为，五国集团可能将在无意中建立新体系。“我们正处于新体系的准备阶段。我不确定。不，我是绝不愿意去探讨一个新体系的，但我不确定。”

---

① 作者采访。

② 同上。

这个官员认为1987年12月23的公告意味着第三个阶段，同意美元（在“广场行动”的软着陆和卢浮宫会议的参考范围之后）不应该再跌下去了。[①]

随着日本发展成为世界性的银行家和投资者，以及日本货币当局在汇率问题上的相机抉择权逐渐削弱（缘于资本市场的自由化），日本对提高全球货币体系的管理和稳定的兴趣会增加。

正如前文阐明的那样，卢浮宫协议无疑是脆弱的。没有能够将汇率调整（通过卢浮宫会议上的参考范围）同国内财政和货币政策挂钩是其致命的弱点。除此之外，美国的单边主义并没有完全让位于协调。在本书记录的时间段里，美国政府单方面贬值美元的诱惑并没有消失，而且在未来还将存在。但像一些人那样去宣布卢浮宫协议已经死亡还为时尚早。卢浮宫协议作为其一部分的进程仍在演化，并将继续存在，因为五国集团并没有其他手段来解决失衡和汇率不稳定问题。促使卢浮宫协议汇率稳定机制逐渐制度化，将成为一个有价值的学习过程。

将建立结构化货币体制（明确规定并严格遵守体制内的游戏规则）的改革进程制度化，是一项有待实现的艰巨任务。设想能有效执行规则的超国家监督体系是幼稚且不现实的，但正如弗雷德·伯格斯滕指出的那样：“除非国际体系对国内政策有重大影响并使得国内政策更有国际兼容性且可持续，否则国际体系就名不

① 作者采访。

副实。”[①]尽管“广场行动”为体制建设提供了动力，但本质上这次行动仍只是一次临时调整过程。关于这一点，应该记住，无法在重置（调整）参考范围和宏观政策调整之间建立有效的联系，制约了卢浮宫协议的效力。美国积极推动指标机制的努力，并没有产生任何具体的成果，却在相当大的程度上动摇了卢浮宫协议。

美国最初提出指标概念时，期望其能发展成为更自动的体系。改革因此是一个过程而不是一个结构。提出这项建议的美国财政部官员同意，这个机制要完全发展起来需要时间。五国集团里的其他参与者也认识到，其发展成为能够处理国家调整问题的体制的可能性，取决于各国政府的政治意愿。

整个过程中，对指标机制的强烈抵制在五国集团中（特别是来自日本、联邦德国和英国的）持续存在。各国的央行官员和经济机构代表，就指标体系下他们管辖权的不确定性以及他们影响力的可能削弱，表达了合理的担忧。在可预见的未来，国家主权问题上不可能出现让步。一国政府只要被要求基于经济指标改变经济路径，那主权问题就会爆发。总之，政治和制度约束到目前为止仍然阻碍着可行的指标体系的出现。

历史视角

“广场行动”的出现，是为应对浮动汇率的“无体系”造成的

---

① C.Fred Bergsten, “Economic Imbalances and World Politics”, Foreign Affairs 65 (Spring 1987): 770~794.

无政府状态以及经济相互依存度逐渐增强的现实。对经济政策进行国际协调，是出于对体系管理的慎重考虑。协调要成为建立替代体系的基础。

国家之间相互依存度的不断增强，提高了对经济的敏感度，这容易导致几个结果：第一，国际经济政策的政治化和国内化，“广场行动”期间商定的共同干预行动就证明了这一点；第二，几乎所有新的政策举措都需要谈判，比如贝克-宫泽交易；第三，利用“冒险外交”（brinkmanship diplomacy）操纵政策的倾向，贝克近乎要取消卢浮宫会议的决定；第四，以威胁不履约来利用国际协议的动机，美国通过让美元贬值来威胁废止卢浮宫协议，以回应联邦德国国内刺激力度的不足。[①]

因为贸易政策、货币政策、财政政策和汇率政策间的相互联动比其他的指标更敏感，更多的政策协调需要在一系列的议题间展开。随着世界金融和信息革命带来的产业去管制和市场自由化，五国集团间的经济依存度也提高了。美国电报电话公司（AT&T）的拆分（1982年）、日本电报电话公司（NTT）的私有化、日本资本市场的自由化（1980年开始）、伦敦的“大爆炸”[②]（1987年）以及24小时外汇市场的建立，均加速了相互依存的步伐，同时使得经济的敏感性前所未有地提高了。日元—美元协议方便了资本通过自由化了的日本资本市场从日本稳定地流向美国，有助于延续

① 关于经济依存过程中涉及的力量元素逐渐增加的问题，参见船桥洋一：《经济安全理论》（*Keizai Anzen Hosho Ron*, Tokyo: Toyo Keizai Shimpo Sha, 1978）。

② 指英国撒切尔政府当时推行的伦敦金融业政策变革。——译者注

需要吸引资本流入的美国供给侧战略，也因此进一步把美国和日本的经济捆绑到了一起。在这种情况下，各国政府根本无法忽视它们各自政策的反馈效应。

1973年以来浮动汇率的“无体系”状态表明，各国并没有按照浮动汇率的支持者们预期的那样行事。浮动导致了汇率的过度波动，并累积了不可持续的外部失衡，限制了政府制定和执行宏观经济政策的自由度，这几乎成了共识。这个所谓的“无体系”进一步动摇了国际政策协调，而且每一次的汇率波动都释放出保护主义力量，从而造成全球贸易体系的不稳定。一言以蔽之，重复一下迈克尔·阿蒂斯（Michael Artis）和席维亚·奥斯特雷（Sylvia Ostry）对浮动汇率体系的控诉：“它意味着倒退”，因为“一直在错过互惠互利的政策调整机会”。[①]尽管因此研究了替代方案，也发现了不足，但意识形态、政治和经济制约因素挡住了通向上面讨论的新体制之路。

最后，相互依存度的加强伴随的是美国领导地位的衰落。1975年创立的七国集团峰会，承认了国际经济事务需要集体领导，原因是美国霸权在衰落。然而，因为里根的军事扩张和供给派经济学，20世纪80年代初美元的强势造成了一个“美国回来了”的错觉。但当五国集团的政策制定者在1985年年初认识到美元高估和美国赤字的后果时，这个错觉就被打消了，美国的领导地位便再次遭到质疑。

① Artis and Ostry, *International Economic Policy Coordination*, P. 53.

对美国实力极限的最清晰表述，实际上是财政部部长詹姆斯·贝克于1986年年末做出的。尽管比较隐晦，但贝克还是定义了美国的新领导角色：

> 美国的领导方式与近代历史的经历不同。晚近的模式是，国际经济体系是一国主导："二战"之后是美国为代表，或者是19世纪下半叶的英国为代表。美国的新领导身份更多的是设计师和建设者，坚韧不拔地实现经济增长和繁荣目标——在做出美国应有的贡献时，就努力的方向说服其他国家参与。[①]

为说明这个"设计师和建设者的新领导身份"，贝克引用了六个"成果"：1985年的广场协议；1986年3月五国集团协调降低贴现率；1986年4月除德国之外的五国集团又一次降低贴现率；东京峰会同意指标机制；1986年9月七国集团财政部部长首次多边监督操作；以及1986年10月的贝克–宫泽公报。当然，贝克后来还加上了他称之为"另一个里程碑"的卢浮宫协议。

如果民族主义或孤立主义有了政治举措，那么新的领导身份概念将给下一届政府留下挑战。不过，作为世界最大的债务国，美国的经济繁荣将越来越依赖外国资本流入，而美国必然要重新定位其角色和作用，即领导地位降低后的国家目标和使命——"一个不同于主导国家模式的方式"。美国霸权的明显衰落，并因此要

---

① James A. Baker III, Remarks before the Chicago Economic Club, 11 December 1986.

求加强政策协调，这在可预见的未来是肯定要发生的。

结 论

五国集团的“广场行动”仍然是一个不断发展的试错过程。渐进主义的进程手段还不够。五国集团没有取得一致性协议，相反，在大多数情况下，政策协调要借助两国集团或三国集团的框架形成一系列交易。退缩、过度承诺或者违约的可能性，持续威胁着这些交易的可信度，有些情况下甚至消除了进一步合作的动力。“无体系”本质上的无政府状态会颠覆“广场行动”中的临时措施。

为避免这种情况发生，五国集团（特别是日本、美国和联邦德国）必须加快建立一个更可信、有效的国际货币体制。应该利用像沃尔克的“不张扬的共同应急计划”这样的务实手段，持续支持在“广场行动”的政策协调概念框架基础上建立的共识。为了用更系统化的方式管理市场，五国集团各国应该全面承诺政策协调。关于这一点，如果没有美国口头打压政策的负面影响，市场管理会更有效。

“广场行动”没有能够就落实承诺的政策调整做出约束。从这个意义上讲，它比不上1978年波恩峰会上启动的政策协调。“广场行动”中并不是信心、机制和体制建设的开创过程。这些不足也造成了卢浮宫协议的脆弱。

但卢浮宫协议可以作为渐进实验的起点。在重置基准汇率或调整汇率同货币和财政政策协调建立联系方面，应该付出更卓越的努力。积极双边主义的效果已经证明了缺少结构变化、为开会而开会的局限和危险。如果没有更明确的方向和指引，这个过程肯定会失去动力。而且，一个新经济体制中的任何结构性改变，都必须让日本和联邦德国，也可能是欧洲货币体系实实在在地承担更大的责任。

东京峰会上提出的指标体系，原本是希望去承担调整宏观经济政策这个艰巨的政治任务。对五国集团和七国集团来说，去搭建一个理想化的多边监督机制当然是有好处且必要的。但谁都不能误以为指标体系本身能够取代国家之间的争执谈判，不管这个体系有多成熟完善。七国集团的指标体系操作应该公开，从而提高各国国内政治团体对全球经济相互依存度提升的敏感度。

要特别强调的是，各国不同团体和机构加深相互关注和理解，有助于提高跨境联盟的构建机会。构建联盟的两个战略层面尤其值得关注。第一个是要利用七国峰会，使其成为政策协调最高级别的机构。第二个是要加强对国内政治和机构设置对政策协调限制的关注。五国集团和七国集团各成员国没有很好地探索利用这两个组织同国家元首之间的新联动。七国集团旨在授予协调过程必要的政治权威，同时“在国内政策制定和国际协调过程之间建立直接联动”①。这个联动应该加以利用，充分联系并进行检验，这样各国领导人才能够将七国峰会转变为政策协调（包括最困难的

① James A. Baker III, Remarks before the Joint World Bank-IMF Annual Meeting(Washington), 30 September 1987.

政治化任务——财政政策调整）的最高司令部。

要准确把握特殊机构设置对国际政策协调所造成的障碍，就需要认真审视所涉及国家的国内政治。美国政治的制衡体系以及国会在财政、货币和贸易政策制定过程中的作用，将会继续使得各国间的政策协调努力变得复杂。对美国来说，可以通过程序改革来寻求国内的支持。尽管国会逐渐关注利率和汇率对国内经济的影响不会自动帮助到协调，但国会应该重新组织其目前对贸易事务的多头管辖模式。两院里的强势委员会，如参议院金融委员会和众议院筹款委员会，应该在国际经济政策制定时被赋予更重要的角色。行政和立法部门只有全面合作，才能为建设性的政策协调提出措施建议。七国集团年度峰会之前，这两个部门之间应该召开讨论宏观经济调整的高层会议，就比如 1987 年 10 月股市暴跌之后召开的那次会议。政府部门有义务报告汇率和联邦预算对国内和世界经济的影响。另外，应该鼓励国际货币基金组织总裁进行公开听证。[①]

在日本，结构性的弱势领导力仍将是国际政策协调的障碍。官僚们的故步自封和政治群体缺乏主动性，将把纠正失衡的任务交给市场力量，这也将成为国际经济稳定过程中的不稳定因素。日本需要投入大量的学术和政治力量，来探索政治和制度重新安排甚至改革的可能性。

从根本上说，只有允许日本正在出现的经济和社会转型反映

① Marris, "Managing the World Economy", 110~111.

到其政治和选举体系中时，这个艰巨的任务才能实现。前川报告中提出的政策建议强调，为了本国的经济发展和国际经济稳定，日本必须采取新措施，但这又必须配合以政治和制度重建。日本应该利用七国峰会同五国集团、七国集团的联动，提高首相的权威，从而限制来自下层的反对，并迫使相关官僚机构的那些国内主义者们在设计国内政策时考虑国际反响。与此同时，首相应该在制定国际经济政策时发挥更重要的作用，从而提高首相作为政府首脑的影响力。

在政治派别方面，日本自民党政策研究委员会主席应该更充分地参与国际经济政策制定。主席控制着“政策派”各委员会，他的独特观点将加强国内政策同国际层面合作之间的联系。

联邦德国也应该认真审视其政策制定体系。联邦银行的货币政策应该对管理和活跃欧洲货币体系有更大的敏感度。同时，美国应该做好准备完全接纳欧洲货币体系，并重新定义美国同欧洲货币体系及在体系内部的角色。另外要记住，法国在 1987 年年初对联邦德国的降息产生了相当大的影响。尤其是法国对目标区的持续支持，从理念上为浮动汇率体系提供了替代选择。更宽泛地讲，法国社会中的意识形态和民族主义气氛越来越弱，这有利于他们继续在思想界做出更多的贡献。在法国就协调政策主动向联邦德国施压时，贝克的“法国牌”比贝克单纯地指责联邦德国不作为要有效得多。

联邦德国的各政治派别也应该参与到协调过程。要让波恩和法兰克福承担起更多的国际责任，联邦德国政治体系中两个最独立的机构参与者之一的自由民主党（另一个当然是联邦银行），应在联邦德国的政策协调努力中发挥更大的影响力。只有这种决定性的意见，才有可能从内部化解“德国人的固执”。

最后，需要构建更强大的跨国联盟。在国家间和相关的机构间组成联盟，需要想象力以及敏锐的政治嗅觉，去判断同谁有现实和潜在的共同利益。在构建不同层次的联盟过程中，自由民主党应该发挥更大的作用。如果需要，日本通产省和外务省同样可以建立跨部门的联盟。七国集团经济峰会应该作为构建这种跨部门联盟的载体。然而，为方便政策协调的跨国联盟建设仍然极少。从这个角度讲，五国集团各国没有充分利用它们最重要的政治资产：民主和多元的政治制度。

事件年表

时间	组织	事件
1985 年		
1 月 17 日	五国集团	承诺必要时进行协调干预，华盛顿
2 月 25 日		纽约市场美元兑日元升至 263.65
2 月 26 日		纽约市场美元兑马克升至 3.4770
4 月 11 日		乔治·舒尔茨在普林斯顿大学演讲
5 月 2—4 日		波恩峰会
6 月 19 日		马尔福德–大场智满双边会谈
6 月 21 日		贝克–竹下登试探性会谈
6 月 22 日	十国集团	发布十国集团报告
7 月 22 日		欧洲货币体系内部汇率调整
7 月 23 日	经合组织第三工作小组	马尔福德–大场智满就货币政策、贸易政策及对抗国会的保护主义举行会谈，巴黎
8 月 21 日		马尔福德–大场智满就货币政策和美国税务改革举行会谈，夏威夷
9 月 15 日	五国集团	广场协议副部长谈判，伦敦

（续表）

时间	组织	事件
9月20—21日	欧共体部长级会议	法国、德国和英国财政部部长、央行行长秘密会谈，卢森堡
9月22日	五国集团	广场协议，纽约
9月23日		里根发表贸易政策演讲
10月6日	五国集团	国际货币基金-世界银行会议，韩国首尔
10月底		日本银行将短期利率（两个月期票据利率）从（9月的）6.43%提高到（12月中的）8.12%
11月13日	五国集团	广场会议后续副部长会议，巴黎
12月12日		里根总统签署生效《葛兰姆法案》
1986年		
1月18—19日	五国集团	伦敦会议，“对进度满意”
1月30日		日本将利率自5%降低到4.5%
2月10日	国际清算银行	沃尔克-珀尔，同意降低利率，巴塞尔
2月24日	美联储	“宫廷政变”：在单方面降息的问题上，其他理事否决了沃尔克
3月6日		联邦德国将贴现率自4%降低到3.5%，法国自8.5%降低到8.25%
3月7日		日本将贴现率自4.5%降低到4%，美国自7.5%降低到7%
3月16日		法国大选
4月7日		欧洲货币体系内部汇率调整
4月8日		贝克-竹下登会晤，华盛顿
4月21日		美日协调降息：日本从4%降低到3.5%，美国从7%降低到6.5%
5月4—5日		东京峰会

（续表）

时间	组织	事件
5 月 30 日	五国集团	指标计划副部长级后续会议
7 月 6 日		自民党赢得日本大选，宫泽喜一代替竹下登（成为自民党干事长）出任大藏相
7 月 10 日		美联储将贴现率自 6.5% 降低到 6%
8 月 21 日		美联储将贴现率自 6% 降低到 5.5%
9 月 21 日		欧洲财政部部长联合反对美国的口头打压政策，苏格兰，格伦伊格尔斯
9 月 26 日	五国集团	华盛顿会议
9 月 27 日	七国集团	华盛顿会议
9 月 29—30 日		国际货币基金–世界银行会议，华盛顿
10 月 31 日		贝克–宫泽协议，日本将贴现率自 3.5% 降低到 3%
11 月 4 日		美国中期选举，民主党控制了参议院
12 月 14 日		贝克–斯托尔滕贝格会晤，联邦德国，基尔
1987 年		
1 月 12 日		欧洲货币体系内部汇率调整
1 月 21 日		贝克–宫泽会晤，发表联合声明，华盛顿
1 月 23 日		联邦银行将贴现率自 3.5% 降低到 3%
1 月 25 日		联邦德国大选
1 月 28 日		美国第一次干预支持美元
1 月 29 日	五国集团	副部长会议，苏黎世
2 月 4 日	七国集团	威尼斯峰会副部长级预备会，罗马
2 月 20 日		日本宣布将贴现率自 3% 降低到 2.5%

（续表）

时间	组织	事件
2 月 21—22 日	五国集团，七国集团	卢浮宫协议，意大利抵制七国会议，巴黎
4 月 7 日	五国集团	重新调整美元—日元基准汇率，华盛顿
4 月 8 日	七国集团	华盛顿会议
6 月 9—10 日		威尼斯峰会
9 月 4 日		美联储将贴现率自 5.5% 提高到 6%
9 月 26 日	七国集团	发表声明
10 月 19 日		（全球）股市暴跌
12 月 23 日	七国集团	发表声明

缩写表

BIS　国际清算银行（Bank for International Settlements）

BOJ　日本银行（Bank of Japan）

CDU　基督教民主联盟（联邦德国）[Christian Democratic Union (West Germany)]

CSU　基督教社会联盟（联邦德国）[Christian Social Union (West Germany)]

CEA　经济顾问委员会（美国）[Council of Economic Advisors (United States)]

EPA　经济企划厅（日本）[Economic Planning Agency (Japan)]

EPC　经济政策委员会（美国）[Economic Policy Council (United States)]

EMS　欧洲货币体系（European Monetary System）

FOMC　（美联储）联邦公开市场委员会 [Federal Open Market Committee (of the US Federal Reserve Board)]

FDP　自由民主党（联邦德国）[Free Democratic Party (West

Germany)]

GAO 审计总署(美国)[General Accounting Office(United States)]

GATT 关税和贸易总协定(General Agreement on Tariffs and Trade)

JETRO 日本贸易振兴会(Japan External Trade Organization)

LDP 自由民主党(日本)[Liberal Democratic Party(Japan)]

MOSS 市场导向的个别领域谈判(Market Oriented Sector Selective Talks)

MOF 大藏省(日本)[Ministry of Finance(Japan)]

MFA 外务省(日本)[Ministry of Foreign Affairs(Japan)]

MITI 通产省(日本)[Ministry of International Trade and Industry(Japan)]

NAM 全国制造商联合会(美国)[National Association of Manufacturers(United States)]

OECD 经济合作与发展组织(经合组织)(Organization for Economic Cooperation and Development)

SDP 社会民主党(联邦德国)[Social Democratic Party(West Germany)]

USTR 美国贸易代表(United States Trade Representative)

WP3 经合组织第三工作小组(Working Party 3 of the OECD)

作者采访的人

美国

韦恩·安格尔（Wayne D. Angell），美联储理事

斯蒂芬·阿克西尔罗德（Stephen H. Axilrod），美联储货币与金融规划部主管

诺曼·贝利（Norman A. Bailey），总统国家安全事务前特别助理兼国际经济事务高级主管

詹姆斯·贝克（James A. Baker III），财政部部长

杰拉尔德·科里根（E. Gerald Corrigan），纽约联储主席

萨姆·克罗斯（Sam Y. Cross），纽约联储执行副主席

查尔斯·达拉拉（Charles H. Dallara），财政部负责国际经济事务的高级副部长助理

史蒂芬·丹赞斯基（Stephen I. Danzansky），国家安全委员会高级主管

迈克尔 · 达比（Michael R. Darby），财政部负责经济政策的部长助理

理查德 · 达曼（Richard G. Darman），财政部副部长

托马斯 · 道森（Thomas C. Dawson），总统副助理兼总统办公厅主任行政助理

约瑟夫 · 艾肯伯格（Joseph B. Eichenberger），美国驻联邦德国大使馆金融专员助理

罗伯特 · 福弗（Robert C. Fauver），财政部工业国及全球分析办公室主任

马丁 · 菲尔德斯坦（Martin Feldstein），经济顾问委员会前主席

詹姆斯 · 弗里森（James Frierson），美国贸易代表办公室主任

罗伯特 · 哈洛（Robert L. Harlow），财政部国际事务部长助理办公室及工业国和全球分析办公室经济学家

乔恩 · 哈策尔（Jon K. Hartzell），美国驻联邦德国大使馆金融专员

乔治 · 霍格特（George R. Hoguet），财政部负责国际事务的前首席副部长助理

曼纽尔 · 约翰逊（Manuel H. Johnson, Jr.），美联储副主席

艾尔弗雷德 · 金根（Alfred H. Kingon），内阁秘书兼总统助理

马克 · 利兰（Marc E. Leland），财政部负责国际事务的前部长助理

普雷斯顿 · 马丁（Preston Martin），美联储副主席

道格拉斯 · 麦克明（Douglas W. Mcminn），国务院负责经济和商业事务的助理国务卿

蒂姆 · 麦克纳马（Tim Mcnamar），财政部前副部长

李 · 摩根（Lee L. Morgan），卡特彼勒董事长（退休）

大卫·马尔福德（David C. Mulford），财政部负责国际事务的部长助理

威廉·尼斯卡宁（Willian Niskanen），经济顾问委员会前执行主席

鲍勃·帕克伍德（Bob Packwood），美国参议员

亚历克西·里费尔（Alexis Rieffel），美国在国际货币基金组织执行董事的技术总监

斯蒂芬·罗伯特（Steven M. Roberts），美联储主席助理

加斯顿·西古尔（Gaston J. Sigur），国务院负责东亚和太平洋事务的助理国务卿

安东尼·所罗门（Anthony Solomon），沃伯格（美国）公司主席

贝利尔·斯普林克尔（Beryl Sprinkel），经济顾问委员会主席

丹尼斯·托马斯（Dennis Thomas），总统助理

埃德温·杜鲁门（Edwin C. Truman），美联储理事

保罗·沃尔克（Paul A. Volcker），美联储主席

艾伦·沃利斯（W. Allen Wallis），国务院负责经济和农业事务的助理国务卿

大卫·沃尔特斯（David Walters），美国贸易代表办公室首席经济学家

罗伯特·佐利克（Robert B. Zoellick），财政部部长顾问兼执行秘书

日本

安倍晋太郎（Shintaro Abe），外务相、自民党总理事会主席

赤泽漳一（Shoichi Akazawa），日本贸易振兴会主席

藤川信二（Shinji Fukukawa），通产省副相

后藤田正晴（Masaharu Gotoda），官房长官、首席内阁秘书

行天丰雄（Toyoo Gyoten），大藏省负责国际事务的副相

长川谷一郎（Kazutoshi Hasegawa），首相私人秘书

畠山蕃（Shigeru Hatakeyama），大藏省研究和规划部主任、藏相秘书

隆细见（Takashi Hosomi），海外经济协作基金主席

伊藤正义（Masayoshi Ito），自民党政策研究委员会主席

金子义明（Youshiaki Kaneko），大藏省国际金融局短期资本部主任

宽野科良（Akira Kanno），日本银行行政主管

近藤竹彦（Takehiko Kondo），大藏省负责国际事务副相的特别助理

小山五郎（Goro Koyama），三井银行主任兼顾问

久保田德（Isco Kubota），大藏省负责国际事务副相的特别助理

国广道彦（Michihiko Kunihiro），外务办公室总干事、内阁秘书

黑田春彦（Haruhiko Kuroda），大藏相秘书顾问

松永信雄（Nobuo Matsunaga），驻美国大使

前川正雄（Haruo Maekawa），国际电信电话公司董事会主席、日本银行前行长

宫泽喜一（Kiichi Miyazawa），自民党总理事会主席、大藏相

三重野康（Yeshushi Mieno），日本银行高级副行长

盛田昭夫（Akio Morita），索尼公司董事长

永野淳司（Atsushi Nagano），大藏相私人秘书

中曾根康宏（Yasuhiro Nakasone），首相

西崎彰（Akira Nishigaki），大藏省预算局主任

西原敦夫（Atsuo Nishihara），日本驻联邦德国大使馆参赞

大场智满（Tomomitsu Oba），大藏省负责国际事务的副相

绪方四士郎（Shijuro Ogata），日本银行负责国际关系的副行长

太田武（Takeshi Ohta），日本银行负责国际关系的副行长

大隈吉行（Yoshiyuki Okuma），日本银行外汇部主任

榊原英资（Eisuke Sakakibara），大藏省金融局第一基金规划和运营部主任

杉崎重光（Shigemitsu Sugisaki），大藏省税务局研究部主任

澄田智（Satoshi Sumita），日本银行行长

竹下登（Noboru Takeshita），大藏相、自民党总干事

竹内与（Yo Takeuchi），日本国际金融中心（华盛顿）首席代表

田村元（Hajime Tamura），通产相

田中麻美（Masaaki Tsuchida），首相私人秘书

内海诚（Makoto Utsumi），日本驻美国大使馆公使、大藏省国际金融局局长

渡边幸治（Koji Watanabe），外务省经济事务局局长

渡边美智雄（Michio Watanabe），通产相

八木肯（Ken Yagi），大藏省国际金融局研究和规划特别官员

山口光秀（Mitsuhide Yamaguchi），大藏省副相

山下泉（Izumi Yamashita），日本银行驻法兰克福首席代表

吉野良彦（Yoshihiko Yoshino），大藏省副相

西欧

爱德华·巴拉迪尔（Edouard Balladur），法国财政部部长

尼古拉斯·贝恩（Nicholas Bayne），英国常驻经合组织代表

阿兰·贝农（Alain Benon），法国财政部内阁秘书

乔纳森·卡尔（Jonathan C. Carr），《经济学人》驻波恩首席记者

雅克·德拉罗西埃（Jacques de Larosiere），法兰西银行行长（此前担任国际货币基金组织总裁）

兰贝托·迪尼（Lamberto Dini），意大利银行副行长

卡尔·海因茨·冯·德里什（Karlheinz von den Driesch），联邦德国财政部部长助理

莱昂哈德·格勒斯克（Leonhard Gleske），德意志联邦银行理事

沃尔夫冈·格隆布（Wolfgang Glomb），联邦德国财政部副部长助理

格奥·格里姆（Georg Grimm），联邦德国总理办公室经济和金融政策主任

居纳特·格罗舍（Guenter Grosche），国际货币基金组织联邦德国执行董事

戈德·豪斯勒（Gerd Hausler），德意志联邦银行行长办公室主任

诺伯特·克洛滕（Norbert Kloten），德意志联邦银行委员会成员

丹尼尔·勒贝格（Daniel Lebegue），法国财政部国库主任

杰夫里·利特勒（Geoffrey Littler），英国财政副大臣

安东尼·洛埃尼斯（Anthony D. Loehnis），英格兰银行海外主任

克里斯蒂安·莫勒（Christian Merle），法国财政部国库主任助理

伯恩哈德·莫利托（Bernhard Molitor），联邦德国财政部经济政策主任

海琳·普鲁瓦（Helene Ploix），国际货币基金组织法国执行董事

卡尔·奥拓·珀尔（Karl Otto Pohl），德意志联邦银行行长

沃尔夫冈·里克（Wolfgang Rieke），德意志联邦银行国际局局长

鲁迪·冯·罗森（Rudiger Von Rosen），德国证券交易所联合会执行副主席

赫尔穆特·施密特（Helmut Schmidt），联邦德国前总理

赫尔穆特·施莱辛格（Helmut Schlesinger），德意志联邦银行副主席兼副行长

霍斯特·舒尔曼（Horst Schulmann），国际金融研究会执行副主任

特奥·佐默（Theo Sommer），德国《时代周报》（*Die Zeit*）主编

格哈德·斯托尔滕贝格（Gerhard Stoltenberg），联邦德国财政部部长

汉斯·蒂特迈尔（Hans Tietmeyer），联邦德国财政部副部长

让-克洛德·特里谢（Jean-Claude Trichet），法国财政部国库主任

诺伯特·瓦尔特（Norbert Walter），德意志银行高级经济学家

档案文件

1　五国集团财政部部长和央行行长公告

1985 年 1 月 17 日

法国、联邦德国、日本、英国和美国的财政部部长和央行行长今天宣布，他们会晤并讨论了一系列国际经济金融问题。本次会议是这些国家就共同感兴趣的经济和金融问题定期系列磋商的一部分，货币基金组织总裁德拉罗西埃也就主要工业国家的经济政策和前景参与了讨论。

五国财政部部长和央行行长注意到外汇市场近期的变化，共同表示要致力于提高外汇市场的稳定性。为此，财政部部长和央行行长们：

重申实行促进经济无通胀、持续增长的货币和财政政策的承诺；

强调去除经济中的结构性僵化因素从而实现无通胀、稳定增长和汇率市场稳定的重要性，同时表达了在这一领域加强努力的意愿；以及鉴于外汇市场近期的波动，重申他们在威廉姆斯堡峰会上做出的必要时协调干预市场的承诺。

财政部部长和央行行长们相信，这种做法将为维持经济复苏、降低通胀、提高就业并实现更稳定的汇率提供坚实的基础。

2　法国、联邦德国、日本、英国、美国财政部部长和央行行长公报

1985 年 9 月 22 日

一、鉴于法国、联邦德国、日本、英国、美国的财政部部长和中央银行行长同意进行共同监督，他们于今天 1985 年 9 月 22 日举行会晤，本次会晤也是为即将召开的韩国首尔会议上进行更广泛的国际讨论做准备。他们回顾了各自国家经济运行和政策情况，同时评估了这些情况对经济前景、外部均衡和汇率的影响。

二、在 1985 年 5 月的波恩经济峰会上，七个主要工业国家元首或政府首脑以及欧洲共同体委员会主席发布了“持续增长和高就业经济宣言”。与会者在宣言中同意：为了所有国家能够共享持续的新繁荣，我们所能做的最大贡献，是坚持不懈地在我们各国独立并合作实施有利于持续增长和更高就业的政策。

三、五国部长和行长认为，各国在努力推动经济沿稳定无通胀的道路健康一致发展方面取得了显著进展。另外，他们认为，他们的国家正在恢复其经济的活力和反应能力。因为这些发展，

他们相信这些国家之间已经建立了可持续、更均衡扩张的基础。持续的增长将惠及其他工业国，并将有助于确保发展中国家扩大出口市场，从而为解决负债累累的发展中国家问题发挥重要作用。

四、他们相信，各国采取的政策措施对这种平稳协调的经济表现产生了越来越大的影响。而且，各国承诺实行更多的政策措施，促进良好的发展态势、强化当前扩张的可持续性。

五、五国财政部部长和央行行长认为，各国经济基本面近期的变化以及对未来的政策承诺，并没有在外汇市场上得到反应。

六、相较于1982年0.7%的负增长，五国财政部部长和央行行长希望他们这些国家今年总体实现约3%的增长。尽管这一数字略低于1984年的水平，但这将是过去四年中最均衡的增长。在美国于1983—1984年实现明显快速的增长之后，越来越多的证据表明，其他国家的内部增长也在加快。特别是私人投资增长强劲。目前的扩张是在财政紧缩的情况下取得的，其并没有依赖短期的财政刺激。由于增长因素的变化，在美国经济增长放缓的情况下，这些国家的真实增长仍将保持强劲。

七、当前的持续扩张，是在通胀率不断下降的背景下实现的，这是过去三十年里从未有过的现象。通胀率处于近二十年的最低水平，而且没有反弹的迹象。

八、利率在近年来大幅下降。除了在国内产生了良好的效果，其对缓解发展中国家的偿债压力尤其有帮助。

九、这一成功的表现要直接归功于几个因素：重视降低通胀及通胀预期的宏观经济政策、对政府开支的持续警惕、更强调市场力量和竞争以及审慎的货币政策。

十、尽管有着这些积极的经济表现，但在国际收支方面却存在巨大的失衡，这一失衡是潜在的隐患，也反映出一系列的问题。这些问题包括：美国在相对较快增长期间经历的对外收支恶化、一些主要发展中国家的经济困难和调整努力给美国经常账户带来的巨大冲击、某些市场的贸易准入困难以及美元升值。相对增长率、发展中国家的债务问题以及汇率波动这些因素的相互影响，在主要工业国家间造成了严重的、可能不稳定的外部失衡。特别是，美国的经常账户逆差庞大且不断增长，而日本（以及相对低程度上的联邦德国）的经常账户顺差庞大且不断增长。

十一、美国的经常账户赤字，连同其他因素，目前正引发起保护主义压力，如果不加以抵制，将导致国家间的破坏性报复进而重创世界经济：世界贸易将萎缩、真实经济增长甚至转负、失业率继续攀升、负债累累的发展中国家将无法确保它们急需的出口收入。

政策意图

十二、五国财政部部长和央行行长坚信，他们各国仍将坚定履行作为主要工业国的国际责任和义务。他们同时承担着确保各自政策相互一致性的特殊责任。财政部部长们同意，实现国内经济更加强劲的无通胀增长并开放市场，将是确保以更加均衡的方式继续当前扩张的关键因素，他们也承诺为此采取政策。在财政赤字畸高的国家，迫切需要进一步采取大幅削减赤字的措施。

十三、五国财政部部长和央行行长同意，抵制保护主义压力至关重要。

十四、鉴于欠发达国家需要继续努力进行关键的调整，财政部们认识到为这些国家的出口品提供市场准入的重要性，同时将此视为避免保护主义政策的另一个重要原因。他们欢迎计划于9月底召开的关贸总协定预备会，同时希望会议为新一轮关贸总协定谈判主题和形式达成广泛共识。

十五、在这种情况下，他们回顾并重申了波恩经济宣言关于债务形势的声明。国际贸易的持续增长、低利率、开放市场并在个案基础上继续提供适当的融资资金和条件，对于发展中国家实现稳健增长、克服其经济和金融困难至关重要。

十六、五国部长同意，在持续的无通胀扩张过程中，他们将发挥监督作用；为实现这一目标，加强个人和合作努力。为此，他们就各国政策意向发布声明。

总结

十七、五国财政部部长和央行行长同意，结合下文声明中具体的政策意向，近期的经济发展和政策变化为低通胀环境下继续且更均衡的扩张打下了良好的基础。他们就这些改进对纠正严重且不断恶化的外部失衡的重要性达成共识。在这方面，他们指出，更多的市场开放措施对于抵制保护主义十分重要。

十八、五国部长和行长同意，汇率应该在纠正外部失衡过程中发挥作用。要实现这一点，汇率应该比以往更好地反映经济基本面。他们认为，必须落实和加强商定的政策措施，进一步改善基本面。鉴于基本面的现状和潜在变化，主要非美元货币对美元进一步有序升值是可取的。在这样（非美元货币对美元有序升值）是有帮助时，他们准备更密切地合作以给予支持。

法国政府计划采取旨在降低通胀、调节收入增长和持续改善国际收支的政策。它将进一步加强加快结构调整和现代化的努力，从而为创造就业机会打下基础。因此，做出如下决定：

1、大力反通货膨胀；

2、确保实现货币总量增长目标，符合降低通货膨胀的要求；

3、逐步减少公共支出从而降低税收负担，同时降低政府举债需求；

4、在商业领域财务状况改善的情况下促进投资回收；

5、采取进一步措施，推进金融市场的自由化和现代化建设，提升金融业的竞争力从而降低金融中介成本，提高利率在货币控制中的作用；

6、通过在教育培训领域实施创新和积极的政策、促进社会工作组织间建设性讨论等方式来创造就业机会；

7、抵制保护主义。

联邦德国政府指出，联邦德国经济已经走上了一条逐渐基于内生增长的稳步复苏之路，联邦德国将继续实施政策维持并扩大已经取得的成绩，在价格稳定和低利率的情况下，为持续、有活力、创造就业的增长夯实基础。尤其是，联邦德国政府将实施下列具有明确意向的政策：

1、财政政策首要目标是鼓励私人主动且创造性的投资，维持价格稳定；

2、为此，联邦政府将继续通过严格的支出控制，逐渐减少公共部门在经济中的份额。1986 年和 1988 年生效的减税措施，是政府正在进行的中期税收改革和减税政策的一部分；

3、联邦政府将继续消除影响市场有效运行的僵化因素。继续评估影响就业市场的政策、条例和做法，从而提高经济增长对就业的积极影响。联邦政府和德意志联邦银行将支持深度、高效的货币和资本市场的持续发展；

4、联邦政府的财政政策和德意志联邦银行的货币政策，将继续确保有助于国内需求持续扩张的稳定环境；

5、联邦政府将继续抵制保护主义。

日本政府注意到，日本经济正处于主要由国内私人消费增长支持的自主扩张阶段。政府将继续制定旨在确保可持续、无通胀增长的政策；为外国商品提供全面准入的国内市场；同时进行日元国际化和国内资本市场的自由化。

日本政府将特别实施下列具有明确意向的政策：

1、抵制保护主义，稳步实施 7 月 30 日宣布的对外国商品和服务进一步开放日本市场的行动计划；

2、通过实施有力的去管制措施，充分激发私营部门的活力；

3、重视日元汇率的柔性货币政策管理；

4、大力推动金融市场自由化和日元国际化，让日元充分反映日本经济的潜力；

5、财政政策将继续着眼于双目标：减少中央政府赤字，并为私营部门提供支持增长的环境。在这个框架内，允许地方政府根据各地具体情况在本（1985）财年增加投资；

6、刺激国内需求的努力重点，是通过扩大消费者和抵押信贷市场的措施增加私人消费和投资。

英国政府指出，过去四年里，英国经济一直保持着产出和国内需求的稳定增长。英国政府继续推行的政策将降低通胀，促进产出和就业持续增长，降低公共部门规模，鼓励更有竞争力，创新和市场导向的私营领域，减少经济中的管制并增加激励，维护开放贸易和资本市场免于外汇管制。

特别地，英国政府准备：

1、执行货币政策从而实现物价的进一步稳定，同时为提高产出和就业创造良好的金融环境；用稳健的财政政策支持货币政策；

2、继续降低公共开支占国内生产总值的比重，将更重要的公共部门私有化；

3、降低税务负担，从而提高激励并增加经济资源的利用效率；

4、采取更多措施提高劳动力市场的有效运作，包括工资委员会改革和改善年轻人培训；落实金融市场开放和加强竞争的建议；

5、抵制保护主义。

美国政府坚定执行相关政策，从而：确保稳定的无通胀增长，最大限度地发挥市场和私营部门在经济中的作用，降低政府部门的规模和作用，同时开放市场。

为了实现这些目标，美国政府将：

1、继续努力降低政府开支在国民生产总值中的比重，从而减少财政赤字、为私营部门释放更多资源；

2、全面执行1986财年的赤字削减计划。这项由国会通过、总统批准的计划，不仅将1986财年的预算降低幅度超过国民生产总值的1%以上，而且为今后几年进一步大幅度减少赤字奠定了基础；

3、实施收入中性（revenue-neutral）的税收改革，这将鼓励储蓄、产生新的工作激励，同时提高经济效益，从而促进无通胀增长；

4、执行货币政策，从而提供有助于可持续增长和物价继续稳定的金融环境；

5、抵制保护主义措施。

3　东京经济宣言

1986年5月6日

一、我们七大工业国元首或政府首脑以及欧洲共同体代表在东京举行第十二次经济首脑会议。我们回顾了世界经济自一年前波恩会议以来的发展，同时重申我们继续共同努力，维护和改善本国居民的繁荣和福祉，支持发展中国家促进经济增长和繁荣的努力，改善世界货币和贸易体系。

二、上次会议以来的世界经济发展，反映了近年来我们在历届经济峰会上所承诺政策的有效性。工业化国家的经济现在处于扩张的第四个年头。在我们所有国家，通胀率一直在下降。因为持续推行稳健的财政和货币政策，利率得以大幅下降。国际市场汇率发生了重大变化，更能反映经济基本面。尽管最近的石油价格下跌让产油国面临困难，但对于工业化国家，实际上对于整个世界经济来说，有助于维持无通胀的增长和世界贸易量的增加。总的来说，这些发展为世界经济的未来提供了更加光明的前景，也增强了信心。

三、然而，世界经济仍然面临一系列问题，可能损及可持续增长。这些问题包括高失业率、严重的国内和国际失衡、汇率未来走势的不确定性、持续的保护主义压力、许多发展中国家持续的困难且一些国家面临严重的债务问题、中期内能源价格的不确定性。如果严重的失衡及其他扭曲持续的时间太长，将对世界经济增长和开放的多边贸易体系带来更大威胁。我们不能放松努力。在筹划政策的过程中，我们需要着眼于中长期，关注当下这些问题的相互联系及结构特征。

四、我们强调，需要在所有国家的各个经济领域实施有效的结构调整政策，从而促进增长、就业和国内经济融入世界经济。这些政策包括科技创新、产业结构调整以及扩大贸易和外国直接投资。

五、我们每个国家，在适当的财政和货币政策的中期框架下，严格控制公共支出仍然至关重要。在我们一些国家，过度的财政赤字持续存在，这些国家政府正在逐步降低赤字。

六、上次会议以来，我们在创造新就业岗位方面取得了一些成绩，以应对劳动力的增加，但我们中的不少国家失业率仍然非常高。无通胀增长仍然是解决就业、减少失业的最大单一因素，但需要加大政策力度，鼓励创造就业机会，特别是在新的高科技产业和小企业。

七、与此同时，七个峰会国家之间应该就经济政策进行密切且持续的协调，这非常重要。就五国集团财政部部长和央行行长最近那些协调关系的改善，我们表示欢迎。那些协调帮助改变了汇率的走势，并在有序和无通胀的基础上降低了利率。不过我们认为，应该采取更多的措施，确保进一步加强有效协调国际经济政策的程序。

为此，国家元首或政府首脑：

同意组建一个包括意大利和加拿大在内的新的七国财政部部长集团，在年度峰会之间更密切、更频繁地工作；

要求七国财政部部长利用下述的指标至少每年一次集中评估各自国家的经济目标并进行预测，尤其要分析这些指标之间的协调关系；

欧洲共同体的代表：

指出改善协调的目的应该明确包括促进经济无通胀增长、加强市场导向的就业激励和生产性投资、开放国际贸易和投资体系并促进汇率趋于更稳定；

重申 1982 年凡尔赛峰会上做出的同国际货币基金组织合作加强监督的承诺，尤其是在其货币构成特别提款权的国家间加强监督。要求在同国际货币基金组织总裁一起进行这些监督时，应该参照国民生产总值增长率、通胀率、利率、失业率、财政赤字比例、经常账户和贸易账户情况、货币增长率、储备和汇率这些指标评估各自国家的经济预测；

吁请进行多边监督的财政部部长和央行行长们，在既定路径发生严重偏离的情况下，尽最大努力就适当的补救措施达成谅解；建议补救措施首先要重点关注基本政策，同时重申了 1983 年威廉姆斯堡峰会上做出的在有帮助时干预外汇市场的承诺。

国家元首或政府首脑：

要求五国财政部部长集团在讨论处理国际货币体系的管理和改善问题及相关经济政策措施时，要请加拿大和意大利参与会议；

吁请财政部部长在下一次峰会上汇报相关进度。

十国集团内部也要有类似的改善协调努力。

八、工业化国家实施这些政策，将增强世界经济、为低利率创造条件、产生向发展中国家增加资金流动的可能性、促进技术转让并提高工业化国家的市场准入，这些将有助于发展中国家。与此同时，发展中国家，尤其是债务国，通过采取有效的结构调整政策，加上调动国内储蓄的措施，鼓励资本回流，改善外商投资环境，促进更加开放的贸易政策，使自己在世界经济中发挥更大作用。在这方面，特别注意到这些国家高度依赖初级产品出口所面临的困难局面，我们同意继续支持其深加工本国产品及进行经济多样化的努力，并在制定我们自己的贸易和国内政策时考虑他们的出口需求。

九、私人资本流入将在提供发展需要（的资金）方面继续发挥重要作用。我们重申我们愿意维持并酌情向发展中国家提供双边和多边的官方金融支持。在这一方面，我们非常重视国际开发协会此前非常重要的第八次增资，并将在适当的时候向世界银行增资。我们希望看到启动多边投资担保机构的工作取得进展。

十、我们重申逐案处理国际债务问题的持续重要性。我们欢迎合作债务战略方面取得的进展，特别是基于美国动议的战略。包括多边开发银行在内的国际金融机构仍将继续发挥核心作用，我们欢迎这些机构特别是基金组织和世界银行之间更紧密地合作。健全的调整方案还需要恢复商业银行贷款，灵活地重新安排债务以及适当地获得出口信贷。

十一、我们欢迎非洲地区的粮食形势得到改善。然而很多非洲国家仍然需要紧急援助，我们做好了救助的准备。更一般地说，我们继续意识到，要高度重视如何去满足非洲的需要。我们的外长通过并向我们转交的“对非援助报告”中确定的措施应稳步实施。援助应该特别关注这些国家的中长期发展。在这方面，我们高度重视通过撒哈拉以南非洲国家特别基金继续合作，及早落实新成立的基金组织结构调整基金并利用国际开发协会。我们计划积极参加即将召开的联合国非洲问题特别会议，为该地区的长期发展奠定基础。

十二、开放的多边贸易体系是世界经济效率和扩张的一项关键因素。我们重申制止并逆转保护主义、减少并解除贸易限制的承诺。我们支持加强关贸总协定的体系和作用、支持其适应世界贸易的新发展和国际经济环境以及在国际规则下提出新的议题。除其他问题外，新一轮谈判应该解决服务及同贸易相关的知识产权和外国直接投资问题。我们相信，贸易的进一步自由化对发展中国家和我们自己同样重要。同时，我们致力于关贸总协定的筹备进程，以期早日启动新一轮多边贸易谈判。我们将于 9 月的部长级会议上，在这个方向上取得决定性进展。

十三、我们关注到，一些重要的农产品现在存在着全球结构性过剩，部分是因为技术改进，部分是因为世界市场变化，还有部分原因是我们所有国家长期的国内补贴政策和农业保护政策。这损害了某些发展中国家的经济，并可能加剧更广泛的保护主义压力风险。这是一个我们共同的问题，只有通过相互合作才能解决。我们都清楚农业对于农村地区福利的重要性，但我们同意，如果出现过剩，需要根据世界需求采取行动，改变政策方向、调整农产品结构。我们意识到理解这些问题的重要性，同时决定全力支持经合组织在这一领域的工作。

十四、考虑到近期的油价下跌很大程度上归功于我们过去十年所进行的能源政策合作，我们认识到需要连续的政策来实现能源市场长期稳定和供应安全。我们注意到，当下的石油市场形势使得原本有计划的国家能够增加石油储备水平。

十五、我们重申科学技术在世界经济蓬勃发展过程中的重要性，同时欣喜地注意到工作组关于技术、增长和就业的最终报告。我们欢迎美国载人航天及欧洲航天局自主工作所取得的进步。我们强调真诚伙伴关系及在参与国家间信息、经验和技术适当交流的重要性。我们同时高兴地注意到联邦德国主办的神经科学与伦理研讨会的成果，并感谢加拿大政府承办下次会议的决定。

十六、我们重申与其他国家政府共担保护自然环境的责任；继续重视国际合作，有效预防和控制污染并加强自然资源管理。在这一方面，我们注意到环境专家在改进和协调环境测量技术与实践方面的工作，要求他们尽快递交报告。我们也意识到需要同发展中国家在环境领域加强合作。

十七、我们同意在 1987 年再召开会议，同时接受了意大利政府理事会主席的邀请，会议将在意大利召开。

4　七国集团财政部部长声明

1986 年 9 月 27 日

一、七个主要工业国家的财政部部长今天召开会议，根据

1986年5月6日的国家元首或政府首脑东京经济宣言，进行第一次多边监督。国际货币基金组织总裁也参加了这次会议。

二、七国部长利用一系列的经济指标，共同评估了最近的经济发展情况和各国的经济目标及预测，特别检验了这些指标之间的协调关系，并重点考虑了补救措施的必要性。

三、七国部长指出，各国在促进稳定无通胀的增长方面取得了进展。

四、七国部长就各国的经济展望存在广泛共识：1987年的增长前景普遍乐观；尽管某些国家的失业率仍将居高不下，但将创造更多的就业机会。通胀率可能将保持低位。对于债务沉重的发展中国家来说，利率下降尤其有利。

五、不过，七国部长指出，目前一些经常账户失衡的程度不能持续下去。去年以来的汇率调整为纠正这些失衡发挥了重要作用，其全面影响将在未来一段时间内逐渐显现。

六、七国部长同意，在开放且不断增长的世界经济中，需要加强合作努力来降低失衡。在这一方面，他们指出顺差国家的经济增长正在改善，但这些增长需要持续——在一些国家还要提高。赤字严重的国家必须实施能大幅减少外部赤字的政策，他们承诺在减少预算赤字方面取得更多的进展，以便向贸易部门释放更多资源。这些举措应有助于稳定汇率，所有这些都是必要的，这样可以在汇率不进一步大幅调整的情况下充分减少失衡。

七、在这种情况下，七国部长同意，所有国家未来时期内的政策制定都将考虑到以下目标：

继续实施稳健的货币政策，支持无通胀增长并促进国际调整，从而帮助维持商业信心和低利率的环境；继续清理结构性障碍，从而提高各国的长期生产潜力；继续努力抵制保护主义压力。

八、七国部长同意，主要工业国家承担着促进开放且不断增长的世界经济的特殊责任，这对于国际债务问题的解决尤其重要。

九、为在全面贯彻东京经济宣言落实上述目标的情况下履行他们的职责，七国部长同意在今后时期内密切且持续地进行经济政策协调。

5 贝克–宫泽联合公报

1986 年 10 月 3 日

美国财政部部长詹姆斯·贝克三世同日本大藏相宫泽喜一今天宣布，作为美日正在进行的经济、贸易和金融等事务对话的一部分，他们已经就共同关心的若干经济事务的合作和谅解达成了共识。

两位部长强调了美日继续合作解决全球经济问题的重要性。他们同意，主要工业国家的行动目前是促进世界经济增长、减少失衡和解决国际债务问题的关键。

为此，宫泽藏相列出了日本为履行其在世界经济中的责任而正在采取的措施，如下：

日本政府今天决定向国会提交一份补充预算，以便实施 9 月宣布的 3.6 万亿日元的财政计划，目的是为日本经济提供实质性的刺激。这一刺激措施将通过如公共工程、住宅和建筑等关键领域的追加投资来实现。日本政府监督刺激计划的快速实施，以确保实现其对增长的预期影响。

在获得国会通过后，日本政府计划尽快实施一项税收改革计划，包括降低个人和公司的边际所得税率。在这方面，政府税务委员会在10月28日根据其中期报告建议将企业的有效税率降低到50%以下，同时降低个人所得税的最高边际税率。税率的下调将增加投资、鼓励更多的商业活动。更一般地说，税收改革将提供一个更好地反映纳税人选择、释放日本经济增长潜力的制度。税收改革的结构和执行将为日本经济提供更多的刺激，同时为继续进行财政整顿提供必要的融资支持。

日本银行今天决定将贴现率自3.5%降低到3%，1986年11月1日起执行。

贝克部长欢迎日本刺激经济增长及降低失衡的行动和计划。就美国而言，他表示：

继续按《葛兰姆法案》的要求，全力大幅持续降低预算赤字；刚刚制定了一项历史性的税收改革计划，其将为投资和就业提供更多的激励，并促进美国经济增长；并且，继续抵制保护主义压力，致力于自由和公平贸易。

宫泽藏相对美国的这些政策表示赞赏，表示其补充了日本的经济政策举措。

宫泽藏相和贝克财长一直同意，这些举措将大力促进日本、美国和世界其他地区的经济增长，同时将降低全球贸易失衡。在这一方面，他们认为汇率不稳定会危及经济稳定增长。他们表达了他们的共识：有了上述的举措和承诺，广场协议以来，日元和美元之间的汇率调整现在大体上符合当下的经济基本面；他们同时重申了在外汇市场议题上合作的意愿。

贝克部长和宫泽藏相表达了他们的共同观点，即这些合作举措是履行他们在东京峰会和七国财政部部长集团9月华盛顿会议承诺的重要步骤，继续实施紧密且持续的经济政策协调。他们同意就这些问题保持密切接触，同时呼吁其他主要工业国家加入他们，促进全球增长、降低失衡并促进市场开放。

6 贝克–宫泽联合公报

1987年1月21日

日本大藏相宫泽喜一和美国财政部部长詹姆斯·贝克三世于今天会晤并就涉及两国利益的经济、贸易和金融事务进行了讨论。

两位部长表示继续支持1986年10月31日两人联合公报里的谅解和共识。为此，他们同意继续合作努力刺激增长、降低外部失衡。

贝克财长和宫泽藏相认为，外汇市场的发展变化需要密切关注。两位财政部部长表示，1986年10月31日以来的大部分时间里，尽管近期外汇市场出现了暂时的不稳定，但美元/日元汇率大体上符合经济基本面。为此，两位财政部部长重申了他们在外汇市场问题上合作的意愿。

两位财政部部长均同意，为了促进全球增长、降低失衡并促进市场开放，所有主要工业国家间经济政策的更紧密协调至关重要。为此目的，他们同意同其他主要工业国家加强磋商沟通。

7　六国集团公报

1987 年 2 月 22 日

一、六个主要工业国家的财政部部长和央行行长今天于巴黎会晤，在成立七国集团的东京经济宣言（1986 年 5 月 6 日）框架下对各国经济进行多边监督。各国部长和行长利用一系列经济指标，评估了当下的经济发展情况并做出了展望。国际货币基金组织总裁参与了讨论。

二、六国部长和行长认为，在他们的努力下，东京峰会以来在实现可持续、无通胀增长方面已经取得了进一步的进展。他们国内的经济目前处于扩张的第五个年头，尽管一些国家的失业率仍然保持在不可接受的高位，但展望今年，经济增长还会继续。物价非常稳定、利率大幅下降。此前的汇率调整将为今后时期恢复各国经常账户的更可持续状态发挥重要作用。

三、赤字国家削减预算赤字的工作正在取得进展，正在进行的基本税收改革将促进激励、提高经济效率、增强增长前景。其他重要的结构改革也正在推进，这些改革包括去商业管制以便提高效率、私有化政府企业从而突出私营企业家及市场力量的作用。

四、尽管有这些积极的变化，但六国部长和行长认识到，某些国家严重的贸易和经常账户失衡带来了巨大的经济和政治风险。他们同意：降低这种不可持续的贸易失衡是重中之重，实现全球更均衡的增长应该在降低失衡过程中发挥核心作用。

五、六国部长和行长重申他们对持续的保护主义压力的担忧。他们认为，通过设立贸易壁垒来处理经济问题是弄巧成拙，他们承诺加大抵制贸易保护主义的力度，同时重申大力支持新一轮的贸易谈判。他们对新一轮关贸总协定谈判准备阶段取得的进展以及美国同欧洲共同体之间双边贸易事务最近讨论的积极成果表示欢迎。

六、六国部长和行长认识到，主要工业国家有一个特殊责任：其执行的政策要促进开放、增长的世界经济，从而支持发展中国家特别是债务国努力恢复稳定增长、恢复可持续的国际收支状态。他们指出，许多债务国朝这个目标取得的进展还没有解决所有问题，他们强调了所有参与者在强化债务战略过程中加强合作的重要性。

七、六国部长和行长同意加强经济政策协调努力，从而促进更均衡的全球增长并降低目前的失衡。顺差国家承诺其政策将提高国内需求、减少外部顺差同时维持价格稳定；逆差国家承诺其政策将支持稳定的低通胀增长、降低其国内失衡和外部赤字。各国为此同意实施如下举措：

加拿大政府的政策旨在延续第五年及以后更长时间的经济扩张。在 1987 年、1988 年的预算中，政府已经连续第三年削减预算赤字，同时承诺未来将进一步削减。加拿大不久将提出一项全面的税收制度改革。继续进行监管改革、私有化和国内市场自由化等几方面的政策。大力促进同美国之间的双边贸易自由化并在乌拉圭回合谈判期间推进多边贸易自由化。货币政策将继续致力于降低通胀，并与有序的汇率市场保持一致。

法国政府将在 1986—1988 年间将中央政府预算赤字占国民生产总值的比例降低 1%，期间将按同一幅度（国民生产总值的 1%）实施减税计划，大幅降低公司和个人税率。将在 1987 年推进其私有化方案（预计资产销售规模为 60 亿~70 亿美元），并加强法国经济的自由化，尤其是就业和金融市场的自由化。

联邦德国将采取政策措施，进一步减少公共开支在经济中的比重，通过旨在激励私营部门活动和投资的全面税制改革，降低个人和企业的税收负担。另外，对于已经通过的 1988 年减税规模，政府将建议增加。联邦政府将强调提高市场力量的政策，从而促进结构调整和创新。尽管短期利率在国际上已经处于很低的水平，但在过去几周还是进一步大幅下调。货币政策将在稳定价格的同时，改善经济持续增长的环境。

日本政府的货币和财政政策将有助于扩大国内需求从而降低外部顺差。目前正在国会讨论的综合税收改革方案，将进一步激发日本经济的活力。将尽一切努力使得 1987 财年预算获得国会通过以确保尽快实施。根据当前的经济形势，在国会通过 1987 年预算后，再准备一份综合性的经济计划，从而刺激国内需求。日本银行宣布将在 2 月 23 日将贴现率下调 0.5 个百分点。

英国政府将继续保持过去五年GDP稳定增长的条件，同时继续采取稳健的货币政策降低通货膨胀。国际收支的目标是在中期内实现大体平衡。经济中的公共开支比重将继续下降，税收负担也将降低，公共部门借贷维持在较低水平。这些举措以及其他如私有化计划这样能够改善经济供给的措施，将有利于生产率的提升。

美国政府实施的政策，旨在将财政赤字从1987财年预估占国民生产总值3.9%的水平降低到1988年的2.3%。为此，作为将政府开支在国民生产总值中所占份额从目前的23%降低的持续计划的一部分，1988财年政府支出的增长将低于1%。美国政府将采取一系列政策提高竞争力并增强经济活力和灵活性。货币政策将在可持续无通胀增长的基础上支持经济扩张。

八、六国部长和行长指出，许多新兴工业经济体在世界贸易中正发挥着越来越重要的作用。这些经济体取得的强劲增长，很大程度上基于他们进入了开放的不断增长的出口市场。一些经济体最近累积了贸易顺差，这是最近难以持续的全球失衡的一个重要因素，也加剧了保护主义压力。部长和行长们认为，新兴工业化发展中经济体应该承担更大的责任，通过减少贸易壁垒和奉行允许本币更充分地反映经济基本面的政策来保护开放的世界贸易体系。

九、六国部长和行长同时同意，进一步完善东京经济宣言中通过的利用经济指标进行多边监督的安排。作为完善工作的一部分，他们将：

定期评估涉及国内外变量的中期经济目标和预测。中期目标和预测应该相互一致，可以作为评估国家政策和经济表现的基础；用绩效指标定期检验，当前的经济发展和趋势是否同中期目标和预测符合，并考虑是否需要补救措施。

目标和预测最初涉及下列关键变量：增长、通胀、经常账目/贸易差额、预算表现、货币条件以及汇率。

十、六国部长和行长同意，鉴于本声明中概述的政策承诺，汇率自广场协议以来的大幅变动将越来越有助于减少外部失衡，并且目前已将其汇率纳入大体符合经济基本面的范围内。他们国家汇率间继续大幅波动将损及各国经济增长和调整前景。因此，目前情况下，他们同意紧密合作促使汇率在近期水平附近保持稳定。

8　七国集团声明

1987 年 4 月 8 日

一、七个主要工业国家的财政部部长和央行行长于今天会晤。他们根据国家元首或政府首脑于 1986 年东京峰会上达成的加强经济政策协调的安排，继续对其经济实施多边监督。国际货币基金组织总裁也参与了这次会议。

二、七国部长和行长重申对最近巴黎会议商定的合作方式的承诺，并注意到在落实卢浮宫协议约定承诺方面取得的进展。不过，他们同意，进一步采取措施抵制保护主义压力、维持全球经济扩张并降低贸易失衡至关重要。为此，他们欢迎日本执政的自民党刚刚宣布的建议：通过尽早实施超过前几年的大规模补充预算及前所未有的公共工程开支前期费这些特别紧急措施来刺激日本经济增长。日本政府重申了向外国商品和服务进一步开放国内市场的意向。

三、部长和行长们重申，目前的汇率水平大体符合经济基本面和卢浮宫会议的基本政策意图。在这一方面，他们欢迎坚定贯彻实施卢浮宫协议。他们认为，目前和今后落实卢浮宫协议和本声明的政策承诺，为继续密切合作促进汇率稳定奠定了基础。

9　威尼斯经济宣言

1987 年 6 月 10 日

引言

一、我们七个主要工业国的国家元首或政府首脑及欧洲共同体代表，于 1987 年 6 月 8 日至 10 日在威尼斯会晤。首先我们回顾了各自国家及七国在共同落实此前几次首脑会议所承诺政策方面取得的进展。我们决定执行这些有利于本国和世界经济增长、稳定、就业和繁荣的政策。

二、我们可以回顾上次会晤一年来在经济方面所取得的积极进展。经济连续五年持续增长，虽然增长速度比较低；平均通胀率已经下降，利率普遍下调；主要货币之间的汇率发生了变化，随着时间的推移，这将使得各国的经常账户更加可持续；而且这种变化将各币种汇率置于与经济基本面大致一致的范围内。从数量上看，贸易流的调整正在进行，尽管名义上的失衡目前仍然太大。

宏观经济政策和汇率

三、东京峰会以来，峰会国家加强了它们的经济政策协调，目的是确保国内政策的内部一致性及其国际协调性。这对实现全球持续强劲增长、降低外部失衡和更稳定的汇率关系至关重要。鉴于卢浮宫和华盛顿达成的政策协议，汇率的进一步大幅变动可能会对增长和促进调整的努力产生不利影响。我们重申承诺迅速并全面执行这些协议。

四、我们现在需要克服我们一些国家仍然存在的问题：外部失衡仍然严重、持续的高失业率、庞大的公共部门赤字以及高企的实际利率。另外仍存在贸易限制和不断增强的保护主义压力，许多大宗商品市场持续疲弱，发展中国家增长、寻找其所需市场及偿还外债的前景暗淡。

五、纠正外部失衡将是一个长期和困难的过程。汇率调整本身并不能在维持持续增长的同时解决失衡问题。顺差国家的政策应该在维持价格稳定的同时提高国内需求、降低外部失衡。逆差国家执行的政策，在支持持续的低通胀增长的同时，要降低其财政赤字和外部失衡。

六、我们呼吁其他工业国家参与支持全球经济活动的努力。我们也呼吁快速增长且拥有庞大对外顺差的新兴工业经济体承担更大的责任，通过减少贸易壁垒和执行允许其货币更充分地反映基本面的政策，来维护开放的世界贸易体系。

七、在峰会国家间，预算约束仍然是一项重要的中期目标，减少现有的公共部门失衡对许多国家来说是必要的。那些在巩固财政方面取得了巨大进步且拥有大量对外盈余的峰会国家，仍然承诺在中期财政目标框架内执行促进国内经济增长的财政和货币政策。货币政策也应该支持无通胀增长，同时促进汇率稳定。鉴于许多国家的低通胀前景，市场主导的利率下降是有益的。

政策

八、我们也一致认为，需要采取有效的结构性政策，尤其是为创造就业机会。为此，我们将促进去管制从而加速产业调整；降低农业领域供需的严重失衡；促进创造就业机会的投资；改善劳动力市场的运作；进一步促进开放内部市场；鼓励消除资本市场的缺陷和限制，改善国际金融市场的运作。

多边监督和政策协调

九、我们热烈欢迎七国财政部部长集团去年在东京要求的制定和实施加强多边监督和经济协调安排方面取得的进展。利用经济指标的协调新进展，将加强各国实现更加一致和相互协调的政策的努力。

十、国家元首或政府首脑重申了七国集团在卢浮宫会议和华盛顿会议上做出的重要政策承诺和保证，其中有一些同汇率有关。他们同意，如果世界经济未来增长乏力，将需要采取更多的举措实现他们的共同目标。因此，他们呼吁部长们在必要时再制定一些恰当的政策措施，并继续密切合作，以促进汇率稳定。

十一、经济政策协调正在进行中，假以时日，其将不断发展并变得更有效。国家元首或政府首脑支持七国财政部部长集团达成的谅解，即在国际货币基金组织的协助下，利用包括汇率在内的经济指标对其经济加强监督，尤其是通过制定协调一致的各国和七国集团整体的中期经济目标、预测；而且利用绩效指标回顾并评估当前的经济趋势，并决定相对预定轨道是否出现了重大偏离、需要采取补救措施。

十二、国家元首或政府首脑认为，这些措施是促进全球持续无通胀增长和汇率更稳定的重要步骤。他们呼吁七国财政部部长集团和央行行长：加强协调努力，以期迅速有效地执行商定的政策承诺；同国际货币基金组织总裁合作，密切监督经济发展；且考虑进一步改进从而使得协调进程更有效。

贸易

十三、我们密切关注日益加剧的保护主义压力。乌拉圭回合谈判在维护和加强多边贸易体系、实现惠及各国的贸易自由化方面发挥了重要作用。意识到增长、贸易和发展之间的相互关系，那么基于“关贸总协定”原则和规则改进“多边贸易体系”，并将商定的、有效且可执行的多边规则广泛应用于世界贸易就极其重要。保护主义的做法将带来负面效果、加剧汇率进一步不稳定的风险，而且将恶化发展和债务问题。

十四、我们完全赞同依据《乌拉圭回合部长宣言》中的维持现状和逐步回退（Stand-still and rollback）原则，承诺采取适当的措施。就服务贸易、与贸易有关的投资措施及知识产权的原则和规则，在关贸总协定内建立一个多边框架很重要。在促进增长、提高贸易、投资和技术转移方面，多边贸易体系的扩展将同样惠及发展中国家。

十五、基于《乌拉圭回合部长宣言》和《关贸总协定》的原则，我们呼吁各缔约方全面、真诚、迅速地进行谈判，以确保有各方互利共赢。加拿大、日本、美国和欧洲将于接下来几个月在日内瓦列出范围广泛的实质性建议。各国仍将从政治角度持续关注乌拉圭回合谈判。在这种情况下，谈判结果的启动、过程和执行应被视为单一承诺的一部分；但早期达成的协议可以在谈判正式结束前根据约定临时或永久实施，并在对谈判进行综合评估时作为考虑因素。

十六、一个强大、可靠、行之有效的关贸总协定对所有贸易国家的福祉都至关重要，也是防止双边贸易保护主义压力的最好屏障。

农业

十七、我们在东京会议上意识到农业问题的严重程度。我们一致认为，农业产品结构需要根据世界需求进行调整，同时表示我们决定全力支持经合组织在这一领域的工作。这种情况下，我们均清楚农业对我们农业部门福利的重要性。过去一年中，我们积极实施了东京峰会上商定的措施，就乌拉圭回合农业谈判目标部长级宣言在埃斯特角城通过的协议，我们感到鼓舞。

十八、我们重申对经合组织 1987 年 5 月 13 日部长公报中关于农业的重要协议的承诺；尤其是，要求以平衡、灵活方式落实农业政策协调改革问题的范围和紧迫性的声明；对主要农产品供需逐渐不平衡对发达国家和发展中国家严重影响的评估；对问题的共同责任以及公平、有效和持久解决方案的共识；所要求的改革和行动的原则。长远目标是，让市场信号影响农业生产的方向，方式是通过逐步但协调一致地减少农业支持以及所有其他适当的手段，其间要考虑粮食、环保和整体就业等社会和其他方面的问题。

十九、我们强调我们将共同努力，在国内并通过乌拉圭回合的全面谈判，实现农业政策的必要调整。在农业和其他领域，我们将根据“部长宣言”的要求，在未来几个月内提出全面的谈判建议，我们打算在下次会议上审议所取得的进展和仍然存在的任务。

二十、与此同时，为了建立一个更有信心的环境，从而快速推进乌拉圭回合谈判的整体进程，并作为那些谈判期望的长期成果的一个步骤，我们已经同意且呼吁其他国家同意，不再采取如进一步刺激过剩农产品生产、加强产品保护或破坏世界市场稳定这些将会恶化谈判气氛更会破坏贸易关系的行为。

发展中国家和债务

二十一、我们特别重视发展中国家基于各国不同情况和需要促进其经济稳定发展。许多债务沉重的发展中国家的问题，是经济和政治关切的原因，也可能成为民主制国家政治稳定的威胁。我们赞赏不少国家在实现经济增长和稳定方面所做出的勇敢努力。

二十二、我们强调官方发展援助的持续重要性，并欢迎我们一些国家在这方面的更多努力。我们回顾了国际组织已经为官方发展援助所设立的未来目标（0.7%），我们注意到，总体资金流动对发展至关重要。我们强烈支持包括那些区域性发展银行在内的国际金融组织的行动，这些行动将促进借款国的政策改革并为其结构调整计划提供资金支持。尤其是：

我们支持国际货币基金组织在咨询和筹资方面的核心作用，支持货币基金组织与世界银行之间更密切地合作，特别是在结构调整贷款方面；我们高兴地注意到国际开发协会第八次增资的作用；当优质贷款的需求增加、世界银行在债务处理战略中的作用扩大且需要保证机构财务稳定时，我们支持世界银行进行一次普遍增资；鉴于我们各国对官方发展援助的不同贡献，我们欢迎日本政府最近提出的一项新计划，根据该计划，日本将增加向发展中国家提供的资源。

二十三、对于重要的中等收入债务国，我们继续支持目前增长导向的个案策略。要提高债务国的增长前景，需要三个因素：一是债务国自身需要实施综合的宏观经济改革和结构改革；二是国际金融组织尤其是世界银行要扩大放贷；三是要有足够多的商业银行信贷支持债务国进行改革。我们要发挥的作用是协助维持增长并扩张贸易。不少协议恢复了增长、纠正了失衡，并让一些国家在重获信誉方面取得明显进展。但在结构调整和增长方面，一些国家仍然缺乏鼓励有效利用国内储蓄、回流外逃资本、增加外国直接投资流入、特别是金融市场改革的适当政策。

二十四、同样需要及时有效地动员商业银行贷款。在这种情况下，我们支持商业银行和债务国共同努力，就替代性的谈判程序和融资方式制定一个“菜单”，为债务国提供持续的支持。

二十五、债务国尤其应该采取措施，鼓励不引发债务（non-debt-creating）的资本流入，特别是直接投资。为此，多边投资担保机构（MIGA）应该尽早行动。在执行综合调整计划的国家，出口信贷机构在尽快恢复或增加业务过程中保持弹性至关重要。

二十六、我们意识到经济完全或严重依赖价格持续低迷的初级产品的发展中国家所面临的问题。改变商品市场的功能非常重要，比如通过更好的信息和更高的透明度。应该鼓励这些国家在国际金融组织的支持下，通过政策鼓励对其产品进行深加工、利用市场准入自由化增加机会并借助结构变化改善国际环境，进行经济的进一步多元化。

二十七、我们意识到一些极度贫困国家，主要是撒哈拉以南非洲的问题非常棘手，需要特别对待。这些国家的特点是极度贫困、缺乏投资发展所需要的资源、失控的债务负担、严重依赖一两种商品，其债务的债权方主要是发达国家政府本身或国际金融组织。对于那些正在进行调整努力的最贫困国家来说，应该考虑对其存续债务适用较低利率的可能性，同时应就延长还款期限和宽限期达成协议，尤其在巴黎俱乐部内部，从而减轻偿债负担。我们欢迎我们中的一些国家为此提出的各种建议，也欢迎国际货币基金组织总裁关于从 1988 年 1 月 1 日起三年内大幅增加结构调整贷款资源的建议。我们促请就这些建议的讨论在今年内形成结论。

二十八、我们注意到，联合国贸发会议第七次大会提供了一个与发展中国家讨论的机会，以期对世界经济中的主要问题和政策议题达成共识。

环境

二十九、关于我们此前维护健康环境并将其传承给子孙后代的承诺，我们欢迎环境专家就改进和统一环境测量技术和做法所做的报告。为此，我们鼓励联合国环境规划署（UNEP）在其他有关国际组织和国家的协助下，与国际标准化组织（ISO）和国际科学协会理事会（ICSU）合作，建立信息交流和磋商论坛，以确保在这一重要领域不断取得进展。环境专家在其报告中指出的重要环境问题应该引起足够重视。

三十、我们强调自己的责任，鼓励努力有效解决造成全球影响的环境问题，例如平流层臭氧消耗、气候变化、酸雨、濒危物种、有害物质、空气和水污染以及热带森林的破坏。我们还打算研究更多的环境问题，如严格的环境标准，从而鼓励创新、开发清洁、高性价比和低资源技术，同时促进低污染产品、低污染工业设施及其他环保技术的国际贸易。

三十一、我们欢迎自东京峰会以来，特别是国际原子能机构就核能管理安全加强有效国际合作方面取得的重要进展。

其他议题

三十二、我们欢迎日本提出的旨在通过国际合作促进生物功能基础研究的人类前沿科学计划倡议。日本可行性研究的一些讨论中的非正式机会，我们的科学家有幸参与，对此我们表示感谢。我们注意到这一研究将继续开展，如果能够知会后期进展情况，我们将很高兴。

三十三、我们欢迎 1987 年 1 月在京都举办的关于未来教育在我们社会中作用的高级专家会议所做出的积极贡献。

三十四、我们将继续检讨生命科学发展的伦理意义。在峰会国家主办几次会议之后——日本在 1984 年、法国在 1985 年、联邦德国在 1986 年、加拿大在 1987 年，我们欢迎意大利政府提出于 1988 年 4 月在意大利主办下一次生命伦理学大会。

下一次经济峰会

三十五、我们同意明年再次会晤，并接受加拿大总理在加拿大召开会议的邀请。

10　七国集团声明

1987 年 9 月 26

一、七个主要工业国的财政部部长和央行行长于今天会晤。国际货币基金组织总裁也参加了会晤。这次会晤继续了 1986 年东京峰会由各国家元首或政府首脑商定并于 1987 年威尼斯峰会上加强的经济政策协调进程。部长和行长们相信，这一包括利用经济指标的进程，为促进世界经济健康繁荣和稳定的货币体系提供了重要且有效的手段。

二、七国部长和行长共同回顾了卢浮宫协议和七国集团华盛顿 4 月会议以来外汇市场上的事件、政策发展和演进。他们对已经取得且惠及其政策和经济表现的汇率稳定感到满意。

三、七国部长和行长在卢浮宫协议中确定了各自计划执行的政策，并承诺对其进行监督，必要时加强或调整政策。他们注意到，个别国家已经在实施 2 月声明中考虑的一些重要决定，政策大致按照预期的路线推进。

四、一些重要的有利成果开始显现。正如抵制保护主义压力的持续决心一样，美国 1987 财年联邦预算赤字的大幅削减是一个非常积极的步骤，他们尤其欢迎美国总统今天宣布决定签署法案，以推动减少预算赤字的进程。日本削减额外支出和所得税的重要方案正在快速实施。在德国，开始于 1988 年 1 月的所得税削减将比此前计划的要大得多，且相关法律已经获得通过。外部失衡尽管仍然很严重，但已经有实质性的降低。顺差国家的国内需求正在回升，但更重要的是一些国家在进一步提升。

五、七国部长和行长指出，一些新兴工业经济体的庞大顺差依然是造成外部失衡一个重要因素。他们重申了早先的观点：这些经济体应通过减少贸易壁垒，并实施允许其货币更充分反映经济基本面的政策，来体现他们日益增长的重要性和责任。

六、七国部长和行长承诺，必要时进一步采取适当的措施去实现卢浮宫协议中约定的目标。在市场自由化、进行税收改革及其他结构性改革以增强经济活力、实现持续无通胀的高增长以及减少外部失衡这几个方面，他们尤其会加强努力。他们重申抵制保护主义、促进开放的世界贸易体系的决心。

七、七国部长和行长重申继续努力推进经济政策协调的意图。接下来的一年里，威尼斯峰会上提出的强化监督安排将密切监督各国的经济发展。鉴于迄今为止取得的进展为减少失衡奠定了基础以及进一步进展的前景，七国部长和行长重申各国汇率大体处于符合经济基本面的范围内。他们再次承诺继续密切配合，使得汇率大致稳定在近期水平附近。

11　七国集团声明

1987 年 12 月 22 日

一、最近几周，七个主要工业国家的财政部部长和央行行长根据金融市场的发展就他们各国的经济政策和前景进行了密切磋商。他们重申，卢浮宫协议中达成的基本目标和经济政策方向仍然适用，这有利于世界经济的良性发展。他们将根据威尼斯峰会做出的安排，在 1988 年继续推进其经济政策协调努力。

二、七国部长和行长再次强调了他们的观点：世界经济严重的外部失衡必须纠正。1987 年开始执行的一些政策正在逐渐显现出预期的效果。尤其是，美国、日本和联邦德国内需与产出之间的平衡已经转向了促进外部调整的方向，而且从量上看它们的贸易失衡正在减少。在经过此前的大幅波动之后，汇率于过去一年的大部分时间里表现得更加稳定，这有利于前述的贸易调整。不过，过去几周汇率的明显变化，说明仍需要加强经济基本面、继续政策合作。

三、股票市场自10月中旬以来的走势，整体上给工业国家的经济增长前景产生了不利影响。但部长和行长们相信，依托健全的经济政策和有效的协调，增长率应该可以持续。为此他们同意，各国需要实施适当的政策从而保证无通胀增长。

四、七国部长和行长因此同意加强各国间的经济政策协调努力。它们共同努力的方向是降低外部失衡。尤其是，美国已确保国会将通过总统与国会两党领袖间达成的协议，执行一个两年期的额外预算紧缩计划，这将加强预算削减的力度。日本推出了重大的刺激方案以提升国际需求，同时保证，1988财年预算中的公共工程开支，将不低于包括7月补充预算在内的1987财年预算中的部分。联邦德国正在加强1988年的减税力度，同时采取新措施增加投资，且不会弥补因近期的政策变化导致的预算收入下降。欧洲也进行了协调降息，这将进一步扩大内需，降低贸易失衡。各国具体的政策意向和承诺详见声明后附件。

五、七国部长和央行行长认为，最近的货币政策决定和一些国家降息的举措是恰当的，有助于恢复金融市场的稳定。他们同意货币政策应继续提供充足的货币条件，在价格稳定的背景下实现强劲的经济增长，并促进金融市场的稳定。

六、七国部长和行长强烈反对将保护主义措施作为应对目前失衡的手段。保护主义对世界的繁荣和平衡带来了直接且严重的威胁；并将对实施这些政策的国家造成不良后果。他们重申其打击保护主义并促进开放的世界贸易体系的决心。

七、七国部长和行长认为，降低世界贸易失衡需要其他国家尤其是那些顺差国家的合作。对于一些新兴工业经济体没有采取足够的措施应对庞大且不断增长的贸易顺差，他们特别表达了严重关切，这些顺差进一步恶化了全球失衡并助长了保护主义压力。他们敦促新兴工业经济体尽快实施有助于降低过度贸易顺差的贸易和汇率政策，允许其汇率充分反映其经济的强大竞争力。

八、七国部长和行长认为，无论是汇率过度波动、美元进一步贬值，还是一定程度上使调整过程变得不稳定的美元升值，都可能破坏世界经济的增长前景，从而产生相反的效果。他们再次强调对货币间更稳定汇率的共同利益，并同意继续密切合作，监督和执行政策，改善经济基本面，促进汇率稳定。另外，他们同意在外汇市场上密切合作。七国部长和行长强调，政策需要有连续性且应该相互支持，他们相信正在采取的措施将加速实现更均衡的经济增长，并加速形成汇率更稳定所需的可持续的外部环境。

附件：

政策意向及承诺

加拿大政府的财政策略成功地实现了支出增长率的下降和预算赤字的大幅持续下降。在减缓债务增长和稳定债务/国内生产总值比例的中期目标方面取得了显著进展。财政紧缩伴随着国内需求、产出和就业的快速增长。正在实施的重要的结构性举措，尤其是税务改革和同美国之间的自由贸易协定谈判，旨在提高经济竞争力和增长潜力。货币政策仍将在保持外汇市场有序的基础上促进无通胀的增长。

法国政府完全兑现了其降低财政赤字和税收负担的承诺。从1986年到1988年，财政赤字占国民生产总值的比例将下降0.8%；同期的减税额度占国民生产总值的比例将达到1.3%。规划的1989—1991年三年期计划中，财政赤字将进一步降低45亿法郎，另外再减税450亿法郎，这是政府的长期战略，并将在年度预算中实施。1987年年初决定的私有化方案正在实施，且其初期目标甚至已经超额完成。只要市场条件允许，就马上全面恢复执行该方案。

法国政府将继续执行其调整和自由化政策。支持家庭储蓄、发展金融市场并提高企业竞争力的新措施已经实施。1988年将推出更多同类措施。

联邦德国政府将1988年及以后的减税额提高到140亿马克，且不寻求弥补因近期政策变化导致的预算收入减少。另外，决定进行结构性的税务改革，在1990年前进一步净减税200亿马克。

为加强私人和公共投资，联邦政府将在接下来的三年里以优惠条件提供约210亿马克的特别贷款。而且，将加速电信基础设施投资，采取进一步去市场管制的措施。

联邦银行在过去几周已经大幅降低了短期利率。货币政策将继续维持持续无通胀增长所需要的适当条件。

意大利政府在经济持续大幅增长的情况下采取了临时措施，以遏制因其国内需求比例高于其他工业化国家而导致的国际收支恶化。1988 年财政计划的目标是保持较高的增长水平、降低通货膨胀率，同时在纠正公共部门失衡方面取得进展。

为了降低失业率，意大利政府计划在保持国际收支平衡的同时实现令人满意的增长速度、稳定债务/国内生产总值比率，并投入更多的资源用于生产和基础设施投资，从而提高公共服务质量。

日本政府指出，在国内需求增长的带动下，日本经济正处于强劲的扩张期。政府将坚定不移地继续执行 5 月决定的 6 万亿日元刺激措施，同时保证 1988 财年预算中的一般公共工程开支将不低于包括 7 月补充案的 1987 财年预算中的相应部分。

日本银行将执行恰当且灵活性的货币政策，支持无通胀增长并维护汇率稳定。

英国政府，在英国经济产出和国内需求强劲增长及公共财政稳健的背景下，将继续通过执行稳健的货币政策努力降低通胀率，同时通过包括减税及税务改革这些让市场运行自由化且提高资源利用效率的更多措施，来增强无通胀增长的能力。公共开支的增长总体上仍将低于经济增长速度，政府将继续致力于在欧洲共同体内部及关贸总协定乌拉圭回合谈判范围内取消贸易壁垒。

美国政府已确保国会将通过总统与国会两党领袖间达成的协议，执行一个两年期的额外预算紧缩计划以便降低美国预算赤字。通过控制开支和增加收税相结合，该协议将在 1988 财年和 1989 财年合计降低预算赤字约 760 亿美元。

该预算协议是根据经修订的《葛兰姆法案》进行的赤字削减工作的一部分。这将加快已经在削减赤字（包括 1987 财年削减的

730 亿美金，或国民生产总值的 1.9%，赤字率已经从占国民生产总值 6.3% 的峰值降低到了占 3.4%）方面取得的进展。

行政系统还将继续坚定地反对贸易保护主义压力，同时致力于授权谈判方面的立法，为货物、服务和投资建立更开放、更公平的国际交易体系。

致 谢

我首先要表达对写作本书过程所获帮助的感激之情。首先要感谢的是华盛顿国际经济研究所所长弗雷德·伯格斯滕和日本国际交流中心主席兼牛场基金会执行主任山本雅（Tadashi Yamamoto）。

他们二位从学术和经费的角度让这项工作成为可能。为进行这项研究，我在美国待了九个月，还分别去了欧洲和日本，是牛场基金会为我提供的资助。该基金会是为纪念已经去世的前日本驻美国大使牛场信彦先生而成立的非营利性组织。而国际经济研究所则邀请我作为访问学者，为我提供了办公场所和得力的秘书支持。

在研究所从事研究期间，我非常幸运地先后与两位高素质和专业的研究助理维尔·温克尔斯坦（Will Winkelstein）和唐娜·格雷比（Donna Grebe）共事。毫不夸张地说，他们的支持于我是不可或缺的。

对我的学术训练而言，研究所的专家们是最好的资源。整个过程中，弗雷德·伯格斯滕对我的工作给予了鼓励和激励。他敏锐的新闻意识经常挑战我，激励我不断收集“广场行动”的素材。我有时会想，在我离开新闻行业的那一年里，这样一位严厉的编辑给我的是奖励还是惩罚。

我还要特别感谢托马斯·贝阿德（Thomas O. Bayard）、威廉·克莱因（Willian R. Cline）、艾·麦克·戴斯特勒（I. Mac Destler）、大卫·芬奇（David Finch）、兰德尔·亨宁（C. Randall Henning）、斯蒂芬·玛瑞斯（Stephen Marris）、马库斯·米勒（Marcus H. Miller）和约翰·威廉姆森（John Williamson），他们通读了我的初稿并提出了非常多的建议。尤其要感谢兰德尔·亨宁，他从一位训练有素的政治学家的角度，帮助我澄清了重要的政治问题，并恰当地融入书中。自20世纪70年代末以来，哈佛大学教授罗伯特·普特南（Robert D. Putnam）对七国集团经济峰会同我有共同兴趣，他支持并激励我的学术训练。我还要感谢读过手稿的五国集团国家五位高级政府官员。毫无疑问，所有的观点和错误，由作者本人负责。

本书包含了对100多位政府和中央银行官员的采访。除非另有说明，所有引述均来自我对附录所列官员的采访。多数情况下，我要求“录音”，但不得不对采访者的背景妥协，有些官员允许我直接引述他们的话，要求严格的则只能转述其本意。非常感谢他们所提供的宝贵信息和见解。

译后记

广场协议是“二战”以来全球范围内最成功的一次汇率联合调整行动，有些市场经济国家学者甚至认为是有史以来最成功的一次。但凡谈及国际货币事务，尤其是美日两国的经济关系、美元/日元的汇率波动，广场协议都是绕不过的环节。

不过，中国多数观点将广场协议视为美国对日本的一次强制行动，甚至著名投行的经济学家也认为，是“美国通过广场协议迫使日元升值”。这与美国特别是日本官方的态度相反。在伯格斯滕先生牵头的《国际货币合作：广场协议三十年后的教训》(2016)中，1985年参与广场会议的日本官员直接指出：中国的学者和官员认为广场协议是美国逼迫日元升值，但实际上是美日两国的合作行动。一个协议，两种截然不同的态度，肯定有一方的看法是不准确的。

20世纪80年代，世界大事不断。广场会议这类国际经济事务，当时的中国无暇顾及也没有机会参与。了解当时真实的国际政治、经济背景，明晰协议的具体细节，对分析中国当下的处境与选择以及人民币汇率的走势非常重要。

船桥洋一先生的《管理美元》一书，是关于广场协议前因后果最详细、最客观的记录。他对包括五国集团国家元首、协议起草者在内的112位参与者的直接访谈，留下了不可多得的真实资料，这是其他相关书籍无法比拟的，也是屡屡被各国学界、官方作为研究参考书的重要原因。一家全球著名媒体记者对我说，日本新闻人会将报道做得非常细，写作此书前后，船桥洋一先生正是一位资深记者，此书也印证了这个说法。此书初版是在美国、欧洲和日本同步推出，反响热烈。日文版名为《通货烈烈》，出版当年即在日本获得大奖，中国不少出版物的注释、索引中能够看到这个书名。

依照这本书的记录，广场会议之前的汇率调整动议，缘于日本。但围绕汇率调整的其他安排，从广场会议到卢浮宫会议之间的协调、博弈，则是美、日和联邦德国之间的“三国演义”。船桥洋一先生在中文版自序中也坦承，广场协议及后来的一些约定，最终的决定因素是各国国内政治。大国的国内政治因素，又成为他国需要考虑和面对的国际因素。20世纪80年代，是战后非常重要的分水岭。这本书同《时运变迁》对比阅读，可以更好地理解此间大国在汇率问题上的博弈和选择。

对于是否会有新的广场协议，我曾分别咨询过保罗·沃尔克、伯格斯滕和行天丰雄。三位的观点不同。按伯格斯滕为这本书所写的中文版序中的说法，沃尔克先生玩笑式的判断——特朗普总统可能会同中国就汇率问题签订协议——也属于新广场协议了。

历史似乎要重演，只是参与者发生了变化。

对于彼得森国际经济研究所的影响力，此前有所了解。但从船桥先生的中文版自序里才知道，时任所长的伯格斯滕先生的理念，影响了美国广场协议的谈判。不知他在中文版序中的态度，能够多大程度上影响特朗普政府。

感谢船桥洋一先生30年前的努力，如果没有这些真实记录，作为后来者，我们可能只能接受道听途说了。感谢伯格斯滕先生为《时运变迁》和此书作序，翻译此书也得益于同他的交流过程中的启发。伯格斯滕先生著述颇丰，在我发出邀请时，他刚好有一本新书正筹备出版，不巧又因打篮球扭伤了脚。但他仍花了大量时间搜集资料，就当下的局势表达了自己的看法，相信读者能从他的中文版序中读到很多重要信息。

感谢中信证券股份有限公司前董事总经理德地立人先生。德地先生是船桥先生的老朋友，他们的沟通为这本书的顺利出版发挥了重要作用。感谢储百亮先生、北京大学张健教授、日本问题专家刘柠先生、国际政治问题专家吴强先生的帮助，解决了我很多翻译中的难题。感谢穆军、郗士、黄轶、罗菡、周承辉等朋友的支持。感谢三叉戟读书会的朋友们，此书的翻译也是我们日常交流的结果。

同时要特别感谢中信出版集团的副总经理潘岳、副总编辑李楠和这本书的编辑刘绚。作为译者，这本书能在中信出版社出版，也深感荣幸。编辑工作之细致，修改了许多不经意的错误，避免了误解。